郑济洲 著

治道的理想

古典儒家政治哲学新探

上海人民出版社

谨以此书献给我的父亲郑连生和母亲李文美

目　录

序

黎红雷[1]

中国传统治道是中国古代思想的原生形态，具有十分丰富的思想内涵。挖掘这一博大精深的思想资源，无论是对于建立中国思想研究的主体性，还是对于建立当代世界合理的社会秩序和心灵秩序，促进人类文明的持续发展，都具有十分重要的意义和作用。

一

"治道"原本就是中国传统思想特有的范畴，早在先秦时期就已形成，秦汉以后被历代思想家、政治家所广泛使用。

"治道"是一个复合词，由"治"与"道"两个单音词组成。"治"，东汉许慎《说文解字》仅记其一个音义，"直之切"，音"迟"，水名。据《辞源》，"治"的另一个音义为"直吏切"，音"质"，作动词用，有"疏理""打理""办理""整理""处理""管理"的意义。至于为何这些意义要选中"治"这个字来表达，是否与"大禹治水"的传说有关，待考。孔子在《论语·宪问》中说："仲叔圉治宾客，祝鮀治宗庙，王孙贾治军旅"[2]，这里，就是在上述意义上使用"治"

字的。类此，还有"治兵""治产""治学"等用法。由动词而转为名词和形容词，"治"与"乱"相对，指的是国家治理得当、政治清明有序的状态，如《易传·系辞下》："黄帝尧舜垂衣裳而天下治。"[3]

"道"，是中国传统思想的核心概念之一，具有方法、技艺、规律、事理、学说、道德等多种含义，笼而统之，可用"道理"一词加以概括。把"治"与"道"结合起来，组成"治道"一词，首见于《墨子·兼爱中》："今天下之君子，忠实欲天下之富，而恶其贫；欲天下之治，而恶其乱，当兼相爱，交相利，此圣王之法，天下之治道也，不可不务为也。"[4]这里的"治道"即为"治理天下之道"，与后世使用者意思相仿。另《庄子·天地》有："夫子问于老聃曰：'有人治道若相放，可不可，然不然。辩者有言曰，离坚白，若悬寓。若是则可谓圣人乎'。"[5]《庄子·膳性》又说："古之治道者，以恬养知；知生而无以知为也，谓之以知养恬。"[6]这里的"道"是"治"的对象，前者的"治道"相当于"修道"，后者的"治道"其对象是养生之道，都不是后世所指的"治国之道"的意思。

《管子·治国》篇曾经提出"治国之道"的概念，主张"凡治国之道，必先富民"[7]。而自觉地把"治国"与"道"结合起来，进而明确使用"治道"概念来表述"治国之道"的，在先秦诸子中，当推荀子。《荀子·王霸》篇中说："国者，天下之制，利用也；人主者，天下之利势也。得道以持之，则大安也。"[8]在荀子看来，国家是天下最有力的工具，统治者只有用"道"即正确的治国原则去掌握政权和治理国政，才能实现最大的安定。简言之，治国必有道，这一"治国之道"，简称"治道"。

正是基于这一认识，荀子在《正论》篇中明确使用了作为"治国之道"的"治道"概念。他批驳："世俗之为说者曰：'太古薄背，棺厚三寸，衣衾三领，葬田不妨田，故不掘也；乱今厚葬饰棺，故扣也。"[9]荀子认为:"是不及知治道,而不察于扣不扣者之所言也。"[10]"扣"指盗墓,当时在社会上流行这样的说法,认为古代没有人盗墓是因为普遍实行薄葬,而后世盗墓风猖獗是由于人们的厚葬而引起的。荀子认为这是不懂得"治国之道"的说法。古代圣王抚育人民,百姓安居乐业,风俗淳美,人们羞于去做鸡鸣狗盗之事,更不会去盗墓在死人身上发财。所以百姓是否盗墓,其原因归根结底还是在于统治者的治国之道是否得当。为此,荀子引用孔子的话加以说明:"天下有道,盗其先变乎"——这里的"道",应该就是"治国之道",即"治道"。

先秦法家思想的集大成者韩非,在其论著中,多次使用了"治道"的概念。如《八经》篇有:"凡治天下,必因人情。人情者,有好恶,故赏罚可用;赏罚可用则禁令可立而治道具矣。"[11]《诡使》篇有:"圣人之所以为治道者三:一曰利,二曰威,三曰名。"[12]如此等等。

秦汉以后,"治道"概念得到广泛的使用,政治家以之作为自己治国理念、方针、原则、措施、手段的总称,思想家则以之作为自己思考社会、探索人生、认识世界的逻辑起点和思想中心。秦始皇统一中国后,登泰山刻石颂曰:"皇帝临位,作制明法,臣下修饬。……治道运行,诸产得宜,皆有法式。"[13]汉初曹参在齐国做丞相时"闻胶西有盖公,善治黄老言,使人厚币请之。既见盖公,盖公为言治道贵清静而民自定,推此类具言之"[14]唐太宗李世民宣称:"朕今志在君臣上下,各尽至公,共相切磋,以成治道。"[15]北宋司马光编撰的《资治通鉴》,就是因为宋神宗认定其"有鉴于往事,有资于治道"而得名。

"治"与"道"的紧密结合,在宋代"道学"("理学")中达到顶点。今人余英时先生批评现代学界"把宋代道学从儒学中抽离,又把治道从道学中抽离"的偏颇，指出："我们必须在概念上作根本的调整，然后才能确切把握住'推明治道'在宋代所谓'道学'或'理学'的中心意义。"16

这里所引的"推明治道"四字，出自朱熹对宋初"道学三先生"（胡瑗、石介、孙复）的评价，体现了"治道"是道学的中心关怀。北宋儒者王开祖，以"述尧、舜之道，论文、武之治"为宗旨，倡鸣"道学"二字，张载批评"以道学、政事为二事"的现象，程颐则提出"以道学辅人主"的主张，他们都强调"道"与"治"的合一。

"内圣"和"外王"相贯通，"道"与"治道"相交融，这一点在当事人即当时的道学家共同体中固然是不辩自明的共识，而流风所及，后来的统治者对此也是心领神会全盘接受的。如程颐提出："治道亦有从本而言，亦有从事而言。从本而言，惟从格君心之非，正心以正朝廷，正朝廷以正百官。"17朱熹也认为："治道必本于正心，修身，实见得恁地，然后从这里做出。"18对此，历代统治者非但不反感，反而称赞有加。如宋理宗就说过："朕每观朱熹《论语》、《中庸》、《大学》、《孟子》注解，发挥圣贤之蕴，羽翼斯文，有补治道。"19"道"与"治道"的互蕴，学者与统治者的互动，真可谓"心有灵犀一点通"！

二

"治道"的概念虽然直到东周末年（战国时代）才正式使用，但在远古时代的"圣王"治国传说中，就有大量关于治道的内容。例如，记录了尧、舜、禹三个"圣王"和夏、商、周三个朝代事迹的《尚书》，就是一部关于古代治道思想理念和制度措施的文集。而在

"治道"概念产生和广泛使用以后，尽管许多思想家和政治家不一定直接使用"治道"的概念，但他们关于"治道"的论述和措施却比比皆是。那么，到底什么是"治道"，"治道"包含哪些内容？先秦时期的思想家庄子有比较全面的阐述。请看以下文字：

"是故古之明大道者，先明天而道德次之，道德已明而仁义次之，仁义已明而分守次之，分守已明而形名次之，形名已明而因任次之，因任已明而原省次之，原省已明而是非次之，是非已明而赏罚次之。赏罚已明而愚知处宜，贵贱履位，仁贤不肖袭情，必分其能，必由其名。以此事上，以此畜下，以此治物，以此修身，知谋不用，必归其天，此之谓太平，治之至也。故《书》曰：'有形有名。'形名者，古人有之，而非所以先也。古之语大道者，五变而形名可举，九变而赏罚可言也。骤而语形名，不知其本也；骤而语赏罚，不知其始也。倒道而言，迕道而说者，人之所治也，安能治人！骤而语形名赏罚，此有知治之具，非知治之道；可用于天下，不足以用天下。"[20]

在这里，庄子把人们对于"治道"（"大道"）的理解和把握，区分为九个层次：天—道德—仁义—分守—形名—因任—原省—是非—赏罚。其中，"天"为治道的最高层次，人世间所有为治之道都应该遵循自然之天道，用庄子的话来说，就是"顺物自然，而无容私焉，而天下治矣"[21]。"形名"和"赏罚"则在较低的层次，虽在"大道"的"五变"或"九变"之内，但如果抛开"天"这一最高层次，骤然推行"形名"和"赏罚"，不知其本，不知其始，那就不是"治之道"，而只能算是"治之具"了。

对庄子这种以自家学说为标准来判断各家"治道"思想之高低，类似后世佛教宗派"判教"的做法，恐怕除道家之外的其他学派都会不以为然。儒家以"仁"为最高原则，主张"以不忍人之心，行不忍人之政，治天下可运之掌上"（《孟子·公孙丑上》）[22]；墨家以

"兼爱"为最高原则，主张"若此（兼相爱）则天下治"[23]；法家以"法"为最高原则，主张"赏罚可用则禁令可立而治道具矣"（《韩非子·八经》）[24]；他们大概都不会认同庄子的说法，而把自己的主张排除在"治道"之外的。

然而，如果我们心平气和地推敲庄子的上述划分，就不能不承认，庄子是最早触及中国传统治道内涵的思想家。究庄子本意，上述的九个层次都属于"大道"的内容，只要不"骤而语形名，骤而语赏罚"，从而出现"道术将为天下裂"的局面，而是按照"大道"的本来顺序思考和运作，道术贯通，有本有末，有始有终，这九个层次统统都可以归于"大道"即"治道"的内涵。质言之，在承认并尊重"治之道"的本根、起始意义的前提下，所谓"治之具"也属于"治道"的范畴。如此看来，广义的"治道"，既包括"治之道"即治国的思想原则，也包括"治之具"即治国的制度措施。

历代思想家政治家对于"治之道"的思考与"治之具"的推行，恰恰构成了"治道"的丰富内涵。在"治之道"即治国的思想原则方面，一般的原则有："天下为公"原则、"民本"原则、"人治"原则、"无为而治"原则；具体的模式有道家的"道治""天治"，儒家的"仁政""礼治""德治"；法家的"势治""法治""术治"；儒法兼综的"礼法兼用""德法兼行""人法兼资"等。

在"治之具"即治国的制度措施方面，中国传统社会的国家治理体制有权力架构（皇帝、宰相、内阁等）、职能分工（三公九卿、三省六部等）、权力制衡（纳谏、台谏、纠察、举劾、封驳、检核）等；吏治方面的制度措施有品阶、俸禄、考课、铨选、赏罚、迁转、回避、致仕等；经济方面的制度措施有田制、户籍、工商、货币、理财、税赋、赈济等；文化方面的制度措施有学校、贡举、修史、修典、礼仪、宗教、民族、外交等，军事方面的制度措施有武官铨选、练兵检阅、后勤给养、军籍抚恤等；法律方面的制度措施有律、令、格、式、例、典、敕、诏；工程方面的制度措施有营缮、器材、水利、屯田等。

上述治国的制度措施既是"治之具"，也是"治之道"，于史有据。纳谏关乎治道，见《汉书·文帝纪》："古之治天下，朝有进善之旌，诽谤之木，所以通治道而来谏者也。"[25] 吏治关乎治道，见《汉书·宣帝纪》："吏不廉平则治道衰。"[26] 又见《汉书·眭两夏侯京翼李传》："治道要务，在知下之邪正"[27]；经济关乎治道，见《史记·货殖列传》云："则农末俱利，平粜齐物，关市不乏，治国之道也"[28]；礼乐关乎治道，见《汉书·礼乐志》："河间献王有雅材，亦以为治道非礼乐不成，因献所集雅乐"[29]；兵旅关乎治道，见《孙子兵法·始计》："兵者，国之大事，死生之地，存亡之道，不可不察也"[30]；刑法关乎治道，见《汉书·刑法志》："议者或曰，法难数变，此庸人不达，疑塞治道，圣智之所常患者也"[31]；水利关乎治道，见《太平御览》："水润不浸，稼穑不成，冬雷夏霜，百姓不宁，故治道倾"[32]；如此等等。由此看来，上述程颐所提出的"治道亦有从本而言，亦有从事而言"，当是中国古代政治和知识共同体中人们的共识。

三

中国传统治道的历史演进大体上可以划分为三个阶段，即先秦时期（公元前221年以前）的"原型"阶段、秦汉隋唐时期（公元前221—公元960年）的"成型"阶段、宋元明清时期（公元960—1911年）的"转型"阶段。

先秦时期是中国传统治道的"原型"阶段。从伏羲、黄帝到尧、舜、禹，再到夏、商、周，留下了许多治国的传说和思想资源，而真正具有传统治道奠基意义的，却是周朝初年周公的"制礼作乐"以及周朝末年"礼崩乐坏"所引起的百家争鸣。

公元前11世纪，周朝建立以后，为了巩固统治，采取了"分封建国"的做法，形成了一个以宗法血缘关系为纽带的治理体制。适应这一体制，周公提出"敬天爱民，明德慎刑"的治道思想，并建立了一整套的国家管理制度，统称为"周礼"。

公元前770年，周朝的国都东迁，史称"东周"。从这一年开始直到公元前221年秦始皇统一中国，被称为"春秋战国"时期。这一时期，是中国古代思想发生的"轴心时代"。面对"周文凋敝""礼崩乐坏"的局面，为了重新建立合理的社会治理秩序，诸子蜂起、百家争鸣。在诸子百家中，具有较系统的治道思想而又对后代产生较大影响的，有以"仁政"与"礼治"为核心的儒家，以"尚同"与"尚贤"为核心的墨家，以"法、术、势"为核心的法家，以"道法自然"和"无为而治"为核心的道家等。

春秋战国的混乱局面，以秦始皇统一中国而告终。由此，中国古代社会进入了一个辉煌的发展时期，史称"汉唐盛世"。它是中国传统治道的"成型"阶段。

秦始皇以法家思想为依据，建立起中国历史上第一个君主专制中央集权的政治管理体制，奠定了统一国家的发展基础。继之而起的汉代吸取秦朝的经验教训，在治国的指导思想上，经过比较与实验，从秦朝的"法治"中经汉初的"黄老之治"，而最终由汉武帝确立"罢黜百家，独尊儒术"的统治思想，并在实践中形成"霸王道以杂之"的治道格局。

此后，经过社会大动荡的魏晋南北朝时期，统治思想多元化，儒、佛、道三家各擅胜场，直到公元 581 年隋朝的建立，结束了分裂局面，中国再度归于统一。继隋而起的唐朝，是中国历史上最兴盛的一个王朝。唐太宗统治期间，史称"贞观之治"，堪称中国传统治道的实践典范。

公元 960 年，宋朝建立，是中国古代社会由鼎盛步入衰退的转折点。宋元明清时期是中国传统治道的"转型"阶段。

宋代初年的统治者吸取唐朝末年皇权式微、天下分崩离析的教训，采取一系列措施强化中央集权，形成皇帝高度专权，中央严密控制地方的政治管理体制。这种强化中央集权的做法，虽取得一时的效果，但负面影响更大。为了克服这些弊端，建立合理的社会治理结构，范仲淹和王安石先后主持了政治改革；司马光立足于从历代帝王的治国之道中汲取智慧的启迪，主持编写了一部关于治国安邦的历史教科书——《资治通鉴》；而程颐乃至南宋的朱熹等人则从"推明治道"而走向建立"道学"（理学），企图以建构合理的心灵秩序而恢复合理的社会秩序。

公元 1271 年，北方的蒙古族贵族统治者入主中原，统一中国，建立了元朝。元末农民起义中上台的明太祖朱元璋，是中国历史上把君主专制统治发展到极端的帝王。他废除丞相制度、强化中央集权、实行思想钳制，建立起一整套君主专制的统治制度。明朝末年，社会矛盾空前激化，朝廷内部党争不已，下层民众铤而走险，勃兴于东北地区的满族贵族统治者乘虚入关，建立清王朝。面对着这一"天崩地解"的局面，黄宗羲、顾炎武、王夫之等一批知识分子进行了深刻的反思，他们从反省明王朝乃至整个传统社会的治道思想和制度入手，批判君主专制，高扬民本精神，形成了一股"破块启蒙"的思潮。

清代是中国历史上最后一个封建王朝。1644 年入主中原以后，满族贵族努力学习汉族文化，接受中国传统的治道思想和制度措施，并使之发展到极端。1840 年，英国人发动"鸦片战争"，用炮舰轰开了古老中国的大门。面对当时中国积贫积弱的局面，不少有识之士"睁开眼睛看世界"，主张"师夷长技以制夷"。学习西方的内容，从坚船利炮到发展工商，直至民主政治制度。改造中国的手段，从兴办"洋务"，到实行"维新"，直至进行革命。

1911 年，孙中山领导的"辛亥革命"推翻了清王朝，结束了几千年封建专制制度在中国的统治。从此，中国逐步地融入了现代世界发展的潮流，走上了一条政治民主化、经济现代化、管理科学化的道路。中国传统治道也完成了自己的历史使命，不再作为社会的统治思想和制度规范，而仅仅作为一份供后人研究的思想资源，在现代中国与现代世界的思想演变和社会发展中，发挥着某种智慧启迪的作用。

黎红雷

2022 年 12 月

注释

1. 黎红雷，海南琼海人，中山大学哲学系教授，中华孔子学会副会长、博鳌儒商论坛组委会主席、华商书院首席顾问，研究方向为中国古代管理思想与儒家商道智慧。

2. 程树德：《论语集释》第 3 册，程俊英、蒋见元点校，中华书局 1990 年版，第 997 页。

3. 黄寿祺、张善文：《周易译注》（修订本），上海古籍出版社 2001 年版，第 572 页。

4. ［清］孙诒让：《墨子间诂》上册，孙启治点校，中华书局 2001 年版，第 113 页。

5. ［清］郭庆藩：《庄子集释》第 2 册，王孝鱼点校，中华书局 1985 年版，第

427 页。

6. 同上书，第 548 页。

7. 李山译注：《管子》，中华书局 2009 年版，第 256 页。

8. ［清］王先谦：《荀子集解》上册，沈啸寰、王星贤点校，中华书局 1988 年版，第 202 页。

9. 同上书，第 338 页。

10. 同上。

11. 同上书，第 430 页。

12. 同上书，第 410 页。

13. ［西汉］司马迁：《史记》第 1 册，［南宋］裴骃集解，［唐］司马贞索引，［唐］张守节正义，中华书局 1959 年版，第 243 页。

14. ［东汉］班固：《汉书》第 7 册，［唐］颜师古注，中华书局 1962 年版，第 2018 页。

15. 骈宇骞、骈骅译：《贞观政要》，中华书局 2009 年版，第 38 页。

16. 余英时：《朱熹的历史世界》，台湾允晨文化 2003 年版，第 170 页。

17. ［北宋］程颢、程颐：《二程集》第 1 册，王孝鱼点校，中华书局 1981 年版，第 165 页。

18. ［南宋］黎靖德：《朱子语类》第 8 册，王星贤点校，中华书局 1983 年版，第 2678 页。

19. ［清］毕沅：《续资治通鉴》，"标点《续资治通鉴》小组"校，中华书局 2014 年版，第 4458 页。

20. ［清］郭庆藩：《庄子集释》第 2 册，第 471 页。

21. 同上书，第 294 页。

22. ［清］焦循：《孟子正义》上册，沈文倬点校，中华书局 1987 年版，第 232 页。

23. ［清］孙诒让：《墨子间诂》上册，孙启治点校，中华书局 2001 年版，第 101 页。

24. ［清］王先慎：《韩非子集解》，钟哲点校，中华书局 1998 年版，第 430—431 页。

25. ［东汉］班固：《汉书》第 1 册，［唐］颜师古注，中华书局 1962 年版，第 118 页。

26. 同上书，第 263 页。

27. 同上书，第 3167 页。

28.［西汉］司马迁：《史记》第 10 册，［南宋］裴骃集解，［唐］司马贞索引，［唐］张守节正义，中华书局 1959 年版，第 3256 页。

29.［东汉］班固：《汉书》第 4 册，［唐］颜师古注，中华书局 1962 年版，第 1070 页。

30. 中国人民解放军军事科学院战争理论研究部《孙子》注释小组：《孙子兵法新注》，中华书局 1977 年版，第 1 页。

31.［东汉］班固：《汉书》第 4 册，第 1103 页。

32.［北宋］李昉编：《太平御览》第 2 册，夏剑钦点校，河北教育出版社 1994 年版，第 831 页。

第一章 政治共同体：孔子主导的先秦儒家的入世实践

　　《论语·先进》中记载了一则故事，季氏富于周公，而求也为之聚敛而附益之。子曰："非吾徒也。小子鸣鼓而攻之，可也。"[1]孔子看到冉求为季氏大肆的聚敛财物，将其逐出师门。而"被逐出师门"的冉求与孔门之小子（后学）在孔子的怒喝下形成了两个阵营，孔子认为，遵守并践行孔门教义的后学是可以鸣鼓而问罪冉求的。《论语》"季氏富于周功"章的背景应当是孔子周游列国反鲁、专致教化之时，此时孔子的门人颇多，《史记·孔子世家》载："孔子以诗书礼乐教，弟子盖三千焉。"[2]可以说，在孔子晚年形成了一个以孔子为主导的"共同体"，这一"共同体"对君主、弟子以及臣子起到了一定的引导作用，因此，我们也可称它为"政治共同体"。以下就这一"政治共同体"的形成做出解释。

第一节 孔子的"以教为政"与孔门政治共同体的形成

　　作为主导者，孔子晚年在孔门"政治共同体"中的地位和政治职能具有关键的作用。在《论语·为政》中有"子奚不为政"一章，笔者以为此章是解开孔子晚年政治职能的关键。该章原文如下：

或谓孔子曰："子奚不为政?"子曰："《书》云：'孝乎惟孝，友于兄弟。'施於有政，是亦为政，奚其为为政?"[3]

我们可以将此章翻译为：

有人问孔子："你为什么不（出来）参与政治呢?"孔子回答："《书经》说，'孝啊，孝敬父母，并能友爱兄弟。'把孝悌之道教诲给执政者，就是一种'参与政治'的方式，怎样才算'参与政治'呢?"

根据《史记》的记载，鲁哀公十一年，孔子结束周游列国返回鲁国，并在归鲁后与鲁哀公和季康子有过关于政治层面的问答。《史记·孔子世家》是这么记载的："鲁哀公问政，对曰：'政在选臣。'季康子问政，曰：'举直错诸枉，则枉者直。'康子患盗，孔子曰：'苟子之不欲，虽赏之不窃。'"但是，鲁国执政者"终不能用孔子，孔子亦不求仕"[4]。《史记·孔子世家》的记载与《论语·为政》的章目排序和内容有相似之处。《论语·为政》在"子奚不为政"章之前同样出现了鲁哀公和季康子与孔子关于政治方面的问答，并且鲁哀公所问也得到了孔子"举直错诸枉，则民服。举枉错诸直，则民不服"[5]的回答。我们依据上述文献，可以确定"子奚不为政"章中"或人"与孔子的对话所发生的时间应该是鲁哀公十一年之后。孔子早年积极入仕，到了晚年却专心教化、不治政事，不得其解的"或人"询问孔子为何不出仕？孔子的回答意味深长，他不认为自己的不仕是不参与政治，他将自己以"孝悌"为本的教化事业认定为他此时参与政治的方式！"是亦为政"是孔子对自己教化事业是参与政治的肯定，"奚其为为政"的反问句体现了孔子对这种参与政治方式的确信。我们可以将孔子以教化为参与政治的理念称为"以教为政"。

然而，在我们的常识中，"为政"是有位的执政者的政治实践，孔子的"以教为政"无疑是一种无位者对"有政"者的教化行为，这种方式为什么被孔子认定是一种参与政治的方式呢？笔者的上述问题在思想史上已经为学者所重视。汉何晏引包咸之注曰："孝乎惟孝，美大孝之辞。友于兄弟，善于兄弟也。施，行也。所行有政道，与为政同。"[6] 在何晏看来，孔子在行为上符合了"政道"，他就是在为政。皇侃亦引范甯之言云："夫所谓政者，以孝友为政耳。行孝友则是为政，复何者为政乎？"[7] 皇侃认为，孝友之道是政治的根本原则，孔子做到了孝友之道就是在为政。而朱熹将"施於有政"理解为"广推此心以为一家之政"[8]，如此就把在朝为政的问题替换成在家为政的问题。笔者以为何晏与皇侃认为日常的行事符合了"政道"就是在"为政"，着实矮化了"政"的内涵；而朱熹阐述的为一家之政就是"为政"，又泛化了"政"的内涵。实际上，在孔子的时代"为政"就是指有位的执政者的政治实践，上述诸子的解释皆不可取。

笔者以为，孔子对于"为政"的回答是孔子对自己另一身份的"为政"正名，这一身份不是居位的官员，而是素位的教师。他认为把"孝悌之道"传递给有政之人，是他"为政"的又一种方式。纵观孔子的教育生涯，其一生的教化对象主要是弟子，亦包含一些受教的君主。前一种是在野之君子，后一种是在位之君主。在野之君子是孔子"施於有政"的多数人，孔子面对弟子的角色是"君子师"。在位之君主是孔子"施於有政"的少数人，孔子面对君主的角色是"君主师"。萧公权先生曾经指出："（君子）旧义倾向于就位以修德，孔子则侧重修德以取位。"[9] 换言之，孔子赋予"君子"以新的内涵，君子不仅是有位者通过德性的修养成为合格的为政者，更是无位者通过德性的修养成为合格的为政者。在孔子那里，修德是为政的条件，为政是修德的目的。因此，我们可以把孔子的弟子视为准"有政"者。在孔子的思维世界中，弟子与君主皆是他"施於有政"的对象。以下分孔子"为君主师"和"为君子师"两部分来诠释孔子的"以教为政"。

首先是孔子"为君主师"。《论语·宪问》记载了孔子请鲁哀公讨伐陈恒的对话：

> 陈成子弑简公。孔子沐浴而朝，告于哀公曰："陈恒弑其君，请讨之。"公曰："告夫三子！"孔子曰："以吾从大夫之后，不敢不告也。君曰'告夫三子'者。"之三子告，不可。孔子曰："以吾从大夫之后，不敢不告也。"[10]

鲁哀公十四年，齐国大夫陈恒弑杀齐简公，孔子认为这种以臣弑君的行径是对政治秩序严重的破坏。孔子曾为大夫，并时为"国老"行教化于鲁国，他认为自己有责任请求鲁君出兵征伐陈恒，行正义之战。孔子十分明确自己为"师"的责任，他始终关注着政治，并引导执政者推行正确的政治。孔子虽然素位为教，但他并没有失去对政治的影响力，他以自己的政治智识践行着教与政的统一。

孔子没后，鲁哀公在悼言中提到："旻天不吊，不慭遗一老，俾屏余一人以在位，茕茕余在疚。呜呼哀哉！尼父，毋自律！"[11]鲁国失孔子，犹如失去了一个德性的约束，孔子行教对鲁国之功由此可见。王夫之在《读通鉴论》卷7《成帝》中提到："天下所极重而不可窃者二：天子之位也，是谓'治统'；圣人之教也，是谓'道统'。"[12]孔子晚年在鲁国专行教化，用自己掌握的"道统"引导着有政者的"治统"。孔子认为，"道统"高于"治统"，因此以孔子为首的儒家教师可以通过教化的方式引导政治。林存光先生指出："孔门仍可说是作为具有某种明显而强烈的共同的特殊信念与行为倾向的亚文化群体而发挥其影响力的。因而，可以这样说，孔门在孔子的引导与教化下，诞生了一个以道自任、以身体道的学术政治合一的文化生命体。"[13] "以道自任"的孔门"政治共同体"以引导政治为责任，儒家教师的教化工作并不游离于政治域之外，而是内在于政治领域。

其次是孔子"为君子师"。在孔子的政治哲学中，判断一个政治体的好坏的关键在于这个政治体是否有"德性"，而政治体的"德性"又决定于执政者是否具有"德性"。在"子奚不为政"章中，孔子援引《尚书》的"孝乎惟孝，友于兄弟"，强调自己要将"孝悌"传递给执政者。孔子所谓"执政者"包括君主和臣下。在孔子看来，一个具备"孝悌"的君主才是一个合格的君主，君主对"孝悌"的践行不仅是对宗法制度的维护，也是践行政教要旨的关键。而臣下作为政治体的重要参与者，他们是否具备良好的德性，是政治体得以良性发展的重要条件。因此，孔子极为重视对弟子的"孝悌"教化，《论语·学而》载："弟子入则孝，出则弟，谨而信，泛爱众而亲仁。行有余力，则以学文。"[14] 在这里，孔子把"孝悌"视为弟子最先需要掌握的道德品质和行为素质。在孔子看来，作为执政者的君子必须践行"孝悌"之德，这是执政者"为政以德"的根本。《论语》中有多处关于弟子问"孝"的语录，足见孔子教诲"孝道"的不遗余力，而对于"悌道"的教诲孔子亦非常重视，当他看到原壤坐无坐相，他就狠狠指责道："幼而不孙弟，长而无述焉，老而不死，是为贼"，并"以杖叩其胫"[15]。

孔子之学亦可称为"仁学"，他每每以"仁"教化弟子。据统计，《论语》一书中，"仁"字出现达109次之多，是《论语》中出现最多的范畴。"仁学"是孔子思想的重心，而仁爱的起点就是"孝悌"。

孔子的弟子有若有言："其为人也孝弟，而好犯上者，鲜矣；不好犯上，而好作乱者，未之有也。君子务本，本立而道生。孝弟也者，其为仁之本与！"[16]冯达文和郭齐勇在主编的《新编中国哲学史》中认为："在孔子看来，人人都有父母兄弟，都接受过父母的关爱，感受到兄弟的友好；反过来，对父母的关爱报之以关爱，对兄弟的友好报之以友好，这是每一个感情正常的人发自内心的抉择，是人类社会最显浅，也是最深层的'爱'。"[17]毫无疑问，"孝悌"之情是人类最本质的道德情感，孔子以"仁学"教化弟子，正是要把以"孝悌"为根本的"仁爱"思想传递给他的弟子们，使他们在未来的行政中能做到"为政以德"。

综上所述，孔子晚年的教化对象主要针对的是君主和君子（弟子），他将"孝悌"之道"施於有政"是他"以教为政"的方式。孔子针对执政者的教化，并不游离于政治之外，而是内在于政治之中。在孔子看来，"师道"应当对"政道"具有引导力和影响力，这是孔子主导的"政治共同体"的条件。在孔子的引导下，孔门的"政治共同体"实际上是由师、臣、门人构成，他们掌握着"道统"，引导着政治。

第二节　子夏"为君子儒"与先秦儒家
"政治性教化派"的发展

孔子晚年的"以教为政"确立了孔门参与政治的一种方式，在孔子看来，教师对执政者的德性教化是一种政治实践。教师掌握着"政道"的精髓，其对执政者的引导必定能使政治朝向好的方向发展。孔子晚年践行"以教为政"，他亦以此教诲弟子，《论语》"女为君子儒"

章即是孔子勉励弟子的典型，该章原文如下：

子谓子夏曰："女为君子儒，无为小人儒。"

历代注家对"女为君子儒"章的解释不尽相同，但对于"君子儒"的词性认定是一致的，即"君子"（名词）活用为形容词，指"君子式的"，儒为名词。"君子儒"即为"君子式的儒"，同理，"小人儒"即为"小人式的儒"。例如何晏引孔安国语解此章曰："君子为儒，将以明道。小人为儒，则矜其名。"[18] 何晏认为，君子式的儒以弘道为责任，小人式的儒以求名为目的。君子式的儒与小人式的儒高下立判。然而此类解释最大的问题，是用"君子"形容"儒"可，而用"小人"形容"儒"则不可。诚如钱穆所说："凡为儒者，是必然为君子。"[19] 沿袭前辈将"小人儒"诠释为"小人式的儒"，必然陷入带有负面性质的形容词"小人"无法与带有正面性质的名词"儒"相匹的难题。

当代学者高培华对"女为君子儒"章的研究别出新意，他首先确定了"君子""小人"和"儒"的内涵。高氏认为，就已然性而言，"君子"包括身份君子、道德君子和既有德又有位的君子；从应然性而言，"君子"是孔门弟子应该成为的对象，内涵着孔子对弟子劝勉。而"小人"的概念与"君子"的概念相对，指无位且无德之人。[20] 对于"儒"的内涵，高培华赞同钱穆等所述"儒在孔子时，本属一种行业"，但是，他指出："这一行业不仅是教职，也包括承继了巫、史、祝、卜等王官知识技艺，而以治丧、相礼、占卜、祭祀、祈雨等为业的所有术士，或曰儒士。"[21] 在明确了三者的内涵后，高氏认为学界在研究"女为君子儒"章时，很少有人将其与子夏的姓氏和家庭出生相联系，由此失去了研究此章的一个重要线索。他借鉴孔祥骅对子夏姓氏与家庭背景的考察[22]，指出："子夏作为卜氏后裔、卜偃后人，出身于由贵族沦为民间术士而世代为人占卦决疑的贫寒之家。'女为君子儒，无为小人儒'，是孔子针对子夏的出身，对其进行入学教育的要点。"[23] 在高氏看来，孔子对子夏的入学教育是希望他成为"既为王者臣、又为王者师，'以道事君'的'大臣'"[24]，同时针对子夏为民间占卜术士出生的家庭背景，教诲他不要成为占卜的术士。如果我们仔细分析高培华的观点，高氏用"大臣"指涉"君子儒"之"儒"，而用"术士"（儒士）指涉"小人儒"之"儒"。在这种解释下，此章的两个"儒"具有了两种不同的内涵，笔者认为，这种方式并不足取。

通过上述分析可知，"女为君子儒"章的解释大体有两个难点：其一是"君子儒"的词性定位，其二是对此章"儒"的理解。笔者的观点是，"君子儒"的词性搭配并不是"君子"做形容词修饰"儒"，形成"君子式的儒"的解释模式。而是"君子"和"儒"皆作名词，它们中间省略了"之"字；"小人"和"儒"也作名词，它们中间也省略了"之"字。同样的词性搭配在《论语·子路》中所载的"子夏为莒父宰"也出现过，作名词的"莒父"和"宰"之间也省略了"之"字。而通过思想史的考察，我们可以判定孔子所谓"儒"应当不是"儒家"之"儒"，因为孔子之时并未形成"儒家"的概念。当然此章之"儒"也并非高培华所理解的"术士"，因为孔子对"儒"的理解已然走出了"术士"的思维模式。应当说，此章之"儒"在"儒"的概念发展上介于"术士"和"儒家"之间，应理解为"师儒"，章太炎曾用"类名之儒"来定性"儒"的这一内涵状态："类名为儒，儒者，知礼乐射御书数。《天官》曰：儒以道得民。说曰：儒，诸侯保氏，有六艺以教民者。《地官》曰：联师儒。说曰：师儒，乡里教以道艺者。此则躬备德行为师，效其材艺为儒。"[25] 笔者以为，

"类名之儒"正是"女为君子儒"章的内涵。

在"女为君子儒"的解释史上，学人过分重视"君子"与"小人"在"德"上的区别，以致将"君子儒"和"小人儒"作"君子式的儒"和"小人式的儒"来理解。这种解释忽视了二者在"位"上的不同。既然用具有道德义的"小人"形容师儒显得格格不入，我们就应当在地位义上来定义"小人"。笔者认为，此章的"君子"和"小人"凸显的是"位"的差别，"小人"实际上是指无位之"小民"。孔子对子夏的教诲，是希望他成为教化君子的师儒，而不要成为教化小民的师儒。"女为君子儒"章是孔子用"以教为政"的理念在教化弟子的典型。

论述至此，我们需要澄清"君子之师儒"和"小人之师儒"的不同，由此我们可以明确孔子对子夏职业定性。"君子儒"和"小人儒"是针对"君子"和"小人"两种对象的师儒，二者在教学目标和教授内容上是迥异的。

首先，从教授对象的来源来说，在孔门中无"君子"和"小民"之分。孔子曾说："先进于礼乐，野人也。后进于礼乐，君子也。如用之，则吾从先进。"[26] 黎红雷指出："孔子办学初期，跟从他学习的实际上是那些并没有天生具有'君子'地位的郊野平民；只是到了后来，孔子名气大了，那些天生具有'君子'地位的贵族子弟们，才投到孔子门下。"[27] 因此，从学生来源来看，无所谓"君子之师儒"和"小人之师儒"。但是，拜学孔子的弟子均是有从政之理想的，他们学习的内容是孔子以前仅面向贵族子弟的"官学"，孔子以"官学"经典教授弟子，其教学目标是将弟子们培养为从政之君子。因此，以教授目标而言，每一位拜学孔子的弟子均为"修德以取位"的君子，而非"小民"。

其次，从教授内容来说，面向"君子"和"小民"的教授内容是截然不同的。《论语·阳货》记载了孔子到武城，闻弦歌之声。夫子莞尔而笑，曰："割鸡焉用牛刀？"子游对曰："昔者偃也闻诸夫子曰：'君子学道则爱人，小人学道则易使也。'"子曰："二三子！偃之言是也。前言戏之耳。"[28] 在这则记载中，孔子虽然肯定了子游的教化小民的方法，但是从他"割鸡焉用牛刀"的论述可以看出夫子认为教君子和教小民在内容和目的上存在着不同。虽然在《论语》中，我们无法找出孔子论述教君子和教小民之不同的言语，但是《国语》《礼记》和《周礼》的只言片语能让我们明确这一不同。

《国语·楚语》中楚国大夫申叔时谈论如何教育太子的一段话，为我们提供了孔子之前"君子"教育内容的相关信息："教之《春秋》，而为之耸善而抑恶焉，以戒劝其心；教之《世》，而为之昭明德而废幽昏焉，以休惧其动；教之《诗》，而为之导广显德，以耀明其志；教之《礼》，使知上下之则；教之《乐》，以疏其秽，而镇其浮；教之《令》，使访物官；教之《语》，使明其德，而知先王之务用明德于民也；教之《故志》，使知废兴者而戒惧焉；教之《训典》，使知族类，行比义焉。"[29] 申叔时谈论"太子"教育的内容实际上就是王官之学，王官之学以经书为内容，针对有位之君子进行从政的教诲。孔子开设私学，正是以王官之学来教授弟子。《礼记·经解》中记载了孔子的一则言语："入其国，其教可知也。其为人也，温柔敦厚，《诗》教也；疏通知远，《书》教也；广博易良，《乐》教也；絜静精微，《易》教也；恭俭庄严，《礼》教也；属辞比事，《春秋》教也。"[30] 这则言语中的"人"当指"官人"，即从政者。在孔子的时代，以经书为内容的教诲只针对贵族子弟，因此孔子对一个国家从政者状态的体知，就可以对这个国家的王官教学有直观的把握。

"小民"和"君子"分属社会的两个阶层，"小民"的教育与"君子"的教育有不同的内容和目的。《周礼·地官司徒第二·大司徒》

介绍了面向"小民"的十二教："一曰以祀礼教敬，则民不苟；二曰以阳礼教让，则民不争；三曰以阴礼教亲，则民不怨；四曰以乐礼教和，则民不乖；五曰以仪辨等，则民不越；六曰以俗教安，则民不愉；七曰以刑教中，则民不虣；八曰以誓教恤，则民不怠；九曰以度教节，则民知足；十曰以世事教能，则民不失职；十有一曰以贤制爵，则民慎德；十有二曰以庸制禄，则民兴功。"[31] 面向"小民"的十二教中的前六教，即礼乐教化，它的教化方式主要是通过礼乐仪式，而非传授经典。"小民"在践行礼乐仪式的过程中，感受礼乐文明的经义，由此起到移风易俗的政治教化作用。而十二教中的后六教，主要是通过典章制度使"小民"具有规范意识，在制度中践行德性，有序生活。通过《国语》和《周礼》的记载，我们可以明晰"君子之师儒"与"小人之师儒"在教授内容上的差别，师儒在教授内容的差异，也直接导致了培养目标的不同。"君子之师儒"对弟子的培养目标是使他们成为治国理政的有位者，而"小人之师儒"是要让小民浸润在礼乐文明中，获得秩序感，保证国家的稳定。

孔子希望子夏能如自己一样"以教为政"，为"君子之师儒"，用道统引导政统的发展。子夏后来放弃"出仕"[32]而"布教西河"就深受孔子晚年"专致教化"的行动感染。根据《史记·魏世家》的记载："文侯受子夏经艺，由此得誉于诸侯。"[33] 子夏布教的地方在魏国的西河，魏文侯乘地利之便，受教于子夏。《礼记·乐记》中记载了一则魏文公向子夏请教"乐"的故事。[34] 魏文侯以感受古乐和新乐的区别为问题请教于子夏，子夏通过对古乐形式与内容的介绍，继而阐发"乐"与修、齐、治、平之联系。由此一例可见，子夏在魏国西河布教时，对魏国君主有政治上的引导，是为"君主师"。而《史记·儒林传》则记载："如田子方、段干木、吴起、禽滑厘之属，皆受业于子夏之伦，为王者师。"[35] 田子方、段木干、吴起、禽滑厘四人虽然在仕、进、退、隐上的取舍不同[36]，但是他们都接受了子夏所传授的西周时期的王官之学。"子夏在西河设教授徒的过程中，注意加强教材建设，继孔子之后研究古代文献，使《诗》《书》《礼》《乐》《易》《春秋》得到进一步整理与传授，初创诠释儒家经典文献的'章句'之学。"[37] 子夏以王官之学教授弟子，其教学目标是培养从政之君子，是为"君子师"。子夏既为"君主师"，又为"君子师"，正是遵从乃师"为君子儒"教导的实际体现。

《韩非子·显学》中有"儒分为八"的著名论断："自孔子死后，有子张之儒，有子思之儒，有颜氏之儒，有孟氏之儒，有漆雕氏之儒，有仲梁氏之儒，有孙氏之儒，有乐正氏之儒。"[38] 在这八派中，"确定无疑的仅有两家：子张氏为颛孙师，漆雕氏为漆雕开"[39]，此外，定子思之儒为孔伋、孟氏之儒为孟子、孙氏之儒为荀子，乃学界的主流观点。有趣的是，上述五子（子张、漆雕、子思、孟子、荀子）都拥有着"君子儒"的身份，他们都当过"师儒"，在政治上引导着君主或君子。

子张的思想以"为政"为核心。我们从《论语》可知，子张所问于孔子者，如"学干禄""问十世可知""问令尹子文、陈简子""问善人之道""问高宗谅阴""问崇德辨惑""问政""问士何如斯可谓之达""问行""问仁""问从政"等均与"为政"有密切关系。子张是否从政，史料阙如，无法详知。[40] 但通过《荀子·非十二子》云："弟佗其冠，神禫其辞。禹行而舜趋，是子张之贱儒也。"[41] 可知子张必为"君子儒"，以"政道"相关之内容教授弟子。

漆雕开是孔门"不仕"的典型之一。《论语·公冶长》记载孔子使漆雕开出仕，漆雕开对曰："吾斯之未能信。"子说。[42]《孔子家语·七十二弟子解第三十八》扩充了《论语》中这则记载的背景："（漆雕开）习《尚书》，不乐仕。"[43] 相传孔子生前授《尚书》予漆雕开，漆雕开是传《尚书》之儒。《尚书》记载着上古时期的历史文献，内蕴着上古时期的政治智慧。漆雕开以《尚书》教弟子，其"君子儒"的身份毋庸赘言。

孔伋是孔子的嫡孙，《汉书·艺文志》记有《子思子》23篇，班固注谓子思"为鲁缪公师"[44]，《郭店楚墓竹简》中存有"鲁穆公问于子思"[45]的片段。关于孔伋从政的经历，史无详载，然而其为鲁穆公之师，以"师道"引导"政道"，当属事实。子思为"君主师"，是对孔子以来素位为政的教化实践的继承，他以"道"导君，是当之无愧的"君子儒"。

孟子和荀子在生命的末期皆为"君子儒"，专致教化，以官学经典教授君子。根据《史记·孟子荀卿列传》的记载："退而与万章之徒序《诗》《书》，述仲尼之意，作《孟子》七篇。"[46]在《孟子》中我们可以看到大量孟子以官学经典教授弟子的语录，在教学之中，孟子申明"政道"的奥义，传播儒家道统，培养出具有"政道"智识的弟子。荀子是先秦儒家的集大成者，晚年"序列著数万言"[47]，继承并传承了儒家的经典。荀子最著名的弟子韩非与李斯虽然不属于儒家，但是他们接受荀子王官之学的教化，最终都成为服务政治的臣下。

综上所述，孔子没后，儒分为八，其中的五派均在生命不同阶段践行着"君子儒"的角色，以王官之学教化弟子，用儒家道统引导政统，素位为政。孔子培养弟子的一个目的是让他们成为有德有位的君子，弟子有位后即为臣下。孔子对弟子为臣的期望，并不是听命任事的"具臣"，而是"以道事君"的"大臣"[48]。孔子认为"道"是高于政治的，他所培养的臣下研习"道"、探寻"道"，并具备一定"道"的意识，因此他们不仅在参与政治，更引导政治朝正确的方向发展。"君子儒"是"师儒"，是孔子晚年专致教化、身体力行的职业，也是他对弟子的又一期望。"君子儒"并不是臣下，但是他所面对的对象是在位的君主或有志于为政的弟子，"君子儒"对他们进行德性或治理的引导，实际上也是以"道"为任、引导政治的另一种方式。

荀子曾言："君师者，治之本也。"[49] 荀子的观点与孔子是一致的，君主和儒师是政治运行过程中必不可少的两个重要元素，君主是行政的主体，儒师是引导政治的主体。孔子在"女为君子儒"章中正是用"师道"对政治的责任告诫子夏，希望他能够在教化过程中切实地引导政治的走向。孔门的"政治共同体"在孔子以及一批一传弟子的构建下，逐渐具有了影响政治的强大实力。

第三节　大臣的"以道事君"与儒家的入世理想

孔子晚年的专行教化，他不仅希望弟子成为掌握"道统"的师儒，也希望弟子成为"以道事君"的大臣。孔子对弟子的教化，使他们从修德以取位的君子，成为真正的有政之君子。孔子在为君子师的过程中，将自己对政治的理解传授给弟子，弟子在为政过程中践行着孔子的教义，可谓孔子政治思想在孔门后学中的衍生。孔子对弟子的教化不仅在他们从政之前，亦在他们学成后，推荐弟子从政。[50] 在这一由教化弟子从政到推荐弟子从政的过程中，作为业师的孔子自然具有了在弟子未来执政生涯中指导弟子和矫正弟子的"权力"，这在《论语·季氏》"季氏将伐颛臾"章中得到了体现：

> 季氏将伐颛臾。冉有、季路见于孔子曰："季氏将有事于颛臾。"孔子曰："求！无乃尔是过与？夫颛臾，昔者先王以为东蒙主，且在邦域之中矣，是社稷之臣也。何以伐为？"冉有曰："夫

子欲之，吾二臣者皆不欲也。"孔子曰："求！周任有言曰：'陈力就列，不能者止。'危而不持，颠而不扶，则将焉用彼相矣？且尔言过矣。虎兕出于柙，龟玉毁于椟中，是谁之过与？"冉有曰："今夫颛臾，固而近于费。今不取，后世必为子孙忧。"孔子曰："求！君子疾夫舍曰欲之，而必为之辞。丘也闻有国有家者，不患寡而患不均，不患贫而患不安。盖均无贫，和无寡，安无倾。夫如是，故远人不服，则修文德以来之。既来之，则安之。今由与求也，相夫子，远人不服而不能来也；邦分崩离析而不能守也。而谋动干戈于邦内。吾恐季孙之忧，不在颛臾，而在萧墙之内也。"[51]

孔子曾说："天下有道，则礼乐征伐自天子出。"[52] 季康子为鲁国权臣掌一国征伐大权，是陪臣执国命的典型。在季康子将要征伐颛臾国之前，作为季氏家臣的冉有和季路主动来向孔子告知这件事，而孔子则告诉他们不该征伐颛臾国的理由。冉有、季路限于季康子的专权，虽然认可孔子的想法，却没有办法劝阻季康子。孔子之后的言论不仅是对自己不认同征伐颛臾国之观点的延伸，也是对冉有、季路的教诲。《论语·宪问》载子曰："爱之，能勿劳乎？忠焉，能勿诲乎？"[53]《白虎通疏证·谏诤》有言："臣所以有谏君之义何？尽忠纳诚也。"[54] 对于臣下来说，听事任命，人人都会，但是"以道事君"，犯颜直谏却很难。臣下对君主的谏言，是他对政治运行中可能存在的问题的预判和矫正，是臣下对国君忠诚的表现。孔子用"诲"来指代"谏"，表明这二者间的内在联系，在他看来，臣下不因地位的差别而失语，而应该由于掌握了"道统"，而具备教诲君主的职责。孔子希望自己培养的每一个弟子都能成为君主师，督促着政治体朝好的方向发展。虽然孔子最终并没有通过对弟子的教诲阻止季康子征伐颛臾国，但是其中体现了孔子对弟子的教诲不限于弟子从政以前，亦在于弟子从政之后。孔子对弟子的教诲具有恒久的性质，不以弟子的从政为结束，而贯穿在弟子从政的每一个细节。

孔子晚年在鲁国专行教化，是鲁国最有智识的人士，鲁国的执政者在某些政事上产生疑惑，均会来请教孔子。而孔子的弟子从政前受教于孔子，在从政后更是下意识地要与孔子交流并汇报政事。孔子在与弟子交流政事的过程中，不遗余力地引导弟子的从政行为。孔子的为君子师，实际上是自己政治活动的延伸。《论语·子路》中记载了一则冉子退朝与孔子的对话语录，孔子问冉有："何晏也?"冉有对曰："有政。"子曰："其事也。如有政，虽不吾以，吾其与闻之。"[55]根据朱熹的《论语集注》："冉有时为季氏宰，朝季氏之私朝也。……是时季氏专鲁，其于国政，盖有不与同列议于公朝，而独与家臣谋于私室者。故夫子为不知者，而言此必季氏之家事耳；若是国政，我尝为大夫，虽不见用，犹当与闻；今既不闻，则是非国政也。"[56]通过孔子将冉有所谓"政"定性为"事"，可见孔子对季氏专权的不满，亦对弟子协助季氏专权感到遗憾。在孔子看来，弟子的从政首先考虑的是国家的利益，而不应该是权臣的家事。孔子当时是鲁国最具政治智识的人士，他希望自己所培养的弟子能与自己一样，以"道"自任，引导政治朝好的方向发展。孔子通过对弟子的培养并推荐弟子从政，自然而然地在鲁国形成了一个引导政治的智识团体，这一团体的力量对孔门的每一个弟子都具有道德的约束力。因此当孔子得知季康子的家财比周朝的公侯还要富，冉求继续为他聚敛财富，孔子则愤怒地说："非吾徒也。小子鸣鼓而攻之可也。"[57]在孔子看来，臣下在从政过程中应当保持必要的独立性，他们对君主的不当决策应当敢于怀疑、勇于谏言，而不应依附于主政者。

杜维明指出："儒家学者在公众形象和自我定位上兼具教士功能

和哲学家的作用，迫使我们认为他们不仅是文人，而且还是知识分子。儒家知识分子是行动主义者，讲求实效的考虑使其正视现实政治的世界，并且从内部着手改变它。他相信，通过自我努力人性可得以完善，固有的美德存在于人类社会之中，天人可能合一，使他能够对握有权力、拥有影响的人保持批评态度。"[58] 杜维明对儒家的评述是切中肯綮的，先秦儒家在修身与从政之间保持着天然的联系，儒家通过对六经"政道"的学习，不仅提升自身的德行，亦对政治具有一定的裁断能力。他们为在位的君子，是进入权力体制中引导政治，而不在位为师儒，同样可以作为知识分子对政治做出积极引导。在先秦儒家的预设中，教化事业同样具有引导政治的功能。阎步克亦指出："士人阶层形成了其与'政统'相对独立的'道统'，他们承担着'师道'。道统与政统相互渗透、互济互维。师道贯彻着儒家的全部社会理想，并构成了传统政治文化模式的非常独特的方面。"[59] 在中国古代，"政统"和"道统"不同，"政统"由国家治理者所掌握，而"道统"由儒家知识分子所拥有，"道统"对于"政统"具有相对的独立性。儒家为臣，以"道"事君；儒家为师，则以"道"导君。在孔子的主导下，孔门成为一个彼此监督和引导政治的"共同体"。

第四节 "天民"与"礼制"：孟子与荀子的"天下观"

孟子与荀子是孔子之后儒家的代表人物，他们"天下"思想的主体分别为"天民"和"礼制"，孟子所希望实现的"天下"是实现天下人德性的自足，通过良知的发用，建构一个完美的道德宇宙；荀子所追求的"天下"是具有礼乐文明的天下，在"礼制"之下每一个人恭行道德，在等级秩序中实现"家国天下"的大治。二者"天下"思想的殊途实际上在思想世界中引发了当代中国"天下主义"的论争，"内圣"派的学术根基在于孟子，倡导心性儒学；"外王"派的学术根基在于荀子，倡导制度儒学。

一、孟子以"民贵君轻"为基础的"天下"思想的"主体"

孟子的"天下"思想就是建立在他的"民贵君轻"思想基础上的。孟子说："是故得乎丘民而为天子。"[60] "得乎丘民"，就是得民心。"桀封之失天下也，失其民也；失其民者，失其心也。"[61] 社会的安定与否与民心向背息息相关。对此，孟子对统治者提出了"施仁政于民，省刑罚，薄税敛"[62] 的要求，认为统治者应该将体察民众生活作为统治天下的根本，应该对其给予足够的重视。"民贵君轻"的思想延续了春秋以来的重民思想，又将之推向一个全新的历史高度。这种思想对人民在维护社会稳定和推动社会发展中的重要作用进行了积极的肯定，同时也认为人民是社会变革中不容替代的重要力量。后世的统治者将这一思想视作施政方针的重要依据，在制定统治政策时也牢牢遵循这一要义。

孟子"天下"思想的一个显著特征就是对庶民格外重视，在他看来，庶民手中掌握着政治权力，民心向背会作用于政治，并对其产生重要影响。在孟子看来，政治的合法性就来自人心的向背，他坚持"天听自我民听，天视自我民视"[63]，民不仅具有裁判政治得失的权力，而且具有治理天下的权力。孟子的这一认识与其"内圣外王"的思想紧密相关，他认为，人只要提升道德修养，就能获得天爵，成为"天民"，从而成为治理天下的主体。

孟子认为，天爵与人爵共同存在于天地之间，后者承接前者而来。"仁义忠信，乐善不倦，此天爵也；公卿大夫，此人爵也。古之人修其天爵，而人爵从之。今之人修其天爵，以要人爵，既得人爵，而弃其天爵，则惑之甚者也，终亦必亡而已矣。"[64] "仁"是最高的天爵，"夫仁，天之尊爵也，人之安宅也"[65]。孟子认为，天爵是道德的职位，人爵是世俗的职位，修行仁义礼智，做天民，修天爵，虽王天下也不如它，而且那也不是人的本性。"君子有三乐，而王天下不与存焉。"[66] "广土众民，君子欲之，所乐不存焉；中天下而立，定四海之民，君子乐之，所性不存焉。君子所性，虽大行不加焉，虽穷居不损焉，分定故也。君子所性，仁义礼智根于心，其生色也睟然，见于面，盎于背，施于四体，四体不言而喻。"[67]大丈夫是在仁义道德中行走的人，"居天下之广居，立天下之正位，行天下之大道；得志与民由之，不得志，独行其道。富贵不能淫，贫贱不能移，威武不能屈，此之谓大丈夫"[68]。修天爵，行仁道，就是人类在加强自身道德修养的基础上实现了身份转变，不再囿于邦国、城邦和家族的限制，不再受到世俗爵位等级的制约，而是化身为天民，成为宇宙的一员。

孟子认为："天之生此民也，使先知觉后知，使先觉觉后觉也。予，天民之先觉者也，予将以斯道觉斯民也。"[69]孟子"天下"思想的独特之处在于，他并不认为自己是有别于"民"的人，他强调自己也是"民"，只不过他是"民"中的"先觉"者，成为了"天民"。因此，"有事君人者，事是君则为容悦者也；有安社稷臣者，以安社稷为悦者也；有天民者，达可行于天下而后行之者也；有大人者，正己而物正者也。"[70]在孟子看来，"天民"通过内在的修养而获得天爵，而能够治理天下。李洪卫指出："成为天民，也可以成为一国之民，但是，作为国民，乃至一国之君，也不一定就能成为宇宙的公民，宇宙公民的顶点，是达仁，即尽心、知性、知天，以阳明所言，就是人性的完全展开。命运本来是外在于天的，现在由自己把握了，同天了，人同天齐，还有比天更高的吗？他已超越了任何地域、民族、种族的藩篱，这正是人类平等的前提，也是人类平等的根本。"[71]

孟子的"天下"思想的主体是"天民"，致力在思想上给"民"以"天爵"，实现民在治权上的天道合法性。身为士人阶层的孟子，不惜将自己也视为"天民"，认为自己的道德修养无非是实现了"民"向"天民"的过渡。如此一来，天下之人都可以通过道德修养，成为"天民"，实现"天下者，非一人之天下，乃天下之天下"的宏伟构建。孟子的"天下"思想的基本政治意识是"民本与政治合法性"，而如何实现"民本"，绝不是君臣的个人施政，而是天下人均得"爵位"的"共治"。

二、荀子以"礼三本"学说为基础的"天下"思想的"主体"

荀子生活在战国末期，他所面对的政局较孟子生活的时代更为动荡，因此荀子对人性之本的认识亦与孟子不同，他对"天下"的思考亦与孟子有所不同。据笔者统计，"天下"一词在《荀子》一书中出现的频次达到371次之多。荀子"天下"思想的主体是"礼制"，这是荀子"天下"思想的鲜明特征。他提出："学恶乎始？恶乎终？曰：其数，则始乎诵经，终乎读礼。"[72]论"礼"的词句在《荀子》中极为常见，但是荀子论理是建立在承认礼存在自身发展逻辑的基础之上的，而非着眼于简单设置礼的规范。荀子认为，礼的逻辑发展始于三个基本关系，基于此对礼的内容进行推导，这就是荀子的思想精髓——"礼三本"学说。

荀子言："礼有三本，天地者，生之本也；先祖者，类之本也；君师者，治之本也。无天地恶生？无先祖恶出？无君师恶治？三者偏亡焉，无安人。故礼上事天，下事地，尊先祖而隆君师，是礼之三本也。"[73]在此，荀子提出了一个明确的观点，就是礼的三个本源对人与人之间的关系以及其内在差别起决定作用，同时此三者也是人际交往的重要支撑。天地是万物的本源，生活在天地之间的人们崭露锋芒、脱颖而出，成为"人有气、有生、有知、亦且有义，故最为天下贵也"[74]的万物之灵，荀子对人与万物的差别拥有着清晰而明确的认识，这就为人际沟通找到了合适的桥梁。同生于天地之间、接受天地孕育的人们之间的血缘关系就此构建。在天地的帮助下，人与人之间彼此认同，但并不意味着人与人之间的差别就此消弭，天地生人实现了人的统一，但是不得不承认这种统一体现差异性。

"类之本"即是先祖。先祖繁衍子嗣，将具有血缘关系的人聚集在一起，对血缘关系内人的秩序加以确立。毋庸置疑，血缘关系最为稳定，也最为长久，是无需任何证明的客观存在。父母生子，就确定了彼此间的亲子关系，也确定了彼此间的血缘关系。人能够极好地区分父与子，也能够感受到彼此间的血脉亲情。因此血缘关系定位父子、长幼的身份，同时也助力人与人之间和谐沟通。人由父母所生，因此"孝"应是礼最根本的属性。在荀子看来："今人饥，见长而不敢先食者，将有所让也；劳而不敢求息者，将有所代也。夫子之让乎父，弟之让乎兄；子之代乎父，弟之代乎兄；此二行者，皆反于性而悖于情也；然而孝子之道，礼义之文理也。"[75]长幼有序、兄友弟恭，血缘关系极好地界定了"人"与长、父、兄之间的关系，这就为孝悌之道的施行铺平了道路。存在此种血缘关系的人均可以依此定位和处理人际关系。针对无直接血缘关系的人而言，荀子提出了近似的结论。就广义角度来说，因为人均属于天地的子女，因此就必然会存在血缘关系，只是程度不同而已。人在爱自己父母的基础之上，就可以将这种爱推及与自己存在间接血缘关系的他人的父母身上，这就为"老吾老以及人之老"提供了可能。

"治之本"即是君师。荀子"君师者，治之本"的思想，所凸显的不是君的管理职能，而是师的教化职能。荀子认为，上古社会的君只有承担起教化庶民的职责，他才是一个合格的君主。而在社会稳定后，师的政治功能独立出来，师对庶民的教化是国家得到善治的重要条件。只有教化的职能被发挥出来，君和师才能算作合格的君和师。以下，笔者将从"君师合一"和"君师分离"两个维度来阐释荀子"君师者，治之本"的思想。从"君师合一"的维度看，《荀子·王制》中记录了荀子的"礼三始说"，可以与"礼三本说"相互发明："天地者，生之始也；礼义者，治之始也；君子者，礼义之始也。"[76]在荀子看来，礼义的产生是有德性的君子思考天地规律的结果。有德性的君子创立了礼制，也成为了居位执政的"君师"。荀子说："故天地生君子，君子理天地；君子者，天地之参也，万物之摠也，民之父母也。无君子，则天地不理，礼义无统，上无君师，下无父子，夫是之谓至乱。"[77]荀子将"君子"与"君师"这两个概念等同起来，正揭示出了上古时期君主的政治职能，上古时期的君主不仅是礼制的开创者，亦是礼制的传播者。

"礼三本"学说体现了荀子的"天下"观，他所揭示的天人、父子、君臣关系中，天人关系实际上是人与自然的关系，它使人与人相对于万物而成为同类，使人与人之间相爱成为可能。这种爱并非简单的泛爱，而是按照人在以父子关系为核心的血缘关系中所处不同位置有等差地得以实现。由血缘关系推导而出的君臣关系使忠、孝达到一致。人类正是基于这些社会关系、政治关系才最终从野蛮时期进入文明时代。

孔子、孟子和荀子的"天下"思想的"主体"分别是"君子""天民"和"礼制"，三者的现代政治学的表述是"精英""公民"与"整体"。当代"天下主义"的争鸣实际上就是"个体主义"和"整体主义"之争，李洪卫先生致力阐述"个体主义"的天下观，他以个体良知和公共良知为民族国家和世界秩序的内在基础，这一诠释路径实际上来自孟子。赵汀阳、姚中秋、干春松诸先生致力阐发"整体主义"的天下观，后者还可以区分为赵汀阳和干春松的制度性"整体主义"的研究和姚中秋的历史性"整体主义"的研究，他们的着眼点均是通过"托古改制"来阐发"天下"思想，这种范式是接续荀子的路径。同时，需要指出的是，李洪卫在阐述孟子的"天民"观时指出，孟子的"天民"从他的意思理解就是"士"，并通过对于"士君子"的理解，强调"士君子"在全球治理中所应具有的引领作用。但是，在笔者看来，孟子所提出的"天民"其性质与"士"同类，然其思想所指不是要实现"士治社会"而是"共治社会"。在当代中国的政治运行中，处理好"士治"与"共治"是核心，礼治和法治实际上是"君子"和"天民"共同努力的结果。在"士治"与"共治"的关系，孔子主张"士人"要实现对"庶民"的有效引导，这种思想在当代政治哲学的表述是"精英引导下的全民共治"。孔、孟、荀在先秦时期对"天下"之"主体"的阐发开启了当代"天下主义"的论争，也内涵着化解"天下主义"论争的思想资源。

注释

1. 程树德：《论语集释》第 3 册，程俊英、蒋见元点校，中华书局 1990 年版，第 774 页。

2. [汉] 司马迁：《史记》第 6 册，[宋] 裴骃集解、[唐] 司马贞索引、[唐] 张守节正义，中华书局 1959 年版，第 1937 页。

3. 清宋翔凤在《四书释地辨证二卷》卷下"君陈"条有言："'孝乎惟孝，友于兄弟，施于有政。'孔子所引《书》之辞。按：《论语》例作'於'字，引经乃作'于'，则可断'孝乎惟孝友于兄弟'八字为《书》辞，'施于有政'以下为孔子语。以有'于''於'字显为区别，阎氏极驳东晋古文《书》。此文乃为《君陈》篇所误，亦千虑之一失也。"宋氏所有确当，透过"于"和"於"之别，可以判断

"子奚不为政"章之"孝乎惟孝，友于兄弟"为《书》辞，而"施於有政"为孔子语。见［清］宋翔凤：《四书释地辨证》，载《续修四库全书》编委会编：《续修四库全书》第170册，上海古籍出版社1996—2003年版，第457页下栏。

4.［汉］司马迁：《史记》第6册，第1935页。

5. 程树德：《论语集释》第1册，程俊英、蒋见元点校，中华书局1990年版，第117页。

6.［魏］何晏注：《论语注疏》，［宋］邢昺、朱汉民整理，张岂之审定，北京大学出版社2000年版，第24页。

7.［魏］何晏集解，［梁］皇侃义疏：《论语集解义疏》，广东出版社1991年版，第566页上栏。

8.［宋］朱熹：《四书章句集注》，中华书局1983年版，第138页。

9. 萧公权：《中国政治思想史》上册，辽宁教育出版社1998年版，第66页。

10. 程树德：《论语集释》第3册，第999页。

11.［汉］司马迁：《史记》第6册，第1945页。

12.［清］王夫之：《读鉴通论》，中华书局1975年版，第25页。

13. 林存光：《历史上的孔子形象——政治与文化语境下的孔子和儒学》，齐鲁书社2004年版，第55页。

14. 程树德：《论语集释》第1册，程俊英、蒋见元点校，中华书局1990年版，第27页。

15. 程树德：《论语集释》第3册，第1043页。

16. 程树德：《论语集释》第1册，第10页。

17. 冯达文、郭齐勇主编：《新编中国哲学史》上册，人民出版社2004年版，第32页。

18.［魏］何晏注：《论语注疏》，第83页。

19. 钱穆：《论语新解》，生活·读书·新知三联书店2002年版，第151页。

20. 高培华认为："在孔子看来，在其位则谋其政，也才能有其德；（小人）不在其位，不谋其政，也很难有其德。"高培华：《"君子儒"与"小人儒"新诠》，《河南大学学报》（社会科学版）2012年第4期，第34页。

21. 同上文，第37页。

22. 孔祥骅：《子夏氏"西河学派"再探》，《学术月刊》1987年第7期，第75—77页。

23. 高培华：《"君子儒"与"小人儒"新诠》，第33页。

24. 同上文，第39页。

25. 章太炎：《国故论衡》，陈平原导读，上海古籍出版社 2003 年版，第104 页。

26. 程树德：《论语集释》第 3 册，第 735 页。

27. 黎红雷：《孔子"君子学"发微》，《中山大学学报》(社会科学版) 2011 年第 1 期，第 133 页。

28. 程树德：《论语集释》第 4 册，程俊英、蒋见元点校，中华书局 1990 年版，第 1188—1189 页。

29. 徐元浩：《国语集解》(修订本)，王树民、沈长云点校，中华书局 2002 年版，第 485 页。

30. ［清］孙希旦：《礼记集解》下册，沈啸寰、王星贤点校，中华书局 1989 年版，第 1254 页。

31. ［汉］郑玄注：《周礼注疏》第 1 册，［唐］贾公彦疏，赵伯雄整理，王文锦审定，北京大学出版社 2000 年版，第 290 页。

32. 根据《论语》的记载，他曾为莒父宰，而《韩诗外传》则记载了子夏为卫国的"行人"(外交官)，见许维遹：《韩诗外传集释》，中华书局 1980 年版，第 224—226 页。

33. ［汉］司马迁：《史记》第 6 册，第 1839 页。

34. ［清］孙希旦：《礼记集解》下册，第 1013 页。

35. ［汉］司马迁：《史记》第 10 册，［宋］裴骃集解、［唐］司马贞索引、［唐］张守节正义，中华书局 1959 年版，第 3116 页。

36. 高培华在《卜子夏考论》中有详细讨论，见高培华：《卜子夏考论》，社会科学文献出版社 2012 年版，第 196 页。

37. 同上书，第 255 页。

38. ［清］王先慎：《韩非子集解》，钟哲点校，中华书局 2003 年版，第 456 页。

39. 刘光胜：《"儒分为八"与早期儒家分化趋势的生成》，《清华大学学报》(哲学社会科学版) 2015 年第 2 期，第 108 页。

40. 宋震昊：《子张从政辨》，《古籍整理研究学刊》2009 年第 3 期，第 99—103 页。

41. ［清］王先谦：《荀子集解》上册，沈啸寰、王星贤点校，中华书局 1988 年版，第 104 页。

42. 程树德：《论语集释》第 1 册，第 296 页。

43. 杨朝明、宋立林主编：《孔子家语通解》，齐鲁书社 2013 年版，第 441 页。

44. ［汉］班固：《汉书》第 6 册，［唐］颜师古注，中华书局 1962 年版，第

1724 页。

45. 李零：《郭店楚简校读记》（增订本），中国人民大学出版社 2007 年版，第109 页。

46. ［汉］司马迁：《史记》第 7 册，［宋］裴骃集解、［唐］司马贞索引、［唐］张守节正义，中华书局 1959 年版，第 2343 页。

47. 同上书，第 2348 页。

48. 季子然问："仲由、冉求可谓大臣与？"子曰："吾以子为异之问，曾由与求之问。所谓大臣者：以道事君，不可则止。今由与求也，可谓具臣矣。"曰："然则从之者与？"子曰："弑父与君，亦不从也。"见程树德：《论语集释》第 3册，第 792 页。

49. ［清］王先谦：《荀子集解》下册，第 349 页。

50.《论语·雍也》记载：季康子问："仲由可使从政也与？"子曰："由也果，于从政乎何有？"曰："赐也，可使从政也与？"曰："赐也达，于从政乎何有？"曰："求也，可使从政也与？"曰："求也艺，于从政乎何有？"见程树德：《论语集释》第 2 册，程俊英、蒋见元点校，中华书局 1990 年版，第 379—380 页。

51. 程树德：《论语集释》第 4 册，第 1130—1139 页。

52. ［战国］孟子等：《四书五经》，中华书局 2009 年版，第 36 页。

53. 程树德：《论语集释》第 3 册，第 958 页。

54.［清］陈立：《白虎通疏证》上册，吴则虞点校，中华书局 1994 年版，第226 页。

55. 程树德：《论语集释》第 3 册，第 913 页。

56.［宋］朱熹：《四书章句集注》，中华书局 1983 年版，第 144—145 页。

57. 程树德：《论语集释》第 3 册，第 774 页。

58. 杜维明：《道·学·政——论儒家知识分子》，生活·读书·新知三联书店2013 年版，第 13 页。

59. 阎步克：《儒·师·教——中国早期知识分子与政统、道统关系的来源》，《战略与管理》1994 年第 2 期，第 112 页。

60.［清］焦循：《孟子正义》下册，沈文倬点校，中华书局 1987 年版，第973 页。

61.［清］焦循：《孟子正义》上册，沈文倬点校，中华书局 1987 年版，第503 页。

62. 同上书，第 66 页。

63.［清］焦循：《孟子正义》下册，第 646 页。

64. 同上书，第 769 页。

65. ［清］焦循：《孟子正义》上册，第 239 页。

66. ［清］焦循：《孟子正义》下册，第 905 页。

67. 同上书，第 905—906 页。

68. ［清］焦循：《孟子正义》上册，第 419 页。

69. ［清］焦循：《孟子正义》下册，第 654 页。

70. 同上书，第 903—904 页。

71. 李洪卫：《良知与正义：中国自然法的构建》，《华东师范大学学报》（哲学社会科学版）2011 年第 3 期，第 12—13 页。

72. ［清］王先谦：《荀子集解》上册，第 11 页。

73. ［清］王先谦：《荀子集解》下册，第 349 页。

74. ［清］王先谦：《荀子集解》上册，第 164 页。

75. ［清］王先谦：《荀子集解》下册，第 436—437 页。

76. ［清］王先谦：《荀子集解》上册，第 163 页。

77. 同上。

第二章　权力制衡：汉代儒宗的哲思辨义

先秦儒家没有"支持专制"的思想资源，孔子以来的先秦儒家的政治理想是"君臣共治"。《礼记·礼运》载孔子之言："大道之行也，与三代之英，丘未之逮也，而有志焉。大道之行也，天下为公，选贤与能，讲信修睦。"[1] 由此可见，孔子认为要实现"公天下"，需要有一位英明的君主"选贤与能"，实现君臣对天下的"共治"。在孔子看来，君主"为政以德"就能做到举贤任能，从而达到"无为而治"的执政效果。《论语·为政》载："为政以德，譬如北辰居其所而众星共之。"[2] 孔子在"为政以德"[3] 章中用"北辰居其所而众星共之"来比喻为政者以德治国就会得到所有人的拥戴，其背后蕴藏着君主以德治国所能带来的巨大政治效益。董仲舒《天人三策》的要旨是要通过确立"素王"孔子的地位，实现孔子对天子的道德制衡，让汉帝国接受春秋公羊学的治世之道；同时，《天人三策》建议汉帝国的官员应当"儒家化"，形成儒士治世的政府。因此，董仲舒提出"推明孔氏，抑黜百家"的目的是"制衡君权"，而不是"支持专制"。董仲舒的这一构想是他对先秦儒家以"道统"引导"政统"之思想的继承与发展。

第一节 天道不变：天对君权的制衡

董仲舒（公元前 179—公元前 104 年）是汉代最重要的哲学思想家，他的学术根柢在春秋公羊学，他对于春秋公羊学的研究在西汉初期可谓首屈一指，曾经私淑于董仲舒的司马迁在《史记·儒林列传》中对此有明确的表述："故汉兴至于五世之间，唯董仲舒名于《春秋》，其传《公羊氏》也。"[4]董仲舒有志于为汉帝国政治意识形态的更化尽自己的责任，在他看来，"汉得天下以来，常欲善治而至今不可善治者，失之于当更化而不更化也"[5]。这意味着，汉武帝时期的帝国政治状态并不符合董仲舒的理想政治图景，因此，他认为必须在政治上对汉帝国改弦更张。笔者认为，董仲舒在对汉帝国制度上改弦更张的思考中，融入了他制衡君权的思想。在本章中，首先讨论董仲舒哲学思想中的"天"对君权的制衡。

一、阴阳之道与礼制构建

董仲舒在《天人三策》中指出："道之大原出于天，天不变，道亦不变。"[6]在他看来，人道来自天道，天道具有恒一不变的规律，人道应该法天道而行，如此才能使人间社会保持稳定。根据《春秋繁露·深察名号》的记载："是故事各顺于名，名各顺于天，天人之际，合而为一。"[7]在董仲舒看来，人世的名号皆蕴藏在天道之中，天道为人道确立了适当的法则，在天人的合一中，人找到了自己最适合的生存方式，由此展开自己的生活。

董仲舒指出："《春秋》变一谓之元，元犹原也，其义以随天地终始也。故人惟有终始也而生，不必应四时之变，故元者为万物之本，而人之元在焉。"[8]由此可见，春秋公羊学认为"人之元"来源于天地终始变化之"元"，而"元"是万物之根本，人类之根本。那么，内蕴于天地终始变化的"元"是什么？笔者认为，"元"就是"天之道"，就是阴阳之道。董仲舒指出："天之道，终而复始，故北方者，天之所终始也，阴阳之所合别也。"[9] 这意味着，天道之阴阳是自然界和社会的根本法则，它是现实政治的本体根据。

笔者认为，董仲舒的礼制思想正是依托天道之阴阳来构建的。《春秋繁露·身之养重于义》载："礼者，继天地，体阴阳，而慎主客、序尊卑、贵贱、大小之位，而差外内、远近、新故之级者也，以德多为象。"[10] 由此可见，圣人所制定的礼是因缘于阴阳之道，礼由主客、尊卑、贵贱、大小出发设定了人类秩序的内外、远近、新故等。天道之阴阳统摄于礼制和礼治，在现实政治的"礼"之"体""用"上均有体现。

纵观宇宙万物，都具有阴阳的对应属性，人有双手、双脚；叶有正反两面；天之日月交替。世界在运行中体现着阴阳的秩序，而人对阴阳的体察又构成了人类社会的规律。圣人法天道之阴阳而建构礼制，实际上找寻到了最适合人类社会生活的方式。人们因有礼制，而获得了生活的秩序感，在礼制的规矩中，人们稳定地生活。

我们清晰地看到，董仲舒对于礼制的构建溯源于天道之阴阳。天道之阴阳是董仲舒政治哲学的本体根据，这一根据的永恒与稳固促成董仲舒对现实政治超稳定结构的思考。而有天道之阴阳所衍生的五行类归，是董仲舒哲学思想的宇宙论，五行类归的宇宙论构成了董仲舒对现实政治职能中五官分职的观念。

二、五行类归与五官分职

"天"之阴、阳通过和合变化，化生出了四时，四时又可分为五季，五季即内蕴着五行类归。董仲舒说："天地之气，合而为一，分为阴阳，判为四时，列为五行。"[11] 五行类归是"天"的宇宙论，是阴阳之道在现实社会中的细化表达。《春秋繁露·五行之义》指出："天有五行，一曰木，二曰火，三曰土，四曰金，五曰水。"[12] 五行即是木、火、土、金和水，中国古人视这五种物质为构成宇宙万物的五种基本元素，五行通过相生相克的方式为现实社会的复杂关系提供了稳定的宇宙论依据。

《春秋繁露·五行之义》指出："五行之随，各如其序，五行之官，各致其能。事故木居东方而主春气，火居南方而主夏气，金居西方而主秋气，水居北方而主冬气。是故木主生而金主杀，火主暑而水主寒。使人必以其序，官人必以其能，天之数也。土居中央为之天润。土者，天股肱也。其德茂美，不可名以一时之事，故五行而四时者，土兼之也。"[13] 在中国人看来，五行可以对应五季，即春、夏、长夏、秋、冬；可以对应五脏，即肝、心、脾、肺、肾；可以对应五官，即司农、司马、司营、司徒、司寇。董仲舒说："五行者，五官也，比相生而间相胜也。"[14] 五行的相生相克为五官的政治运行提供了宇宙论的保障，司农、司马、司营、司徒和司寇作为现实政治的五个最重要的官员，在相生相克的政治原则下，实现了政治秩序的稳定。根据五行相生的原理，木生火，火生土，土生金，金生水。古人就将政治生活中最重要的五个官职相生地联系在一起，即司农生司马，司马生司营，司营生司徒，司徒生司寇，司寇生司农，如此五官就形成了逐一负责的政治秩序。

董仲舒在《春秋繁露·五行相胜》中又说："木者，司农也。司农为奸，朋党比周，以蔽主明，退匿贤士，绝灭公卿，教民奢侈，宾客交通，不劝田事，博戏斗鸡，走狗弄马，长幼无礼，大小相劘，并为寇贼，横恣绝理。司徒诛之，齐桓是也。行霸任兵，侵蔡，蔡溃，遂伐楚，楚人降伏，以安中国。木者，君之官也。夫木者农也，农者民也，不顺如叛，则命司徒诛其率正矣，故曰金胜木。"[15] 五行有相生义，也有相胜义，具体而言，即木胜土，土胜水，水胜火，火胜金，金胜木。因此，司农在政治行为上做出了不轨的行动，司徒就要来矫正他。同理，司马在政治行为上发生了偏差，则由司寇指正；司营犯了错误，则由司农来矫枉；司徒在政治行为上做错了事，则由司马来过正；司寇犯了错，则由司营来指正。如此，五官之间就形成了相隔而相正的政治格局。

五官的相生相胜是古人独特的认识论的结果，它的政治意义在今日仍有启示。当代西方有三权分立的政治制度，立法权、执法权和监督权各行其是。三权分立用严格的政治区分保证了三个部门执政的公平性和正义性，但是由于三者之间没有直接的结合，使得政治在执行的过程中缺乏互助。中国古代的五官相生相胜的政治模式，不仅保持了政治秩序的稳定性，并且在互相促进和相互制衡中保证了政治执行的顺畅和避免了腐败的发生。毫无疑问，五行类归作为一种宇宙秩序为人们的政治秩序提供的理论支持，影响着人们政治的运行方式。

三、君权神授与爱君示警

阴阳之道是天道的本体论，五行类归是天道的宇宙论，二者共同构成了现实政治的天道根据。天道的规律统摄着现实的政治，也制约着君权，这种制约的典型表述就是"君权神授"。董仲舒充分吸收了他之前的思想资源，强调政治的合法性来源于天道，而君权的合法性亦是上天赋予的。董仲舒在《春秋繁露·顺命》中说："天者万物之祖。"[16] 天是世间万物的始祖，高于一切，也高于君主。《春秋繁露·郊祭》记载："天子号天之子也，奈何受为天子之号，而无天子之礼，天子不可不祭天也，无异人之不可以不食父，为人子而不事父者，天下莫能以为可，今为天之子而不事天，何以异是。是故天子每至岁首，必先郊祭以享天，乃敢为地，行子礼也；每将兴师，必先郊祭以告天，乃敢征伐，行子道也。"在中国古代，"君权神授"是天下人共有的思维意识，因此天子的行政需要请示上天，天子的执政直接受到上天的监督。

需要指出的是，董仲舒对"天"人格神意义的强化并不能简单地被视为一种迷信的思想，而应该被理解为一种政治制衡。正如金春峰所说："其范围主要限于论证君权神授。"[17]董仲舒的政治哲学主要施用于汉武帝之时，当是时，郡县制的基本取代了封建制，中央集权制的权力模式日益加强。董仲舒生逢其时，他并不反对集权制的权力模式，但是他担忧的是君主权力的失控。为了避免政治权力模式由集权转变成专制，董仲舒所能凭借的第一个思想资源就是用"君权神授"的时代共识来限制天子的权力。

董仲舒说："故其治乱之故，动静顺逆之气，乃损益阴阳之化，而摇荡四海之内。"[18]董仲舒将阴阳的变化与治乱的原因直接相连，阴阳之道通贯在人世之间，它们的消长决定着人世的吉凶。然而天道的变化并不是在为非作歹，而是在警示天子。人世间一切灾异的出现，都是"天"在警示着天子，董仲舒说："国家将有失道之败，而天乃先出灾害以谴告之；不知自省，又出怪异以警惧之；尚不知变，而伤败乃至。以此见天心之仁爱人君而欲止其乱也。"[19]因此，灾异的出现实际上是"天"有意为之，其中体现了"天"在政治秩序中的责任，体现了"天"对人主的关爱。

董仲舒通过"天"的力量来制衡君权，这是一种利用中国古代既有的思维意识对天子的约束。天的制衡之所以能够成立，是因为天子的意识中也存在着对天的畏惧。然而这种制衡的最大漏洞就在于天的作用是要通过天子的"承认意识"才能够生效的，天在现实政治中实际上是"被动的"，它并没有变化成为一种"主动的"力量来直接制衡君权。徐复观对"天之制衡"的失效有一个准确的论述："近代对统治者权力的限制，求之于宪法；而董氏则只求之于天，这是形成他的天的哲学的真实背景。但结果，专制政治的自身，只能为专制而专制，必彻底否定他由天的哲学所表现的理想，使他成为第一个受了专制政治的大欺骗，而自身客观上也成了助成专制政治的历史中的罪人；实则他的动机、目的，乃至他的品格，绝不是如此。"[20]

综上所述，董仲舒借助天道的权威来制衡君权，然而由于"天权"必须通过"君"的认同才可以发挥作用，所以"天"在现实的政治中实际上是"虚置"的，天对君权的制衡并没有发挥出董仲舒预设的作用。日本学者池田知久认为董仲舒的"天人相关论"最终仍以维护专制君权为鹄的。其原因在于：第一，董仲舒的"天人相关论"所设定的接受对象是雄才大略的汉武帝，所以董仲舒只能承认天子的权威并希望引导他向善；第二，董仲舒的思想吸收了道、法、墨等各家理论，而在当时，这些理论也都以强调君权为旨归；第三，董仲舒之第一策提到的"天心仁爱人君，欲止其乱"也表明天对君主的宽容态度；第四，天子与天维持着一种能动关系。[21]在笔者看来，董仲舒以天制衡君权的思想出发点并不是要维护君权，其实际却是给了天子的行政以天道的支持。天子对天的认同是支持自己的专制，而不可能让"天权"来制衡自己，所以，董仲舒以天制衡君权的思想在现实政治中并不能发挥太大的作用。

第二节　天听民听：民对君权的制衡

"天的制衡"是董仲舒制衡君权思想的第一义，董仲舒试图通过

"天"的力量来制衡君权。董仲舒制衡君权的第二个资源是"民"，在董仲舒看来，"天"与"民"是同构的，"民"在现实政治中表达着"天"的意愿，将"天"的意愿通过自己的现实表现，传达给君主，在道德层面实现"民"对天子的制衡。在本节中，笔者将详细讨论董仲舒以"民"制衡君权的思想。

一、天民同构的王制本原

在董仲舒所向往的政治结构中，"天"是高于天子的，而在先秦儒家的典籍中一直存在着"天视自我民视，天听自我民听"[22]的思想，这就意味着"天"与"民"在政治结构中具有同等的地位，"天"所要表达的意志都可以在"民"身上体现出来。因此，"天民同构"的政治秩序必然内蕴着民的地位也是高于天子，如此"天"对天子的制衡就转换成"民"对天子的制衡。董仲舒说："为礼不敬则伤行，而民弗尊，居上不宽则伤厚，而民弗亲；弗亲则弗信，弗尊则弗敬"[23]，这意味着民在现实政治结构中具有最高的地位，民是可以裁判天子的得失的。

在儒家的政治哲学中，民居于十分重要的地位，民心向背直接决定了王朝的命运，《春秋繁露·为人者天》载："君者，民之心也，民者，君之体也；心之所好，体必安之；君之所好，民必从之。"[24]从心、体关系上说，君与民同样构成阴阳的组合。董仲舒说："《春秋》之法：以人随君，以君随天……故屈民而伸君，屈君而伸天，春秋之大义也。"[25]在民、君、天所构成的政治结构中，"天"是高于天子的，而在先秦儒家的典籍中一直存在着"天视自我民视，天听自我民听"[26]的思想，这就意味着"天"与民在政治结构中具有同等的地位，"天"所要表达的意志都可以在民身上体现出来。因此，"天民同构"的政治秩序必然内蕴着民的地位也是高于天子的，如此"天"对天子的制衡就转换成"民"对天子的制衡。董仲舒说："为礼不敬则伤行，而民弗尊，居上不宽则伤厚，而民弗亲；弗亲则弗信，弗尊则弗敬"[27]，这意味着民在政治生活中是可以裁判天子的得失的。

"天民同构"的政治架构监督着天子责任的运行。"天"之喜怒就是"民"之喜怒，如若万民皆悦，则是太平盛世；如若万民皆苦，则是帝国末日。这就督促着"君"必须努力践行好的政治行为，为民服务。董仲舒为了将"天"与"民"密切联系起来，将"民"视为"天"的一端，认为人的身体构造直接参照天的构造而成。《春秋繁露·官制象天》有言："何谓天之端？曰：天有十端，十端而止已，天为一端，地为一端，阴为一端，阳为一端，火为一端，金为一端，木为一端，水为一端，土为一端，人为一端，凡十端而毕，天之数也。"董仲舒指出："求天数之微，莫若于人，人之身有四肢，每肢有三节，三四十二，十二节相持，而形体立矣。"王高鑫认为："董仲舒对十端之天系统中天与人的关系做了探讨。董仲舒认为，在以十端为内容的天的系统中，天与人之间存在着两种关系，一方面天与人并列，各自都是天之一端；一方面天与人又存在着一种授受关系天授命于人，人受命于天。"[28]在天人相符的理论构想下，"天民同构"的政治构架得以成立。

在"天民同构"的政治架构下，"民"实际上代表着"天"的意愿，"民"借助"天"的威势，制衡着现实政治的君权。"民"对君权的制衡，主要是通过自己现状的呈现，以"祥瑞"或者"灾异"的形式，"评述"着政治的好坏，董仲舒在《春秋繁露·天地阴阳》中指出：

> 人，下长万物，上参天地，故其治乱之故，动静顺逆之气，乃损益阴阳之化，而摇荡四海之内，物之难知者若神，不可谓不

然也……是故常以治乱之气，与天地之化相殽而不治也。世治而民和，志平而气正，则天地之化精，而万物之美起；世乱而民乖，志僻而气逆，则天地之化伤，气生灾害起。是故治世之德润草木，泽流四海，功过神明；乱世之所起，亦博若是；皆因天地之化，以成败物，乘阴阳之资，以任其所为，故为恶愆人力，而功伤名自过也。[29]

在董仲舒看来，"天"视察着现实政治的治乱，约束着天子的行政，"民"寄托着"天意"，民的状态就是"天意"的表征。《春秋繁路·随本消息》指出："且天之生民，非为王也；而天立王，以为民也。故其德足以安乐民者，天予之，其恶足以贼害民者，天夺之。"因此，上天之所以要授予天子以权力，并不是要让天子享受权力所带来的优越，而是要让他执政为民，建立一个有德性的共同体。如果天子与民安乐，上天会继续授予天子政治的合法性；如果天子贼害人民，上天就会另立天子，让人民通过革命的方式重新获得自己的政治地位。所以，现实政治的合法性来源于上天的授予，而上天授予的标准就是人民的标准，因此"民本"就是政治合法性的现实标准。

二、民为邦本的政治合法性

"民为邦本"是董仲舒政治思想的重要元素，这四个字的原型是"民惟邦本"，出自《尚书·五子之歌》："皇祖有训，民可近不可下。民惟邦本，本固邦宁。"董仲舒在《春秋繁露·王道》中深刻论述了"民本"与政治合法性的关系：

春秋何贵乎元而言之？元者，始也，言本正也；道，王道也；王者，人之始也。王正，则元气和顺，风雨时，景星见，黄龙下；王不正，则上变天，贼气并见。[30]

明君在世，以民为本，则天下祥和，相反，暴君临朝，竭穷民力，必然导致家国崩坏。在董仲舒看来，"民本"是政治合法性的充分必要条件，一个致力于兴国安邦的君主，必须坚持"民本"为执政的第一要务。"民本"不仅是天子行政的意识，更是天意对天子行政的评判。池田知久认为："在自然界，与其说祥瑞、灾异等普通自然现象是天的单方面早就物，还不如说天子向善的努力影响了天并能动地招致这些自然现象。再则，在人世间，天子对万民的一元支配式教化也不是天单方面对受命者发挥作用的天意的实现。正相反，它所反映的是天子对天的能动作用。由于在世间占据着这种位置的天子及他所统帅的群体保有此类能动性，因此他们就有可能与作为主宰者的天处于对等的立场上。"[31]因此，"民意"的表达就是人民捍卫"民本"的方式，政治的合法性并不取决于天子，而是取决于"民意"所表现的现实状态。

民本与政治合法性，是中国古代政治文明的集中体现，与西方文明的"民主与政治合法性"迥异。"民本与政治合法性"与"民主与政治合法性"的根本区别在于，"民本与政治合法性"是由政治效果决定执政地位，"民主与政治合法性"是由全民选举决定执政人选。"民本与政治合法性"的特点在于以民生为政治要义，以贤能政治为行政方式，以民意表达实现政治制衡；而"民主与政治合法性"的特点在于以民选为政治要义，以民选人物为施政主体，以三权分立实现政治制衡。近代以来，随着西方价值的兴盛，"民主与政治合法性"成为了国家建构的主题，"民生与政治合法性"成为了政治的落后样态。然而，随着西方民主政治所表现出的种种弊端，中国古代的"民本与政治合法性"的优点逐渐被政治学家所重视。

在笔者看来，"民本与政治合法性"较之"民主与政治合法性"有三个优点，其一，重视政治效果更能促成善政，当代世界的诸多"民主"国家的人民屡次表现出了对民选人物执政前的欣喜与执政后的沮丧的心灵落差。民主如果不能带来民生，那么民主所产生的政治合法性实际上是失效的，而民生所产生的政治合法性不存在着意问题。其二，"民本与政治合法性"所倡导的贤能政治与强大政府逐渐成为世界的共有意识，在20世纪末日裔美国学者弗朗西斯·福山（Francis Fukuyama）曾提出"历史终结"论，认为民主是人类社会最后的政治形态，但是随着21世纪的政治演变，福山的思想出现了转向，将"强大政府"和"贤能政治"视作善政的第一要素。"民本与政治合法性"追求的是精英政治，而"民主与政治合法性"追求的是大众政治，从心灵认同上来看，后者是每个人的愿望，但是，从实际效用上看，政治理当由社会的精英来管理，这实际上是一种历史的必然。其三，"民本与政治合法性"使得政治体更能处在一种稳定的状态下发展，"民本与政治合法性"的民意表达是通过民众的状态，执政者通过民众的状态可以反思自己的执政，调整自己的施政。而"民主与政治合法性"所表现出的对政府的制衡显得过分的激烈，往往造成生产的停滞和发展的静止。如果政治的合法性的结果是民生的损失，民主的意义就失去了效用。由此观之，中国古代政治文明中的"民本与政治合法性"具有为当代政治提供帮助的优质思想资源。需要指出的是，笔者并不是要否定民主的价值，而是在探索如何让"民本"资源与"民主"价值有效融合，促成当代中国政治文明的新发展。

三、民享治权的实践逻辑

董仲舒"民本"思想的又一特色在于阐述了"民享治权"的思

想。在董仲舒看来，王朝的开创者实际上都是"民"，这意味着"民"在历史的进程中必将成为"君"。在董仲舒的政治历史观中，存在着一个三王、五帝、九皇和民这样一个由近至远的历史系统。"三王"之上还有"五帝"，而三王、五帝之上则有"九皇"，"九皇"之上，则"下极其为民"。《春秋繁露·三代改制质文》载："故圣王生则称天子，崩迁则存为三王，绌灭则为五帝，下至附庸，绌为九皇，下极其为民。"[32] 董仲舒认为，"民皇帝王"这样一个历史系统虽然是不变的，可对应的具体历史王朝却是处在不断变化之中的。概而言之，三统移于下，则王朝依次上绌。他说："汤受命而王，应天变夏作殷号，时正白统。亲夏故虞，绌唐谓之帝尧，以神农为赤帝。作宫邑于下洛之阳，名相官曰尹，作《濩乐》，制质礼以奉天。文王受命而王，应天变殷作周号，时正赤统。亲殷故夏，绌虞谓之帝舜，以轩辕为黄帝，推神农以为九皇。……《春秋》应天作新王之事，时正黑统。王鲁，尚黑，绌夏，亲周，故宋。"[33] 此时黄帝则下绌为"九皇"，而原先的"九皇"则"下极其为民"。在历史的循环中，"新皇"从"旧帝"中产生，而民也在政权的更迭中，获得了成为统治者的资格。实际上，从历史的事实来看，汉王朝的统治者并非先秦时期的贵族，而是出生草莽的庶民。董仲舒认可了庶民获得治权，也是基于他对历史事实的认知。董仲舒的政权循环历史观，实际上将民纳入了政权的轮转之中，民不再是被统治者，而是在历史的运行中必然获得统治权。

董仲舒的历史观是一种历史循环论，历史在循环的过程中，形成了一种超稳定的结构，而天下的治理权力也在这种循环中得到了共享。在董仲舒看来，政治运行久了，都必然会发生弊端，即使是"先王之道"也不例外。他说："先王之道必有偏而不起之处，故政有眊而不行，举其偏者以补其弊而已矣。"[34] 这意味着，治道有弊病是必然的，关键是要"补其弊"。董仲舒认为，夏、商、周三王之政的后期都出现了弊端，出于救弊的需要，才有了忠、敬、文三王之道的更替。三王之道更替的过程，其实就是一个损益补弊的过程。所以，他指出："三王之道所祖不同，非其相反，将以救溢扶衰，所遭之变然也。"也就是说，三王之所以各用一道而不相守，完全是出于救弊的需要。

董仲舒虽然有"民享治权"的思想，但是民是依赖历史的循环来获得治权，在现实政治中民永远是被统治者。在董仲舒的思想深处，存在着强烈的忠君思想，在他看来，大一统的政治必须存在着一个稳定的权力核心，这个核心就是天子。董仲舒说："是故《春秋》之道，以元之深，正天之端；以天之端，正王之政；以王之政，正诸侯之即位；以诸侯之即位，正竟内之治。五者俱正，而化大行。"[35] 由此可见，董仲舒所推崇的现实政治的统治者并非庶民，而是位高权重的天子和诸侯。在董仲舒的理论设计中，民对天子的制衡仍然是虚置的，因为民在现实中的"无权"，导致了民在政治中的"失语"。

综上所述，在董仲舒通过"天民同构"的思想设计上，民为邦本具有了天道的支持。董仲舒同时阐发了"民享治权"的思想，试图在历史循环中凸显民的地位。在董仲舒的设计下，民权具有了天道和历史的根据。但是，天道是虚置的，历史是未知的，民权始终无法在现实政治中产生效用。在尊君思想的主导下，民始终无法切实地对天子构成制衡，我们不得不承认，董仲舒以民制衡君权的思想依然是失效的。

第三节 抑黜百家：士对君权的制衡

在阐发了董仲舒通过天和民来制衡君权的思想后，在这一章，笔者将介绍董仲舒力图通过士大夫的力量来制衡君权。而董仲舒思想中的士对君权的制衡，与他"抑黜百家"的思想直接相关。新文化运动以来，我们习惯用"罢黜百家，独尊儒术"来指称董仲舒《天人三策》的要旨。实际上，班固在《汉书·董仲舒传》中将董氏的"提议"概括为"推明孔氏，抑黜百家"[36]，在同书《武帝纪》有"罢黜百家，表章六经"[37]，原典并无"独尊儒术"的提法，也未将"罢黜百家"和"独尊儒术"连用。

根据笔者的考证，"独尊儒术"在中华民国以前的文献中仅出现一次，[38]即南宋史浩撰著的《鄮峰真隐漫录·谢得旨就禁中排当劄子》中提到："下陋释老，独尊儒术。"[39]因此，"独尊儒术"在中国古代社会的出现是与宋代儒家排佛抑老密切相关，而非董仲舒提出的。另据笔者的考证，"罢黜百家，独尊儒术"的连用是在新文化运动时提出的。1916年，易白沙在《新青年》上发表《孔子平议》，文中称："汉武当国，扩充高祖之用心，改良始皇之法术，欲蔽塞天下之聪明才智，不如专崇一说，以灭他说。于是罢黜百家，独尊儒术，利用孔子为傀儡，垄断天下之思想，使失其自由。时则有赵绾、王臧、田蚡、董仲舒、胡母生、高堂生、韩婴、伏生、辕固生、申培公之徒，为之倡筹安会。"[40]作为"罢黜百家，独尊儒术"的提出者，易白沙的思想带有强烈的新文化运动的情节，他追求民主和自由，将汉武帝时期统治模式定性为君主专制，并认为君主的专制伴随着思想的专制，而"罢黜百家，独尊儒术"正是汉武帝推行的思想专制政策。笔者以为，易白沙的言论是特定历史时期的特殊论述，它并不符合《汉书》的文字记载，也不符合董氏《天人三策》的要旨。"独尊儒术"的治国理念无论在理论还是实践上都与汉武帝之后的治国策略相违。基于此，为了更好地理解董仲舒思想中的士大夫制衡君权的思想，笔者要首先反省"独尊儒术"的话语体系。

一、"独尊儒术"之批判

实际上，汉帝国在治世之策上从未"独尊儒术"，将汉武帝的专制独裁归咎于"独尊儒术"更是虚妄之论。而班固所谓"罢黜百家，表章六经"和"推明孔氏，抑黜百家"是在不同历史背景下的不同政策的概括。以下分述这两个问题。

首先，汉武帝对汉帝国的"治道"选择绝不是"独尊儒术"，笔者将从两个方面来论证这一观点。第一，从选官制度来看，在武帝时期存在着大量的法家官员（例如张汤和杜周），因此汉武帝的治国之策是儒、法并用的。第二，从社会文化来看，如果我们留意《史记·龟策列传》，其中提到："至今上即位，博开艺能知路，悉延百端之学，通一伎之士咸得自效，绝伦超奇者为右，无所阿私，数年之间，太卜大集。"[41] 由此可见，在汉武帝早期的执政中，他对社会上之文化的开放程度是极大的。由此可见，汉武帝并没有仅用"儒术"来治理国家，而根据上文的叙述，"独尊儒术"的话语是易白沙在特定的时代背景下强加给汉武帝的。明确这一点之后，我们有必要重新解释班固所谓"罢黜百家，表章六经"和"推明孔氏，抑黜百家"。

其次，班固所谓"罢黜百家，表章六经"和"推明孔氏，抑黜百家"是在不同历史背景下的不同政策的概括。从 20 世纪开始，反复有学人质疑"罢黜百家，独尊儒术"的用语，孙景坛指出："汉武帝从未采纳过董仲舒'罢默百家，独尊儒术'的建议，更未真的有过'罢黔百家，独尊儒术'的实际行动，有的只是'细抑黄老，崇尚儒学'，说汉武帝'罢黜百家，独尊儒术'与汉初的政治、经济以及思想斗争的实际情况不符，也与汉武帝以后的整个中国思想史不合。"[42] 而庄春波也质疑"罢黜百家，独尊儒术"的提法，他说："汉武尊儒未罢百家，而是'兼容并包'，'霸王道杂之'，以醇儒传经，能者为治。汉武删《今上本记》；杨恽等多人缮补《史记》；刘歆为刘氏中兴崇汉武，尊古文、神秘《周礼》，是易王绾奏议为卫绾奏议始作俑者。司马光以《通鉴》说宋神宗更化易政，反对王安石变法，是其伪造汉武'罢黜百家，独尊儒术'说的基本动机。"[43]面对学界对"罢黜百家，独尊儒术"的质疑，亦不乏学者力证它"确有其事"，管怀伦就是众多学者中的一位，他在"罢黜百家独尊儒术"的历史过程考论中指出："学术界对于汉武帝罢黜百家独尊儒术问题通常存在两种视角：一是在对该段历史进行梗概性叙述时把它当作一个偶然、特定的历史事件，二是在对该事件进行历史还原时把它作为一个漫长的历史过程来看待。对于罢黜百家独尊儒术的历史事件，虽然司马迁在《史记》中已经有所记录，但最先对这个过程进行详细整理记载和历史总结的却是班固。"[44]文章指出"罢黜百家独尊儒术"的全过程由八个形态各异的重大事件构成，并认为这一过程充满惊心动魄的权力斗争与波谲云诡的政治权谋。

管怀伦将"罢黜百家，独尊儒术"视为汉帝国政治运作的一个历史过程，对学人的确具有启发意义。但是，笔者在引文中已经考证，中国古代文献中仅出现一次"独尊儒术"的用语，孙景坛、庄春波和管怀伦实际上都是在易白沙激进的新文化运动用语下展开学术争鸣。这种研究范式忽视了基本的文献事实，也不能对班固所谓"罢黜百家，表章六经"和"推明孔氏，抑黜百家"做出全面、合理的解释。实际上从"罢黜百家，表章六经"到"推明孔氏，抑黜百家"是一个历史的过程，二者是汉帝国在不同的政治背景中所运行的不同政治政策，从"罢黜百家，表章六经"到"推明孔氏，抑黜百家"体现了汉帝国吸纳"儒术"治国的程度由弱变强的改变。

"罢黜百家，表章六经"与汉武帝即位伊始，从建元元年到建元五年推行的"建元新政"相关；"推明孔氏，抑黜百家"则是元光元年董仲舒在《天人三策》中的要旨。所谓"建元新政"，指的是汉武帝上位之初在"治道"上吸纳"儒术"的政治策略。根据《汉书·武帝纪》的记载："建元元年冬十月，诏丞相、御史、列侯、中二千石、二千石、诸侯相举贤良方正直言极谏之士。丞相绾奏曰：'所举贤良，或治申、商、韩非、苏秦、张仪之言，乱国政，请皆罢。'奏可。"[45]这段文字就是班固所谓汉武帝"罢黜百家"的原始文献，引文中的"丞相绾"指丞相卫绾，他向汉武帝建议在"举贤良方正"的国策中勿用法家和纵横家。而汉武帝在建元元年到建元五年在"举贤良方正"的政策推行上则是"罢黜百家"，只纳儒家，以致有了建元五年"置五经博士"[46]的决议。汉武帝在建元五年的"置五经博士"，即是班固所谓"表章六经"（《乐经》遗缺）。

在汉代，为政府所吸纳的"贤良方正"大多被任命为博士官，建元元年应举的公孙弘即是一例，《汉书·公孙弘传》载："建元元年，天子初即位，招贤良文学之士。是时弘年六十，微以贤良为博士。"[47]因此，汉武帝在"贤良方正"上的"罢黜百家，表章六经"，实际上就是在博士官上的"罢黜百家，表章六经"。钱穆对此有过评述："武帝从董仲舒请，罢黜百家，只立五经博士，从此博士一职，渐渐从方技神怪、旁门杂流中解放出来，纯化为专门研治历史和政治的学者。"[48]钱氏对"罢黜百家，表章六经"的认识是正确的，然而他所认为的董仲舒提议"罢黜百家，表章六经"则不符合实情。陈苏镇根据《天人三策》中"今临朝而愿治七十余岁矣"，判断《天人三策》发生的时间应当为元光元年，而非建元元年。[49]从建元元年到元光元年间，汉武帝的吸纳"儒术"治国的策略曾一度被笃信黄老之术的窦太后中断。因此，董仲舒在元光元年"推明孔氏，抑黜百家"的"提议"成为了汉帝国后来吸纳"儒术"治国的导火索。从政策目的的角度来看，"推明孔氏，抑黜百家"是对"罢黜百家，表章六经"

的政策推进。有鉴于此，下文将用重笔讨论董仲舒《天人三策》的要旨——"推明孔氏，抑黜百家"，在这一章中，笔者要先阐释董仲舒"抑黜百家"的哲学内涵。

二、广兴教化与推贤进士

董仲舒在《天人三策》之末申明："《春秋》大一统者，天地之常经，古今之通谊。今师异道，人异术，百家殊方，指意不同。是以上亡以持一统，法制数变，下不知所守。臣愚以为诸不在六艺之科孔子之术者，皆绝其道，勿使并进。邪辟之说灭息，然后统纪可一而法度可明，民知所从矣。"[50] 班固用"推明孔氏，抑黜百家"来指称《天人三策》的要旨。董仲舒在对策的末尾强调"统纪可一而法度可明，民知所从矣"，其中的意思很清楚，统一法度的最终受益者是百姓，让百姓在统一的礼制生活中稳定地存活是统治者必须考虑的。根据公羊学的要义，要做到统一法度，最先要做的就是改正朔，使整个王朝在一个新的统治秩序中有序展开。董仲舒"抑黜百家"的建议正是针对汉武帝时期"法制数变"的政治现实。建元元年，汉武帝重用窦婴、田蚡、赵绾、王臧等儒家官员，意图用儒家的治国之道取代武帝之前汉代采用的黄老道家的意识形态。然而，由于当时汉代的实际掌权者是武帝的祖母窦太后，崇好黄老的窦太后毅然终止建元新政。直至建元五年，窦太后死后，武帝才重新使用田蚡为丞相，进行了一系列的儒学改制。因此，在董仲舒元光元年对策之前，汉武帝在即位的六年间就三次改变了国家的意识形态。虽然当时的汉帝国已走出了太后摄政的政治现实，国家的治理也正朝着用儒学治国的道路前进，但是董仲舒清醒地意识到，人治是影响政治走向的重要因素，而比人治更为根本的是影响人的思想，因此要实现汉帝国长久地使用儒家思想作为意识形态，必须在思想上实现儒家学术的一统。因此董仲舒才提出要"抑黜百家"。

董仲舒对汉武之世的定位是"太平之致"[51]，即公羊学张三世中"太平世"即将到来，"太平世"没有真正到来的原因是汉武帝没有采用儒家的学说作为治国之道。他称汉王朝的政治现实是"师申商之法，行韩非之说，憎帝王之道，以贪狼为俗，非有文德以教训于（天）下也"[52]。由于汉王朝不仅在意识形态上"师申商之法"，当时官员队伍的成分是极其复杂的，围绕在汉武帝身边的官员，有儒家（如田蚡），有黄老道家（如司马谈），有法家（如张汤），亦有纵横家（如主父偃）。[53] 在董氏看来，如此混杂的官僚思想系统，必然影响着汉武帝在政治决策上的判断。因此，必须做到"诸不在六艺之科，孔子之术者，皆绝其道，勿使并进"，让官员队伍不再掺杂进非儒家的人员。董仲舒提出"抑黜百家"的目的是让汉帝国的为政官员"儒家化"，形成儒士治世的政府。当然，这一"提议"并不限于"纸上谈兵"，董仲舒亦提出了实现这一理想的制度设计，即通过"兴太学"的方式推贤进士。

崔涛对"推明孔氏，抑黜百家"的解读是："此乃董氏立学校以养士（及岁举茂材、孝廉）的政治思路的基础要求：即必须树立以儒家学说为标准的养士（及选士）制度的根基。这种根基实际上是一种以社会教化为背景的制度土壤。"[54] 根据笔者的统计，对策中共出现了 16 次"教化"，可以说"教化"是董仲舒在《天人三策》中所要凸显的主题之一。董仲舒在对策中建议要在"一郡一国"中设立"太学"，要将教化的广度推扩到天下的每一个人，使他们理解王朝的政治制度，并主动融入王朝的政治生活中去。董氏主张让儒家知识分子服务于最基础的教化层级，让师不"异道"，人不"异论"。举国之民在思想上与王朝的执政者高度一致，共同推进王朝有序的政治生活。

董仲舒建议通过"兴太学"的方式，用儒家学说教化天下之人。而天下之人学习儒家经典、践行儒家思想，逐渐成为标准的儒士，最终具备进仕的资格。董仲舒在《天人三策》中说："故养士之大者，莫大（虐）【虖】太学；太学者，贤士之所关也，教化之本原也。今以一郡一国之众，对亡应书者，是王道往往而绝也。臣愿陛下兴太学，置明师，以养天下之士，数考问以尽其材，则英俊宜可得矣。"[55]"兴太学"的目的是养天下之儒士，在这一基础上董仲舒提出了确立考核制度以"推贤进士"，他说："臣愚以为使诸列侯、郡守、二千石各择其吏民之贤者，岁贡各二人以给宿卫，且以观大臣之能；所贡贤者有赏，所贡不肖者有罚。夫如是，诸侯、吏二千石皆尽心于求贤，天下之士可得而官使也。"[56] 这种"选官"制度以儒学的德性标准来衡量和选拔官员队伍，使士人和儒学真正结合了起来。这一制度是汉帝国教化大行的制度保证，天下之人皆愿意承教化而应官举，董仲舒"推贤进士"的政治理想也在这一基础上逐渐实现。

此外，在《天人三策》中，董仲舒提出了改革官吏选举的办法："臣愚以为使诸列侯、郡守、二千石各择其吏民之贤者，岁贡各二人以给宿卫，且以观大臣之能；所贡贤者有赏，所贡不肖者有罚。夫如是，诸侯、吏二千石皆尽心于求贤，天下之士可得而官使也。"[57] 当时，汉王朝的官吏多是通过权力关系和权钱交易而进入官场贵族、大臣和富豪子弟。而董仲舒提出通过"考核"来推贤进士的人，这种"选官"制度以儒学的德性标准来衡量和选拔官员队伍，使士人和儒学真正结合了起来。这一制度是汉代教化大行的制度保证，天下之人皆愿意承教化而应官举，董仲舒"推贤进士"的政治理想也在这一基础上逐渐实现。

三、士治政府与"共治"格局

董仲舒"抑黜百家"的提议旨在"推贤进仕"而非"支持专制"。如果我们将董仲舒在《天人三策》中的提议概括为"独尊儒术"，董仲舒所要"独尊"的"儒术"，是要继承和发展先秦儒家的"德治"传统，而绝非要推行一种专制制度。不过，我们仍然要反思，董仲舒推崇的以儒学为天下教化的核心内容，是否会造成"文化专制"？

笔者的答案是否定的。儒家自身即具有极大的开放性，在《论语》中我们可以看到儒家思想对道家退隐思想的借鉴，孔子说："道不行，乘桴浮于海"[58]；可以看到儒家思想对法家刑法的提升，孔子说："不教而杀谓之虐"[59]；也可以看到儒家思想对墨家节用思想的吸收："麻冕，礼也。今也纯，俭，吾从众。"[60] 儒家思想的开放性完全为董仲舒所继承，因此每每有学者称董仲舒为"杂家"。本文仅以董仲舒思想中的儒法关系为例。

在《天人三策》中，董仲舒力图在形上学的层面论证儒家之德治与法家之刑治的关系。他说："天道之大者在阴阳。阳为德，阴为刑；刑主杀而德主生。是故阳常居大夏，而以生育养长为事；阴常居大冬，而积于空虚不用之处。以此见天之任德不任刑也。天使阳出布施于上而主岁功，使阴入伏于下而时出佐阳；阳不得阴之助，亦不能独成岁。终阳以成岁为名，此天意也。王者承天意以从事，故任德教而不任刑。"[61] 董氏力图通过天道阴阳的变化，从形上学的角度论证德教先于任刑。阳为德，阴为刑，因此德教在现实政治的运行中要先于且重于刑罚。儒家从来没有反对过法家的刑法思想，而是主张教化先行和教化为本。正如董仲舒在对策中所引用的孔子的话"导之以政，齐之以刑，民免而无耻"[62]，如果想真正实现"儒家德治共同体"，就必须要重视德教的作用。董仲舒的时代是多元文化并存的时代，他面临的一个主要理论工作是如何以儒家为内核整合各家的学说。从现有文献来看，董仲舒的理论工作是成功的，他有效地吸收了各家的思想为儒家治世所用。

汉武帝在策问中曾经问道："盖闻虞舜之时，游于岩郎之上，垂拱无为，而天下太平。周文王至于日昃不暇食，而宇内亦治。夫帝王之道，岂不同条共贯与？何逸劳之疏也？"[63]董仲舒的回答是："众圣辅德，贤能佐职，教化大行，天下和洽，万民皆安仁乐谊，各得其宜，动作应礼，从容中道。"[64]儒家的治世策略与法家有一个明显的不同，儒家重在用有德之臣以辅助有德之君来治理天下；法家重在用法、术来绳制臣子以实现君主的集权统治。在董仲舒看来，如果要实现儒家式的"无为而治"，就必须任用贤人，而兴太学、致教化正是养士用贤的必要制度基础。

钱穆先生把汉武帝时期的政府称为"中国历史上第一个'文治的统一政府'即'士治'或'贤治'的统一政府之开始"[65]。董仲舒"抑黜百家"的提议，正是要通过兴太学的方式，实现贤士与君主的"共治天下"。在董仲舒的政治智能设计中，贤士与君主所构成的现实政治的施政的两个方面，互相依赖、互相制衡。在现实社会的政治架构中，君、臣是政治实施中最重要的两环。董仲舒的哲学由天道之阴阳而兴发，阴阳之道同样是君臣之理的形上根据，他说："凡物必有合。合，必有上，必有下……阴者阳之合，妻者夫之合，子者父之合，臣者君之合。物莫无合，而合各相阴阳。阳兼于阴，阴兼于阳，夫兼于妻，妻兼于夫，父兼于子，子兼于父，君兼于臣，臣兼于君。君臣、父子、夫妇之义，皆取诸阴阳之道。"[66]在董仲舒的思想体系中，君与臣的高下之别首先是一个事实判断，这一事实判断源于本体论中"阴""阳"的高下之分，君臣的地位差等是天道所赋予的，人们不应该为此叛逆，而应当顺受此理。既然君臣的高下之别是天理之

自然，在政治运作的过程中，君臣就要互相配合，共同促进好的政治
秩序的形成。

董仲舒推崇儒家为王朝的意识形态，当然有个人儒者情怀的主观
因素，但也有社会治理的客观因素。周公治礼作乐以来，中国古人普
遍接受并遵循着礼来进行社会生活。礼乐文明以血缘为纽带，与中国
宗法制社会结构互为表里，它所规定的农业生活亦与中国古代的农业
文明相得益彰。礼乐文明重在教化，通过教化使每一个人知礼行礼，
每一个人在自己所承担的礼制角色中，他就是礼的执行者，就是治理
的主体。因此，教化的普及必然会形成一个"德治共同体"。董仲舒
在对策中建议要在"一郡一国"中设立"太学"，要将教化的广度推
扩到天下的每一个人，使他们理解王朝的政治制度，并主动融入王朝
的政治生活。董氏主张让儒家知识分子服务于最基础的教化层级，让
师不"异道"，人不"异论"。举国之民在思想上与王朝的执政者高度
一致，共同推进王朝有序的政治生活。

王国维在《殷周制度论》中对周代的政治有一个经典的论断："尊
尊、亲亲、贤贤，此三者治天下之通义也。周人以尊尊、亲亲二义，
上治祖祢，下治子孙，旁治昆弟，而以贤贤之义治官。"[67] 尊尊和亲
亲是周代宗法制度的德性内核，而贤贤则体现了周代执政者的"尊贤"
风尚。对于贤士的尊重是周代政治的一个重要特征，而周代封邦建国
的国家组织模式，又促成了士人可以凭借自己的所学"选择"为哪个
诸侯国的执政者效劳。因此，周代的政制特性赋予士人极大的独立人
格，孔子就说："君使臣以礼，臣事君以忠"[68]，当君主礼遇臣下的时
候，臣下才会对君主中层。孟子则更激烈地说："君之视臣如手足，则
臣视君如腹心；君之视臣如犬马，则臣视君如国人；君之视臣如土芥，
则臣视君如寇仇"[69]，荀子亦有"从道不从君"[70] 的经典论述。

随着秦朝的一统天下，秦始皇"焚书坑儒"的文化专制极大地压

制了天下士人的独立人格。而秦朝采用郡县制取代封建制，又在国家组织模式上促进了君主的专制，士大夫治国之理想只能于一国之内实现，士大夫也只能与天子合作才能实现自己的价值。汉朝作为秦之后的中央集权国家，其统治者多出于草莽，所以汉朝的开国君主汉高祖刘邦极为重视对贤人的任用，他曾下《求贤诏》广纳天下贤人。汉武帝刘彻继承了汉家重贤的传统，在位期间也多次下诏求贤。然而，大一统的汉王朝已经不同于先秦社会，士人不可能选择自己心仪的邦国，而只能服务于一个政权。这种时代背景大大削弱了士人的人格独立性，却加强了君主驾驭士人的权力。因此，在现实政治中的权位差异下，董仲舒在"抑黜百家"中所内蕴的士人对君权的德性制衡，并不能发挥足够的作用。

第四节　推明孔氏：圣对君权的制衡

《天人三策》是中国历史上一次著名的贤良对策，对策中"推明孔氏"的提议促成了西汉时期将孔子尊为"素王"。《左传·襄公二十四年》载："太上有立德，其次有立功，其次有立言，虽久不废，此之谓三不朽。"[71]立德、立功和立言是中国古人对历史人物能够不朽于青史之原因的精炼概括。笔者认为，孔子在西汉能为儒林领袖奉为"素王"，正是因为在德、功和言三个方面都极其杰出，而《天人三策》体现了董仲舒推明孔子为"素王"的努力。

一、圣德天授与明礼通天

董仲舒是西汉春秋公羊学的宗师，他在《天人三策》中用春秋公羊学的义理来阐释"孔子言"，孔子的"素王"地位最初也是在公羊学的诠释之下而成立的。《天人三策》载孔子曰："凤鸟不至，河不出图，吾已矣夫！"[72] 董子在这句话之后解释道："自悲可致此物，而身卑贱不得致也。"[73] 孔子将"凤鸟不至，河不出图"与自己的境遇联系起来，体现出他思维世界中的天命意识，也表现出在礼崩乐坏的春秋末年匡扶天下的责任情怀。而董子的诠释揭示了天命与王位在孔子身上的矛盾，他认为孔子自识可以得到天命，却因为无王位而无法得到天命。

在中国古人的思维世界中，"天命"是与生俱来的，因为世袭王位的关系，天子生来就有"天命"。孔子虽然没有王位，但是在当时许多人看来，孔子生来就具有"天命"。胡适在《说儒》中提出，在殷亡之后，殷遗民中曾流传着一个预言（"悬记"）：将有一位"王者"起来，完成殷的"中兴"大业。但是，到了孔子的时代，"他们好像始终保存着民族复兴的梦想，渐渐养成了一个'救世圣人'的语言"[74]，而孔子正是这一应运而生的"圣人"。在孔子在世之时，他就被身边的人视作圣人。《论语·子罕》记载，太宰问于子贡曰："夫子圣者与？何其多能也？"子贡曰："固天纵之将圣，又多能也。"[75] 据此，在当时的部分官员和孔子的弟子眼中，孔子就是天生的圣人。然而，孔子自己并不以"圣人"自居，他说："若圣与仁，则吾岂敢。"[76]（《论语·述而》）。当他面对太宰和子贡的赞美时，他是用"君子"来指代自己。在《论语·八佾》所记载的"仪封人请见"一章中，"仪封人"亦用"君子"指称孔子："君子之至于斯也，吾未尝不得见也。"之后说："二三子何患于丧乎？天下之无道久矣，天将以夫子为木铎。"[77] 在"仪封人"看来，孔子是"君子"中出类拔萃者，他禀受天命，上天赋予夫子传道、救世的使命。由此，与其说孔子是"君子"，不如说他是"圣人"更为贴切"仪封人"的想法。

日本学者白川静曾经对孔子时代的"圣"字做过诠释，圣字"会意，'耳'、'口'、'壬'组合之字。'壬'为踮起脚尖站立者的侧视图。'口'为'廿'，置有向神祷告的祷辞的祝咒之器。'壬'上写有大'耳'，强调地表示聽（听）的动作。古人相信耳可以捕捉到神声，尽管神声微乎其微。诵咏祝词，踮起脚尖向神祷告，可以听到神明的诏示的人，谓'圣'，即圣职者"[78]。概而言之，"圣人"是可以与天神相往来的人，孔子被视为"圣人"，实际上内蕴着他获得了"天命"的诏示。虽然，终孔子一生，他都不愿以"圣人"自称，但是，夫子并不否认自己获得了天命。

《论语·子罕》载，子畏于匡，曰："文王既没，文不在兹乎？天之将丧斯文也，后死者不得与于斯文也；天之未丧斯文也，匡人其如予何？"[79]《论语·述而》载，子曰："天生德于予，桓魋其如予何？"[80]《史记·孔子世家》还原了后一处话语的情境，孔子去曹适宋，与弟子习礼大树下。宋司马桓魋欲杀孔子，拔其树。孔子去。弟子曰："可以速矣。"孔子曰："天生德于予，桓魋其如予何？"[81]通过上述两处引文，我们可以看出孔子的天命意识是自觉的。当受困于匡时，孔子认为自己禀赋了上天所授予的传布礼乐文化的使命；当遇难于宋时，孔子申明自己的德行是上天授予的。

与当时人对孔子生而得"天命"的认识不同，夫子认为自己获得"天命"是长时间积累的过程。《论语·述而》载，子曰："我非生而知之者，好古，敏以求之者也。"[82]孔子还说："吾十有五而志于学，三十而立，四十而不惑，五十而知天命，六十而耳顺，七十而从心所欲，不踰矩。"[83]（《论语·为政》）此处引文可被视为夫子的晚年定论，它意味着，经历了五十年左右的时光，孔子才确信自己知晓了"天命"。既然夫子否定了自己的"生而知之"，那么他是通过怎样的过程才"知天命"的呢？笔者认为，孔子"知天命"源于他对礼乐文化长时间的学习和探索。

《论语·季氏》记载了孔子对孔鲤"学礼以立"的教诲，而在《论语·尧曰》中，夫子说："不知礼，无以立。"[84]结合他"三十而立"的晚年断语，我们可以得出，孔子认为礼乐文化是人安身立命的基本条件。我们知道孔子"年少好礼"[85]，到了三十多岁时，他已经是鲁国最负盛名的礼学专家。以至于鲁国贵族孟僖子将死前召其大夫曰："礼，人之干也；无礼，无以立。吾闻将有达者曰孔丘，圣人之后也……臧孙纥有言：'圣人有明德者，若不当世，其后必有达人。'今其将在孔丘乎？我若获，必属说与何忌于夫子，使事之，而学礼焉，以定其位。"[86]后来何忌（即孟懿子）果然和另一位鲁人南宫敬叔同时"师事仲尼"。孟僖子的临终遗言将孔子视为"圣人之后"，并认为夫子之所以可以成为圣人，是因为他领悟了礼乐文化的真谛，并因此培养起自己的圣人之德。

孟僖子的言语将孔子、礼、德性和圣人联系了起来。上文已经论述了圣人与"天命"的关系，而在孔子的时代，礼乐文化也与"天命"息息相关。《左传》文公十五年（公元前612年）季文子说："礼以顺天，天之道也。"[87]《左传》昭公二十五年（公元前517年）追记子产对"礼"的界说云："夫礼，天之经也，地之义也，民之行也。"[88]在春秋时期，知识分子普遍认为礼乐文化的根源在于天道。《说文解字》"示"部说："礼，履也，所以事神致福也；从示，从豊。"又"豊"部："豊，行礼之器也；从豆，象形。"王国维《释礼》一文讨论殷墟卜辞"豊"字，以为此字上半之"䇓""象二玉在器之形"，并指出："古者行礼以玉，故《说文》曰：'豊，行礼之器。'其说古矣。……实则'豊'从珏，在凵中。从豆乃会意字，而非象形字也。盛玉以奉神人之器，谓之'䇓'若豊，推之而奉神人之酒醴，亦谓之醴，又推之而奉神人之事，通谓之礼。"[89]据此，行礼是古人与天神往来的手段，礼乐文化内蕴着"天命"的真谛。孔子称自己"五十而知天命"，正是通过长时间的学礼、行礼、立于礼、领悟礼的过程，最终洞悟了礼乐文化的真谛来源于天。孔子对自己得天命的意识是建立在学礼的过程中的，而他所自信的"天生德于予"亦是在不断学礼的过程中形成的。

在孔子的思维世界中，礼是德的表现，德内蕴于礼中，孔子往往用"仁"来指代礼中之"德"。孔子说："人而不仁，如礼何？人而不仁，如乐何？"[90]（《论语·八佾》）由此可见，礼与仁互为表里，礼是仁的外在行为，仁是礼的内在德性。孔子对礼的长时间的学习，是一个内在超越的过程，这一超越使孔子探索到天命的真谛，领悟到了天命之德（仁）。孔子曾说："天何言哉？四时行焉，百物生焉，天何言哉？"[91]（《论语·阳货》），当孔子证悟天命时，他与天的对话是精神的往来，不需要用言语，内心的一点灵犀就能知晓天命的诏示。人们称孔子为"圣人"，认为只有他获得了天命，孔子虽不以"圣人"自居，但他自信德可通天，他甚至认为普天之下只有"天"真正理解他。他说："不怨天，不尤人。下学而上达。知我者，其天乎！"[92]（《论语·宪问》）孔子通过学礼而知晓"天命"，而"天命"的诏示让他确信自己毕生的努力，天地之间，唯夫子知天，也只有天知夫子。

孔子的立德是他证悟礼乐文化的结果。礼的本源在天，孔子通过学礼，一次次靠近天命之真谛。当夫子之德足以匹天之时，他被人们称为"圣人"，认为他生来禀赋了天命。而孔子清楚自己获得天命是"下学而上达"的结果，他勉励弟子勤奋学习，告诉他们"君子有三畏：畏天命，畏大人，畏圣人之言"（《论语·季氏》）。在孔子看来，天命对每一个人开放，只要你坚持学礼，不断行礼，你就在不断地与"天命"靠近。孔子认为，天命是一种德行，是"仁"，他之所以自信

"天生德于予"，不过是他领悟了天命之"仁"。孔子用生命推行仁道，践行仁道，教授仁道，是为"立德"。而当他人接受了孔子的学说，并推广孔子的学说时，孔子对中国历史的功德亦昭然若揭。

二、专行教道与素位为政

在董仲舒春秋公羊学的学说视阈下，孔子所说的"凤鸟不至，河不出图，吾已矣夫！"成为了孔子对自己有德无位的悲叹。在董子看来，有位之天子必须以教化天下为第一要务，他在《天人三策》中指出："今陛下贵为天子，富有四海，居得致之谓，操可致之势，又有能致之资，行高而恩厚，知明而意美，爱民而好士，可谓谊主矣。然而天地未应而美祥莫至者，何也？凡以教化不立而万民不正也。"[93] 董仲舒认为，汉武帝时期天下未得大治的一个根本原因是教化不行。换言之，教化的施行与否是衡量"王之为王"的一个条件。事实上，通过笔者对《论语》"子奚不为政"章的考察，孔子之所以在西汉被奉为"素王"，与其晚年"专行教道"息息相关。

《淮南子·主术》记载："孔子之通，智过于苌弘，勇服于孟贲，足蹑郊菟，力招城关。能亦多矣。然而勇力不闻，伎巧不知，专行教道，以成素王，事亦鲜矣。"[94] 此处引文的作者认为孔子是一个智慧过人、勇力胜人、多才多艺的通才，然而他之所以成为"素王"，是因为他专门推行教化之道。这处引文的作者历史性地将孔子布教和他成为"素王"联系起来，在他论述的孔子的"通"与"专"之间，我们不禁有意对孔子的"专行教化"作一番考察。我们的问题是，孔子是何时开始"专行教化"的？孔子的"专行教化"对于春秋末期的社会具有什么作用？

孔子三十多岁开始教授弟子，近代以来的学术大家往往据此称孔子为"伟大的教育家"，实际上在孔子的生活中，教化是他政治生活的延伸，孔子从来没有放弃过参与政治。《为政》是《论语》的第二篇，笔者认为它与《论语》的第一篇《学而》是紧密相关的。"为政"是"为学"的目的，"为学"是"为政"的条件。孔子开设杏坛的目的是培养"君子"，在孔子的思维世界中，"君子"不仅有德而且有位。早年的孔子是游走于教学与为政之间的，这就是子夏所说的"学而优则仕，仕而优则学"[95]（《论语·子张》）。然而根据《史记·孔子世家》的记载："孔子之去鲁凡十四岁而反乎鲁。……然鲁终不能用孔子，孔子亦不求仕。"[96] 也就是说，孔子周游列国回到鲁国之后（公元前484年），鲁国执政者仍然没有启用孔子，而孔子自己也不愿意再入仕为官。从此之后，孔子专门施行教化。孔子晚年专行教化，与其早年积极入仕的心态迥然不同，这引起了一些人对孔子不为政的困惑，于是有了"或人""子奚不为政"的疑问。

《论语·为政》记载，或谓孔子曰："子奚不为政？"子曰："《书》云：'孝乎惟孝，友于兄弟'，施于有政。是亦为政！奚其为为政？"刘宝楠对这章的解释是，孔子引《尚书》的话，是为了说明"所行有政道"[97]，不在其位亦可"为政"。顺着刘宝楠的思路，作为一个普通人只要在行为上符合政道（孝友之道），他就是在为政。笔者以为，这种解释泛化了"为政"的内涵，用"所行有政道"来理解孔子此时的"为政"实际上并没有真正领悟孔子思维世界中的"为政"。

在《论语》中，除"子奚不为政"章外，"为政"共出现三处：

> 子曰："为政以德，譬如北辰居其所而众星共之。"（《论语·为政》）
>
> 季康子问政于孔子曰："如杀无道，以就有道，何如？"孔子对曰："子为政，焉用杀？子欲善而民善矣。君子之德风，小人

之德草，草上之风，必偃。"（《论语·颜渊》）

　　子路曰："卫君待子而为政，子将奚先？"子曰："必也正名乎！"子路曰："有是哉，子之迂也！奚其正？"子曰："野哉，由也！君子于其所不知，盖阙如也。名不正，则言不顺；言不顺，则事不成；事不成，则礼乐不兴；礼乐不兴，则刑罚不中；刑罚不中，则民无所措手足。故君子名之必可言也，言之必可行也。君子于其言，无所苟而已矣。"（《论语·子路》）

　　对于"为政以德"章，既往的研究过分重视"德"与"为政"的关系。毫无疑问，"德"是中国古代政治的内在核心，但我们也不能忽视此章所透露出的"位"对于政治的重要性。仅有"德"是不能成为执政者的，还需要以"位"为条件，就像北辰星居于众星核心的地位一样。面对季康子的问话，孔子答以"君子之德风，小人之德草，草上之风，必偃"，"君子"之于"小人"的区别不仅在有"德"，而且在有"位"，有德且有位方可称之为"君子"。

　　因此，"为政"并不是任何人"所行有政道"就可以自命的，它是有位者用德性进行的政治活动。"或人"对孔子"奚不为政"的疑问，是对夫子不出仕的困惑，其中透出他对孔子不求位的不解。而孔子的回答是别有深意的，他并不认为自己无位而"教化"是不"为政"，相反，他将自己的教化行为视作一种政治行为。究其原因，教化是孔子以前的君王最为重要的政治行为，它是维护社会稳定的必要手段。但是在王官失守之后，掌管礼乐文化和图书典籍的官吏散落四方。孔子之时的官府已经无力且无暇施行教化，诸侯疲于征伐和扩充领土，也无心推行教化。这时候，孔子首立私学，推行礼乐教化，实际上弥补了官府所丢失的政治职能。在孔子看来，重立教化是挽救当时礼崩乐坏的第一要务。因此，在孔子的思维世界中，专行教化虽然无实在的官府之位，但这种行为的实质仍然是一种政治行为。

毛子水在《论语今注今译》中将这章翻译为，有人对孔子说："你为什么不干政治呢？"孔子说："书上曾说，'一个人要孝顺于父母；友爱于兄弟。'把孝友的道理传布到当政者，亦就是干政治！要怎样才算是干政治呢？"[98] 由此可见，孔子的"专行教化"的受众虽然是弟子，但他的目的是通过教化在坊间形成道德的氛围，继而影响执政者的德性和行政。孔子在周游列国时，力图通过一己的努力来矫正和改变君主的德性。而此时的孔子力图通过教化的努力，形成了一个以自己为核心、以孝友之道为共识的儒家知识分子团体，自下而上的正君之德。孔子的教化行为始终与国家的政治紧密相连，因此，他并不认为自己无位而"教化"就不是在"为政"。

根据《史记》的记载，当时孔子的"弟子盖三千焉"[99]。孔子"专行教化"之时，距其离世只有五年，能在暮年将儒家知识分子团体扩充到三千人，不仅对鲁国的坊间道德氛围是一大功绩，更为其身后儒家对中国历史的影响播撒了种子。《淮南子·主术》的作者将孔子"专行教化"与他成为"素王"相连，实际上内蕴着孔子在生前的丰功伟绩。孔子早年失意于庙堂，周游列国时被人称为"累累若丧家之犬"[100]，然而他从来没有放弃过挽救乱世的志向，也从未放弃影响政治。孔子始终追求一种有德性的政治，他暮年的专行教化是他在生命的尾声的最后一种政治行为。这种政治行为产生了两个效果，一是正民之德，二是正君之德，相较于后者，孔子的专行教化对鲁国坊间的影响是巨大的。孔子通过自己道德的播种，确立了儒家团体的规模，而儒家的星星之火终于在西汉渐成燎原之火。《淮南子·主术》的作者在论述完孔子"专行教道，以成素王"后，写道："《春秋》二百四十二年，亡国五十二，弑君三十六，采善锄丑，以成王道，论亦博矣。"[101] 这段论述揭示了孔子晚年的另一项对后世中国影响深远的事件，即作《春秋》。相传孔子之后，通过家学与师承，《春秋》共分五传，而西汉儒宗董仲舒承学了《春秋公羊传》。董仲舒在《天人三策》中明春秋公羊学之奥义，为西汉王朝确立了往后发展的蓝图，亦确立了孔子成为"素王"的制度基础。我们所谓"《春秋》为汉立法"，在最初意义上就是春秋公羊学为汉立法，公羊家认为孔子作《春秋》正是为之后的王朝的托古改制提供"王道"的参照。因此，孔子作《春秋》，通过"立言"的方式为后世的王朝"立法"，这一行为也与他被后世的儒者视为"素王"息息相关。

三、人情原天与托古改制

董仲舒在《天人三策》中说："孔子作《春秋》，先正王而系万世，见素王之文焉。"[102] 在此，董子把孔子所作之《春秋》视为"素王之文"，其中蕴含着两层意思，其一，《春秋》彰显了王道；其二，孔子作《春秋》以成素王。在春秋公羊家看来，《春秋》是孔子所作，孔子创作它的目的就是为后世立法，具体到董仲舒的时代，《春秋》的作用就是"为汉立法"。

当我们把《春秋公羊传》视为一部汉家"法典"时，自然就在用一种政治哲学的思维来解读春秋公羊学。当代新儒家蒋庆致力于研究春秋公羊学于当代中国政治制度的连接问题，他把儒学分为心性儒学和政治儒学，认为："心性儒学是以曾思学派以及宋明儒学为代表的儒学，政治儒学则是以公羊学为代表的儒学。"[103] 他同时指出："心性儒学从本体上来看性，把性看成一超越的价值源泉，看成一道德的形上依据，此性可以离开历史文化而超然独在，不受政治现实的任何影响（不为尧存，不为桀亡），所以，心性儒学把性同本心、道心、道体、性体等同起来，认为性善。公羊学则不同。公羊学从历史事件与政治现实中来看性，对人性的负面价值有一深切的体认。"[104]蒋庆对"心性儒学"的偏激意见暂且搁置不论，他把春秋公羊学的人性观点完全建基于现实政治亦不符合公羊学的义理，实际上，公羊学同样将人性的立足点安放在形上世界（天道），兹就公羊学的情性论做如下论述。

《春秋繁露·如天之为》载："阴阳之气，在上天，亦在人。在人者为好恶喜怒；在天者为暖清寒暑。"[105]此处引文揭示了天道之阴阳在人之情性上的生理表现，天道之"阴"对应着人之"恶"与"怒"，天道之"阳"对应着人之"好"和"喜"。而天道在人性上的道德表现则是"贪""仁"，董仲舒指出："身之名，取诸天。天两有阴阳之施，身亦两有贪仁之性。天有阴阳禁，身有情欲栣，与天道一也。"[106]"贪"与"仁"明显带有道德判断的含义，"贪"的发展可变成人性之"恶"，"仁"的培养可促成心性之"善"。"恶"与"善"对应着天道之"阴""阳"，董仲舒用"圣人之性"来指称心性"全善"的状态，用"斗筲之性"来指称心性"全恶"的状态。董仲舒认为："圣人之性不可以名性，斗筲之性又不可以名性，名性者，中民之性。"[107]这就是说，作为阴阳两极的"斗筲之性"和"圣人之性"都不是董仲舒认为可以治理的人之情性，他认为可以变化的人之情性是"中民之性"。"中人之性"是"善"与"恶"混杂的状态，它是天道之阴阳和合在人性中的表现。

董仲舒将"中民之性"视为能治之性，并不是对"圣人之性"与"斗筲之性"的摒弃。在他看来，"圣人之性"和"斗筲之性"是现实存在的两种极端状态，前者无须治，而后者无法治，这正如孔子所说的"唯上智与下愚不移"[108]。在现实社会中，大多数的人性是复杂的，"圣人"与"斗筲"之性并非人性之常态，政治所要教化的是复杂的人性。春秋公羊学将人性的本体建立在天道之阴阳，实际上为其整个学说设立了一个人性的基础。毫无疑问，春秋公羊学的重心在于政治哲学，然而儒家对人性来源的认识并不来源于变化的现实政治，而是来源于永恒的天道义理。建立天道与人性的勾连，为春秋公羊学的政治思想建立了一个稳定的立论基础，在这一基础上公羊家的政治哲学才能有序地展开。

《天人三策》载："孔子曰：'腐朽之木不可雕也，粪土之墙不可圬也。'今汉继秦之后，如圬木粪墙矣，虽欲善治之，亡可奈何。法出而奸生，令下而诈起，如以汤止沸，抱薪救火，愈甚亡益也。窃譬之琴瑟不调，甚者必解而更张之，乃可鼓也；为政而不行，甚者必变而更化之，乃可理也。"[109]董仲舒在《天人三策》中大倡公羊学的要旨，其目的就是要在对西汉王朝的政制进行改弦更张。董仲舒并不满意当时的政治现状，他认为，改制是当时汉武帝首先要施行的政治决策。

孔子创作《春秋》，被汉代公羊家认为是一种通过"立言"的方式为万世开太平的作为。《春秋》的要旨是托古改制，它将中国历史的过去、现在和未来纳入一个完整的历史进程之中，确立了一套历史的形而上学。《春秋》的创作特点是"世愈乱而文愈治"，孔子通过现实和理想相悖反的写作方式，将对社会美好的愿景寄托于未来的世界中。董仲舒借孔子《春秋》之文为汉武帝时期的汉王朝确立了发展的蓝图，在《春秋》为汉治法的儒者情怀中，孔子的"素王"地位被确立了下来。孔子"素王"形象的确立是对天子王权的挑战，孔子与后世天子同受命于天，这给信奉儒家的知识分子无比的勇气去参与与天子互动的政治生活。然而，"素王"孔子毕竟是"虚置"的，孔子对君权的德性制衡得以发挥必须受到天子的认可。换言之，天子的个人好恶决定了"素王"能否发挥作用，这种境遇造成"素王"孔子对君权的制衡只是一种间接的力量。

第五节 《春秋》为汉立法：经对君权的制衡

《天人三策》内蕴的"抑黜百家"的提议，是要通过"兴太学"的方式，实现国家官僚队伍的"儒家化"，在政治德性上实现士大夫对君主的制衡。而《天人三策》内蕴的"推明孔氏"是要确立孔子的"素王"地位，力图让汉王朝采纳儒家治国的意识形态，实现"素王"孔子对汉天子的德性制衡和《春秋》王道对汉王朝治理模式的矫枉过正。在本节中，笔者将从"先正王"和"系万世"两个维度讨论《春秋》经对君权的制衡。在本节的最后一个部分，笔者将从汉代统治者的治道选择的维度探讨董仲舒制衡君权思想未能实现的根本原因。

一、先正王：制度的约束

"先正王"是《春秋》经的核心内容，《春秋》首句云："元年，春，王正月。"[110] 在公羊家看来，王（天子）之权来源于天道，因此王（天子）必须根据天道所内设的政教秩序来"改正朔"。关于"改正朔"，涉及公羊家的"三统"之说，董子指出："夏上忠，殷上敬，周上文者，所继之救，当用此也。孔子曰：'殷因于夏礼，所损益可知也；周因于殷礼，所损益可知也。其或继周者，虽百世可知也。'此言百王之用，以此三者矣。"[111] 夏、殷、周三代是春秋公羊学"通三统"思想中的三个朝代，公羊家以"三统三正三色"来对应这三个朝代，董子认为夏朝是正黑统，建寅（以一月为正月），色尚黑；殷朝是正白统，建丑（以十二月为正月），色尚白；周朝是正赤统，建子（以十一月为正月），色尚赤。"通三统"强调新朝制度对旧朝的损益，正如蒋庆所说："通三统是指王者在改制与治理天下时除依自己独有的一统外，还必须参照其他王者之统。"[112] 古代中国是一个农业社会，每一个季节和月份都有着特定的政教内容以及与之相应的政教形式。社会生活通过君王依节令变化颁布的与自然协调一致的政教法令而有序地进行。自然运行与政治生活同步，物质生产与文明教化相资。人们在这样一种生活秩序中获得秩序感和意义感，因此，"正朔"的正确与否不仅决定着农业生产的合理性，也决定着王朝政治的合法性。

董子说："臣闻制度文采玄黄之饰，所以明尊卑，异贵贱，而劝有德也。故《春秋》受命所先制者，改正朔，易服色，所以应天也。然则宫室旌旗之制，有法而然者也。"[113] 在董氏看来，天子确立正确的正月，将王朝的政治秩序纳入历史的进程中，如此王朝才具有政治的合法性。而天子之德也在正朔的确立中，得以确立。董子在《春秋繁露·三代改制质文》中指出："王者以制，一商一夏，一质一文，商质者主天，夏文者主地……主天法商而王，其道佚阳，亲亲而多仁朴……主地法夏而王，其道进阴，尊尊而多义节……主天法质而王，其道佚阳，亲亲而多质爱……主地法文而王，其道进阴，尊尊而多礼文。"[114] 在这里，董子勾勒了政治历史演变的"四法"之说。"四法"说实际上是"三统"说的进一步延伸，二者在内涵上是一致的。"三统"说以夏、殷二代为基础，夏主文、上忠，殷主质、上敬，二者的文质变化是三代变化的基本模式。周又主文、上文实际上是损益了殷代之质而融合了夏代之文。因此，确立不同的正朔，意味着王（天子）要践行不同的德性。儒家认为一个好的政治体必定是一个具有德性的，而天子必须做出德性的表率。因此，"先正王"的最终目的是确立天子所应具备的德性，唯有具备德性的天子才能引导政治体朝着正确的政教秩序发展。

司马迁称孔子作《春秋》是"贬天子，退诸侯，讨大夫"[115]，孔子通过托古改制的方式，将建构德性政治体的责任寄托给执政者，执政者的德性优劣由政治体运行的好坏所决定。在这一制度的设计下，天下之人可根据天下之制，对执政者或褒或贬。董仲舒试图以孔子所作之《春秋》为汉王朝立法，正内含着发挥《春秋》制约执政者的意义。在董仲舒看来，汉朝的统治者要利用儒家思想建构汉朝的制度，就必须接受《春秋》对执政者的监督，而天子要做出接受制衡君权的表率。

二、系万世：君主的责任

《春秋》的另一个重要内容是"系万世"。所谓"系万世"，指孔子的《春秋》之作被公羊家认为是一种通过"立言"的方式为汉王朝立法。《春秋》的要旨是托古改制，它将孔子历史意识中的过去、现在和未来纳入一个完整的历史进程之中，确立了一套政治历史的形而上学。董子认为"素王之文"（《春秋》）为汉王朝确立了发展的蓝图，它预示着王朝万世的发展规律。"系万世"不仅体现出董子对《春秋》为汉王朝立法的自信，也应合了汉武帝对王朝长治久安的心愿。在汉武帝接受了《春秋》的要义之后，孔子的"素王"地位被确立了下来，《春秋》成为天子行政所参照的根本大法。董子确立孔子的"素王"地位为儒家士大夫确立了一个精神领袖，在他的理论设计中，天下有两个王。一个是掌握政权的汉朝天子，另一个则是确立王朝意识形态和王朝发展道路的"素王"孔子。"素王"孔子在德性上制衡着天子的道德，在立法上规范着天子的行政。

董仲舒是春秋公羊学的大师，春秋公羊学的一个核心思想是张三世。公羊家认为孔子作《春秋》的目的是托事明义和托古改制，孔子假托《春秋》，把自鲁隐公到鲁哀公之间的二百四十二年的历史分为三个不同的历史时期。这三个不同的历史时期，是据乱世、升平世和太平世。此三世以孔子诞生为基点，分为孔子所传闻世、孔子所闻世和孔子所见世。所传闻世历经隐、桓、庄、闵、僖五世，共九十六年；所闻世历经文、宣、成、襄四世，共八十五年；所见世历经昭、定、哀三世，共六十一年。三世的发展实际上是治法和信仰的背反，这就是刘逢禄在其《公羊何氏释例·张三世例》所说的"世愈乱而《春秋》之文益治"。在董仲舒的认识中，《春秋》并不是一部历史著作，孔子作《春秋》的目的是要托鲁国十二世的历史来表达自己王心所加之义，托孔子所见之乱世为太平世，由此表达孔子对历史演变的看法以及不同历史时期治世的基本方法。通过这一托事明义之方法，孔子的最终目的是托古改制，为后世立法。

在春秋公羊学三世说的学说背景下，董仲舒带着这种历史观为汉帝国建言献策，在董仲舒看来，汉武帝所处的历史时期正对应着三世中的"太平世"。董仲舒说："今陛下并有天下，海内莫不率服，广览兼听，极群下之知，尽天下之美，至德昭然，施于方外。夜郎、康居，疏方万里，说德归谊，此太平之致也。然而功不加于百姓者，殆王心未加焉。"[116] 董仲舒认为汉武帝处于"太平之致"的时期，太平景象已开始出现，但是还没有达到"太平世"的最终理想图景，百姓并没有蒙受"太平世"的功业。其中的关键原因，是帝王并没有对帝国做出正确的历史定位和做出相应的政治决策。

董仲舒将汉武帝的时期定位为"太平世"的开端，实际上带有自身理想的成分。"太平世"作为儒家最高的信仰之世，存在于每位儒生的心灵世界之中，董仲舒希望在有生之年实现"太平世"正体现了这种心态。在今人看来，用信仰去构建历史，显然背离了理性的客观规律。然而否弃理性，立足信仰恰恰是公羊学的历史观。在公羊家看来，用理性是诠释不了历史的，《春秋》二百四十二年之间，随着历史的发展，伴随着历史倒退的事实，在春秋十二世之中弑君三十六、亡国五十二。这种历史的发展不是按照所谓理性来发展的，而是背离理想的不断堕落。因此，在公羊学的视域中，理性是解释不了历史的，只有超越理性用信心和勇气去证悟，才能在信仰中重建社会的希望和未来。董仲舒生逢汉武之世，他对当时的天下图景表现出了一种满意，在他看来汉武之世已经具备了成为"太平世"的政治基础，而在他眼中汉武帝就是实现"太平世"的有德之君。董仲舒认为，实现"太平世"是汉武帝的责任，汉武帝必须在这一大的理想治世中推出自己相应的政策。

据乱世、升平世和太平世各有其治法，概而言之，三世的治法呈现出一种先正己再正人，王化由内到外、由近及远的治道演进。在太平世，社会的道德水平达到了很高的程度，文明程度也得到了极大提升，天下不再有大国和小国的区别，文明也不再有先进和落后的差异。在这样一个世界中，没有了国界和种界，天下一家，人人平等。因此，汉武帝要想实现"太平世"，最核心的政治决策就是"治夷狄"。《史记》卷一一七《司马相如列传》载当时"通西南夷道，发巴、蜀、广汉卒，作者数万人"，许多人"诘难之，以风天子"，司马相如因此作文，欲"令百姓知天子治意"。文中说："今封疆治内，冠带之伦，咸获嘉祉，靡有阙遗矣。而夷狄殊俗之国，辽绝异党之地，舟舆不通，人迹罕至，政教未加，流风犹微……父兄不辜，幼孤为奴，系累号泣，内向而怨，曰'盖闻中国有至仁焉，德洋而恩普，物靡不得其所，今独曷为遗己'。举踵思慕，若枯旱之望雨。盭夫为之垂涕，况乎上圣，又恶能已？"[117]从司马相如的言论中可以看出，当时与汉武帝共世的朝臣在为政理念上与汉武帝是一致的。

孔子在《春秋》中所内含的"系万世"的思想寄托着他对理想政治的运行设计，"在孔子的观念中，迫使他承担起历史责任的道德义务逐渐取代了他遵守朝廷禁令（禁止私人撰写或汇编历史著作）的意愿。历史记录不再单纯展现君主对公共事务的关注，而且也成为圣哲的私人义务。通过这种个体的创造性行为，孔子鼓励后世学者以一种既参与其中又保持独立的论调阐发自己的观点，也鼓励他们撰写著作并使自己摆脱专制国家权力的掌控"[118]。董仲舒作《春秋繁露》，阐发孔子"系万世"的思想，并在《天人三策》中陈述汉王朝改弦更张的方式，这正是董仲舒对汉王朝的政治图景的展望。然而，以《春秋》为汉立法，只是董仲舒的理想，在现实政治中，汉帝国的统治者采取的治道策略是"霸王道杂之"，这一选择亦使董仲舒的献策受到了制约，董仲舒制衡君权的思想也在汉帝国的实际统治者的"选择"中"失效"。

三、霸王相杂：汉代统治者的治道选择

汉宣帝指出："汉家自有制度，本以霸王道杂之。"[119]陈苏镇指出："'霸王道杂之'主要是西汉中期武、昭、宣三朝政治的特色，是汉武帝将承秦而来的法治传统和文景以来迅速兴起的儒术结合起来的产物。"[120]汉代在治道上兼合法家的霸道和儒家的王道，其典型反映就是汉武帝时期的律令修定。《汉书·刑法志》记载，汉武帝"招进张汤、赵禹之属，条定法令"[121]。从武帝元光五年（公元前130年）开始，张汤、赵禹以太重大夫的职衔共同修定律令，第二年，赵禹升迁为中尉，而张汤至武帝元朔三年（公元前126年）才"以更定律令为廷尉"[122]。在赵禹和张汤"更定律令"的过程中，董仲舒曾参与此事，对此《汉书·董仲舒传》有明确记载：董仲舒"去为归居"后，"朝廷如有大议，使使者及廷尉张汤就其家而问之，其对皆有明法"[123]。由此可见，董仲舒直接参与了汉武帝时期的"更定律令"。

众所周知，在汉武帝以前的时期，汉代的法度主要是继承了秦朝

的法制，在文景时期，朝廷实行休养生息的治国之策，秦制在汉代实际上有"虚悬"的迹象。然而秦制之严酷，令每个知法者都不由惊怖，人们也常常把秦帝国的灭亡与秦法之严酷联系起来。在这种情况下，立志更制的汉武帝必然要反思秦朝法律过苛的事实，变法成了汉帝国需要面对的时代议题。然而，如何变法，却不是汉武帝一个人所能参透的。在汉帝国的时代问题之前，董仲舒彰显了一个臣子所应具有的责任，在贤良对策中，他力倡"尊儒"，力图用儒家的仁爱之术与法家的严酷之制做一调和。《春秋繁露》记载："春秋，缘人情，赦小过，而传明之曰：君子辞也。孔子明得失，见成败，疾时世之不仁，失王道之体，故缘人情，赦小过，传又明之曰：君子辞也。"[124]很明显，董仲舒力图将儒家的缘情赦过融入秦制中，这正符合《春秋》决狱的精神。

在董仲舒为官的岁月中，他亦用《春秋》决狱的相关理论来裁决相关的刑狱。据《春秋繁露义证》所记载的董仲舒决狱的案例："甲无子，拾道旁弃儿乙，养之以为子。及乙长，有罪杀人，以状语甲，甲藏匿乙。甲当何论？仲舒断曰：甲无子，振活养乙，虽非所生，谁与易之？……《春秋》之义，父为子隐，甲宜匿乙，诏不当坐。"[125]董仲舒的这次判决的最早依据是孔子"亲亲相隐"的伦理命题，作为父亲的儿子，在情感上理应隐瞒父亲的罪过，也许这并不能带来法律的正义，但这种方式能保守社会最基本的道德底线。即便在当代的中国，"亲亲相隐"也为法律所吸收。法律无情，然而我们渴望的是一个有情有义的社会。在这一点上，《公羊》决狱肯定了儒家的这一情感基点，并将它用在了具体的社会治理方面。

李泽厚对汉代《春秋》决狱的评价是，"自汉代以来，体现着'实用理性'精神的'儒法互用'，即儒家重人情重实质的世界观，融入重形式重理智的法家体制，获得长期的社会稳定和人际和谐的传统经验"[126]。《春秋》决狱肇始了礼义与法律制度的结合,其目的正在于弥补秦制的缺陷,从而构建汉家制度。在董仲舒为首的儒家臣子的共同努力下,汉代的法制实现了情与法的融合。

易白沙在《孔子平议》中将董仲舒视为汉武帝君主专制的"帮凶",但是,根据笔者对"推明孔氏,抑黜百家"的分析,董氏的《天人三策》并非要促成汉帝国君主专制的形成,而是要通过"素王"孔子的道德榜样、公羊学的确立章法和儒家士大夫的共同执政来"制衡君权",防止君主的专制独裁、任刑用法。董仲舒提出的通过"兴太学"而推贤进士的制度设计,正对应着通过"抑黜百家"形成儒家士治政府的理念构想。并且这一构想在现实政治中得到了实施,根据《史记·儒林传》的记载:"及窦太后崩……绌黄老、刑名百家之言,延文学儒者数百人,而公孙弘以《春秋》白衣为天子三公,封以平津侯。天下之学士靡然乡风矣。"[127]然而,在"推明孔氏"的制度设计上,董仲舒并没有提出实在的方案。他将"推明孔氏"的政治理想寄托于天子的修身和主动的践行,而这一"提议"在汉帝国既有的"霸王道杂之"的制度背景下难以完全实现。

众所周知,汉武帝是中国帝制史上集权的代表,他所采用的治国之策并非"独尊儒术",而是"霸王道杂之",这是汉家的"自有制度"[128]。汉高祖在《求贤诏》中说:"盖闻王者莫高于周文,伯者莫高于齐桓,皆待贤人而成名。"[129]由此可见,儒法并用是汉家的基本国策。汉武帝之时并没有动摇这一国策,而是在法术治国的基础上,加强了德治建设。直到汉宣帝时这一原则并未松动,因此太子(汉元帝)谏言道:"陛下持刑太深,宜用儒生。"[130]汉家在意识形态上采取儒法并用的形式,给董仲舒"制衡君权"的理念所留下的空间就极其有限,因为天子可以随时用法术来绳制臣子,以实现自己的"君主专制"。正是在这样的意识形态统摄下,董仲舒才会因谏言辽东高庙失火而被下狱。

丁耘指出："董生则杜绝了任何等级贵族对皇权的挑战。虽然保留了'天意'对皇权的干预，但董生本人后因妄测天意下狱，这是机运改变历史的绝佳例子——皇权不会承认任何集团对天意的代表权。这就从根本上杜绝了教权挑战主权、社会挑战国家的可能。"[131]

丁耘的论述基本符合政治的事实，然而董仲舒所倚仗的制衡天子政权的力量不仅有"天意"，还有"素王"孔子所立之"法"。但是，无论是"天"还是"孔子"，他们在汉代现实政治中都是虚置的，孔子所立之王道大法在汉家"霸王道杂之"的制度框架内所发挥的作用亦有限。而汉武帝作为现实政治的主宰者，他的集权使得臣子的代天立言显得苍白和无力。但是，即便如此，董仲舒所倡导的"制衡君权"的理念仍然为一代代儒者所推崇和继承。对儒家士大夫来说，随着教化的普及，他们是社会最有能力治理社会的群体，也只有他们对政治的参与才能在德性上限制君主专制。汉武帝虽然用自己的专制权威置换了众多丞相，但是他最终不得不面对民生凋敝，接受道德的审判，下《轮台罪己诏》。因此，董仲舒在《天人三策》中内蕴的"制衡君权"的理念不因现实政治的"君主专制"而黯淡无光。

注释

1. ［东汉］郑玄注，［唐］孔颖达疏，龚抗云整理，王文锦审定：《礼记正义》第 1 册，北京大学出版社 2000 年版，第 656—658 页。

2. 程树德：《论语集释》第 1 册，程俊英、蒋见元点校，中华书局 1990 年版，第 61 页。

3. 同上书，第 61 页。

4. ［汉］司马迁：《史记》第 10 册，［宋］裴骃集解，［唐］司马贞索引，［唐］张守节正义，中华书局 1959 年版，第 3128 页。

5. ［汉］班固：《汉书》第 8 册，［唐］颜师古注，中华书局 1962 年版，第

2505 页。

6. 同上书，第 2519 页。

7. ［清］苏舆：《春秋繁露义证》，钟哲点校，中华书局 1992 年版，第 288 页。

8. 同上书，第 147 页。

9. 同上书，第 339 页。

10. 同上书，第 275 页。

11. 同上书，第 362 页。

12. 同上书，第 321 页。

13. 同上书，第 322 页。

14. 同上书，第 362 页。

15. 同上书，第 367 页。

16. 同上书，第 410 页。

17. 金春峰：《汉代思想史》，中国社会科学出版社 1997 年版，第 144 页。

18. ［清］苏舆：《春秋繁露义证》，第 466 页。

19. ［汉］班固：《汉书》第 8 册，第 2498 页。

20. 徐复观：《两汉思想史》第 2 卷，华东师范大学出版社 2001 年版，第 183—184 页。

21. 见池田知久：《中国古代的天人相关论——董仲舒的情况》，载［日］沟口雄三、小岛毅主编：《中国的思维世界》，孙哥等译，江苏人民出版社 2006 年版。

22. ［清］焦循：《孟子正义》下册，沈文倬点校，中华书局 1987 年版，第 646 页。

23. ［清］苏舆：《春秋繁露义证》，第 256 页。

24. 同上书，第 320 页。

25. 同上书，第 31 页。

26. ［清］焦循：《孟子正义》下册，第 646 页。

27. ［清］苏舆：《春秋繁露义证》，第 256 页。

28. 汪高鑫：《董仲舒与汉代历史思想研究》，商务印书馆 2012 年版，第 47 页。

29. ［清］苏舆：《春秋繁露义证》，第 466 页。

30. 同上书，第 100 页。

31. ［日］沟口雄三、池田知久、小岛毅：《中国思想史》，东京大学出版社 2007 年版，第 18 页。

32. ［清］苏舆：《春秋繁露义证》，第 202 页。

33. 同上书，第 186—189 页。

34. ［汉］班固：《汉书》第 8 册，第 2518 页。

35. ［清］苏舆：《春秋繁露义证》，第 70 页。

36. ［汉］班固：《汉书》第 8 册，第 2525 页。

37. ［汉］班固：《汉书》第 1 册，［唐］颜师古注，中华书局 1962 年版，第 212 页。

38. 笔者索引刘俊文宗纂，北京爱如生数字化技术研发中心研制的中国基本古籍库，证实“独尊儒术”在中华民国以前的文献中仅出现一次。

39. ［宋］史浩：《鄮峰真隐漫录》卷三十《谢得旨就禁中排当劄子》，《景印文渊阁四库全书》第 1141 册，台湾商务印书馆 1982—1986 年版，第 765 页下栏。按，标点符号为引者所加。

40. 易白沙：《孔子平议》上，《新青年》第 1 卷第 6 号，上海亚东图书馆求益书社印行，1916 年发行。

41. ［汉］司马迁：《史记》第 10 册，第 3224 页。

42. 孙景坛：《汉武帝“罢黜百家，独尊儒术”子虚乌有——中国近现代儒学反思的一个基点性错误》，《南京社会科学》1993 年第 6 期，第 18 页。

43. 庄春波：《汉武帝“罢黜百家，独尊儒术”说考辩》，《孔子研究》2000 年第 4 期，第 59 页。

44. 管怀伦：《“罢黜百家独尊儒术”的历史过程考论》，《江苏社会科学》2008 年第 1 期，第 192 页。

45. ［汉］班固：《汉书》第 1 册，第 156 页。

46. 同上书，第 159 页。

47. ［汉］班固：《汉书》第 9 册，［唐］颜师古注，中华书局 1962 年版，第 2613 页。

48. 钱穆：《国史大纲》上册，商务印书馆 1996 年版，第 145 页。

49. 陈苏镇：《〈春秋〉与“汉道”：两汉政治与政治文化研究》，中华书局 2011 年版，第 224 页。

50. ［汉］班固：《汉书》第 8 册，第 2523 页。

51. 同上书，第 2512 页。

52. 同上书，第 2510 页。

53. 《汉书》卷三十《艺文志》纵横家类有“《主父偃》二十八篇”。

54. 崔涛：《董仲舒的儒家政治哲学》，光明日报出版社 2013 年版，第 162 页。

55. ［汉］班固：《汉书》第 8 册，第 2512 页。

56. 同上书，第 2513 页。

57. 同上书，第 2513 页。

58. 程树德：《论语集释》第 1 册，第 299 页。

59. 程树德：《论语集释》第 4 册，程俊英、蒋见元点校，中华书局 1990 年版，第 1373 页。

60. 程树德：《论语集释》第 2 册，程俊英、蒋见元点校，中华书局 1990 年版，第 571 页。

61. ［汉］班固：《汉书》第 8 册，第 2502 页。

62. 同上书，第 2511 页。

63. 同上书，第 2506 页。

64. 同上书，第 2508 页。

65. 钱穆：《中国文化史导论》，商务印书馆 1994 年版，第 94 页。

66. ［清］苏舆：《春秋繁露义证》，第 350 页。

67. 王国维：《王国维手订观堂集林》，黄爱梅点校，浙江教育出版社 2014 年版，第 257 页。

68. 程树德：《论语集释》第 1 册，第 197 页。

69. ［清］焦循：《孟子正义》下册，沈文倬点校，中华书局 1987 年版，第 546 页。

70. ［清］王先谦：《荀子集解》下册，沈啸寰、王星贤点校，中华书局 1988 年版，第 529 页。

71. 刘勋：《春秋左传精读》第 2 册，新世界出版社 2014 年版，第 1128 页。

72. ［汉］班固：《汉书》第 8 册，第 2503 页。

73. 同上书，第 2503 页。

74. 胡适：《说儒》，漓江出版社 2013 年版，第 49 页。

75. 程树德：《论语集释》第 2 册，第 579—583 页。

76. 同上书，第 500 页。

77. 程树德：《论语集释》第 1 册，第 219 页。

78. ［日］白川静：《常用字解》，苏冰译，九州岛出版社 2010 年版，第 253—254 页。

79. 程树德：《论语集释》第 2 册，第 578—579 页。

80. 同上书，第 484 页。

81. ［汉］司马迁：《史记》第 6 册，［宋］裴骃集解，［唐］司马贞索隐，［唐］张守节正义，中华书局 1959 年版，第 1921 页。

82. 程树德：《论语集释》第 2 册，第 480 页。

83. 程树德：《论语集释》第 1 册，第 70—76 页。

84. 程树德：《论语集释》第 4 册，第 1378 页。

85. ［汉］司马迁：《史记》第 6 册，第 1908 页。

86. 刘勋：《春秋左传精读》第 3 册，新世界出版社 2014 年版，第 1387—1388 页。

87. 刘勋：《春秋左传精读》第 2 册，第 634 页。

88. 刘勋：《春秋左传精读》第 3 册，第 1581 页。

89. 王国维：《观堂集林》(外二种)，彭林整理，河北教育出版社 2001 年版，第 143—144 页。

90. 程树德：《论语集释》第 1 册，第 142 页。

91. 程树德：《论语集释》第 4 册，第 1227 页。

92. 程树德：《论语集释》第 3 册，程俊英、蒋见元点校，中华书局 1990 年版，第 1019 页。

93. ［东汉］班固：《汉书》第 8 册，第 2503 页。

94. 刘文典：《淮南鸿烈集解》第 1 册，冯逸、乔华点校，中华书局 1989 年版，第 312—313 页。

95. 程树德：《论语集释》第 4 册，第 1324 页。

96. ［汉］司马迁：《史记》第 6 册，第 1935 页。

97. ［清］刘宝楠：《论语正义》上册，高流水点校，中华书局 1990 年版，第 66 页。

98. 王云五主编、毛子水译注：《论语今注今译》，台湾商务印书馆 1979 年版，第 28 页。

99. ［汉］司马迁：《史记》第 6 册，第 1938 页。

100. 同上书，第 1921 页。

101. 刘文典：《淮南鸿烈集解》第 1 册，冯逸、乔华点校，中华书局 1989 年版，第 312—313 页。

102. ［汉］班固：《汉书》第 8 册，第 2509 页。

103. 蒋庆：《公羊学引论：儒家的政治智慧与历史信仰》(修订本)，福建教育出版社 2014 年版，第 7—8 页。

104. 同上书，第 9 页。

105. ［清］苏舆：《春秋繁露义证》，第 463 页。

106. 同上书，第 296 页。

107. 同上书，第 311—312 页。

108. 程树德：《论语集释》第 4 册，第 1185 页。

109. ［汉］班固：《汉书》第 8 册，第 2504 页。

110. ［西汉］公羊寿传，［东汉］何休解诂，［唐］徐彦疏，浦卫忠整理，杨向奎审定：《春秋公羊传注疏》，第 5 页。

111. ［东汉］班固：《汉书》第 8 册，第 2518 页。

112. 蒋庆：《公羊学引论：儒家的政治智慧与历史信仰》，福建教育出版社 2014 年版，第 243 页。

113. ［东汉］班固：《汉书》第 8 册，第 2510 页。

114. ［清］苏舆：《春秋繁露义证》，第 204—211 页。

115. ［西汉］司马迁：《史记》第 9 册，［南宋］裴骃集解，［唐］司马贞索引，［唐］张守节正义，中华书局 1959 年版，第 3297 页。

116. ［汉］班固：《汉书》第 8 册，第 2503 页。

117. ［汉］司马迁：《史记》第 9 册，第 3048 页。

118. ［美］桂思卓：《从编年史到经典：董仲舒的春秋诠释学》，朱腾译，中国政法大学出版社 2009 年版，第 119 页。

119. ［汉］班固：《汉书》第 1 册，第 277 页。

120. 陈苏镇：《〈春秋〉与“汉道”：两汉政治与政治文化研究》，中华书局 2011 年版，第 206 页。

121. ［汉］班固：《汉书》第 4 册，［唐］颜师古注，中华书局 1962 年版，第 1101 页。

122. ［汉］司马迁：《史记》第 9 册，第 3107 页。

123. ［汉］班固：《汉书》第 8 册，第 2525 页。

124. ［清］苏舆：《春秋繁露义证》，第 163 页。

125. 同上书，第 93 页。

126. 李泽厚：《课虚无以责有》，《读书》2003 年第 7 期，第 59 页。

127. ［汉］司马迁：《史记》第 10 册，第 3117 页。

128. ［汉］班固：《汉书》第 1 册，第 277 页。

129. 同上书，第 71 页。

130. 同上书，第 277 页。

131. 丁耘：《中道之国：政治·哲学论集》，福建教育出版社 2015 年版，第 123 页。

第三章　隐世弘道：文中子在政治领域

隐末大儒文中子毕生追求"王道"，在理想与现实的乖离中，文中子感受到了与孔子相似的对时变的无奈与叹息。而文中子回归故乡后，选择著书立说、专行教化。文中子通过自身的教化着实培养了一批具有德行和从政能力的辅政大臣，其中部分大臣在其身后的贞观之世，辅佐明主李世民成就了"贞观之治"。文中子晚年虽然放弃出仕，然其通过教化君子，通过弟子的辅政间接实现了自己的"王道"理想。文中子在政治领域的"退场"源于他看清了政治的黑暗，而他在教化领域的"入场"却促成了其政治思想在政治领域的再"入场"。

第一节　人能弘道：王通对"王道"的追求

隋文帝仁寿三年（603 年），文中子曾在长安太极殿觐见隋文帝，呈奏《太平十二策》，畅言王道要旨。隋文帝听后异常高兴，认为文中子乃上天赐予的辅政之才，于是"下其议于公卿"，然"公卿不悦"。文中子的政治首秀与《史记》记载的孔子在齐国遭晏子馋嫉的遭遇极类，文中子自知平生抱负无施展可能，于是不得不长叹而出长安。离开时，赋《东征之歌》："我思国家兮，远游京畿。忽逢帝王兮，降礼布衣。遂怀古人之心乎，将兴太平之基。时异事变兮，志乖愿违。吁嗟！道之不行兮，垂翅东归。皇之不断兮，劳身西飞。"[1] 诗中表现了文中子为万世开太平的理想和对世道将乱之现实的洞察，在理想与现实的乖离中，文中子感受到了与孔子相似的对时变的无奈与叹息。而文中子回归故乡后，选择著书立说、专行教化，又与孔子的晚年选择何其相同！

文中子曾说："人能弘道，苟得其行，如反掌耳。昔舜禹继轨而天下朴，夏桀承之而天下诈，成汤放桀而天下平，殷纣承之而天下陂，文武治而幽厉散，文景宁而桓灵失，斯则治乱相易，浇淳有由。兴衰资乎人，得失在乎教。其曰太古不可复，是未知先王之有化也，《诗》、《书》、《礼》、《乐》复何为哉？"[2] 通过对历史的反思，他总结出历史的兴衰在于执政者的德行，而确立执政者德行的方式就是教化。文中子晚年虽然弃仕行教，然其教化君子，培养王臣，用师道引导执政者，亦可作为参与政治的一种方式。文中子的弟子之一董常说："夫子以《续诗》、《续书》为朝廷，《礼论》、《乐论》为政化"。[3] 在弟子看来，文中子的教化实践于政治之功用极大。

文中子视自己为孔子的传人，他说："天地生我而不能鞠我，父母鞠我而不能成我，成我者夫子也。道不啻天地父母，通于夫子受罔极之恩，吾子泪彝伦乎！"[4] 同孔子一样，文中子认为《六经》中蕴藏着政治的要义。但是，时移事迁，他认为要阐释符合其世的政治要旨，故著《续六经》，力求继承并发展古之"王道"。文中子说："王道之驳久矣！《礼》、《乐》可以不正乎？大义之芜甚矣！《诗》、《书》可以不续乎？"[5] 由于文中子所著《续六经》早已亡佚，我们无法过多地了解其对《六经》中所蕴含的政治思想的发展，幸而其弟子辑录其言语成《中说》，我们才能略窥文中子对"王道"的理解。文中子曰："道甚大，物不废，高逝独往，中权契化，自作天命乎？"[6] 由上可知，文中子之"道""甚大"，具有极大的包容性，任何东西都不能代替它，证明他的道是超越的、恒常的。"高逝独往"，具有神秘性、神圣性、绝对性、唯一性。他的"道"有一些道家的影子，但终归之于儒家的天命。

第二节　培养王臣：王通在教化领域的成功

文中子晚年以教化君子为职业，以培养王臣为目的，其教化的重点在于确立执政者的德行。《中说·王道篇》载薛收问至德要道，子曰："至德，其道之本乎！要道，其德之行乎？《礼》不云乎！至德为道本，《易》不云乎，显道神德行。"[7] 文中子认为道德是"王道"的根本，要推行"王道"，就必须由执政者共同践行道德。文中子对执政者德行的强调与孔子如出一辙，在他看来，乱世的根本在于执政者德行的缺失。文中子对隋末世道的评价是"人心惟危，道心惟微，言道之难进也"，因此他强调："君子思过而预防之，所以有诚也。切而不指，勤而不怨，曲而不谄，直而有礼，其惟诚乎？"[8] 文中子从思想和行动两方面对他所教化的君子提出了诚慎的要求。他的教化思想可归纳为如下三个方面：

第一，穷理尽性。《中说·周公篇》载："子谓周公之道，曲而当，私而恕，其穷理尽性以至于命乎！"[9] 在王通看来，道德修养的过程就是知命、穷理、尽性的过程。知命即知社会、人事的兴衰废立等；穷理即探究事物发展的客观规律；尽性即尊重人的本质特性。知命方可穷理，穷理方能尽性，君子若尽性，则可以成为明君的辅政良臣。

第二，言信行谨。《中说·周公篇》记载了文中子与贾琼的对话，子曰："言而信，未若不言而信；行而谨，未若不行而谨。"贾琼曰："如何？"子曰："推之以诚，则不言而信；镇之以静，则不行而谨，惟有道者能之。"[10] 在文中子看来，一个执政者必须做到诚信谨慎，以诚心诚言待人，用镇静谨行做事，如此，才具备辅政天子的基本条件。

第三，正心立志。关于"正心"，《中说·事君篇》载房玄龄问事君之道。子曰："无私。"问使人之道。曰："无偏。"曰："敢问化人之道。"子曰："正其心。"[11] 在文中子看来，执政者必须以无私之心尽忠为公，以不偏之道使用人才。孔子曾言："苟正其身矣，于从政乎何有？不能正其身，如正人何？"[12] 文中子的从政"化人"观与孔子一致，执政者化人的基本条件是"正身"和"正心"，君子之心不正是不能做好从政者的。关于"立志"，《中说·天地篇》有如下记载：

> 魏征、杜淹、董常至，子曰："各言志乎。"征曰："愿事明王，进思尽忠，退思补过。"淹曰："愿执明王之法，使天下无冤人。"常曰："愿圣人之道行于时，常也无事于出处。"子曰："大哉，吾与常也。"[13]

此段对话与《论语·先进》"子路、曾晳、冉有、公西华侍坐"一章极为相似，比较文中子赞同董常的"愿圣人之道行于时，常也无事于出处"与孔子赞同曾点的"莫春者，春服既成。冠者五六人，童子六七人，浴乎沂，风乎舞雩，咏而归"两处，二者都似道家之言，追求天下无事与自身的闲适，然诚如包咸所言："莫春者，季春三月也。春服既成，衣单袷之时。我欲得冠者五六人，童子六七人，浴乎沂水之上，风凉于舞雩之下，歌咏先王之道，而归夫子之门。"[14] 曾晳之志是"王道"得以实现的宏志，那时没有硝烟战争，他可与好友弟子享受世道的安和。曾晳之志于董常之志相同，皆愿"王道"行于时，祥和降于世，而这一宏愿正是居于乱世的文中子的最高追求。

第三节　王通在政治领域的再"入场"

文中子希望"王道"能在他的时代出现，但他也清醒地认识到，自己勤于著述，阐发王道，却未必能用于当世。于是，他通过教化君子，放眼"王道"的将来，相信自己的理想在弟子的努力下一定会实现。《中说·关朗篇》载："文中子曰：'仲尼之述，广大悉备，历千载而不用，悲夫！'仇璋进曰：'然夫子今何勤勤于述也？'子曰：'先师之职也，不敢废，焉知后之不能用也。是蘒是蒭，则有丰年。'"[15] 文中子对孔子师道的继承，同样不游离于政治之外，虽然他并未点明自己的教化就是政治实践，于事实上也弃仕归隐，然其教化君子、培养王臣，无异于引导政治、参与政治。

文中子将自己所知之"道"授予后学，以期理想在未来实现，而其弟子在他之后平治天下以为辅政良臣，帮助唐太宗李世民开创"贞观之治"，正是对文中子教化的最好回馈。文中子晚年虽然放弃出仕，然其通过教化君子，通过弟子的辅政间接实现了自己的"王道"理想。文中子以"师道"引导政治，他的作为自然不应被简单地看作一种教育行为，而应具有深刻的为政意义。

文中子通过自身的教化着实培养了一批具有德行和从政能力的辅政大臣，其中部分大臣在其身后的贞观之世，辅佐明主李世民成就了"贞观之治"。文中子晚年虽然放弃出仕，然其通过教化君子，通过弟子的辅政间接实现了自己的"王道"理想。文中子在政治领域的"退场"源于他看清了政治的黑暗，而他在教化领域的"入场"却促成了其政治思想在政治领域的再"入场"。事实证明，最适合儒家知识分子生存的时代就是一个具有明主的治世。而儒者的困境正在于他们的理想与现实的冲突，儒家知识分子总能依据智慧来裁断政治的走向，而他们的傲骨每每让他们选择政治性教化来延续自己的政治生命。

作为人类生活的两大场域，哲学与政治必然发生联系。哲学是政治的本质，哲学所追求的是终极的善，而政治是通往哲学之善的唯一平台。正如亚里士多德（Aristotle）在《政治学》开篇所说的"我们见到每一个城邦（城市）各是某一种类的社会团体，一切社会团体的建立，其目的总是为了完成某些善业——所有人类的每一种作为，在他们自己看来，其本意总是在求取某一善果"[16]。而让一个城邦通往向善之路的力量，不仅需要统治者和公民，更需要政治家。文中子"以教为政"的政治性教化思想正是将自己视作一个引导政治的政治家。

施特劳斯是这样诠释哲学对政治的作用的："为什么政治生活需要哲学？这一追问把哲学传唤到政治共同体的法庭前：它要哲学在政治上负责。正如柏拉图的完美城邦一旦建成，就不再允许哲人一心投身于沉思，这里的问题一旦提出，就不再许可哲人完全无视政治生活。"[17]哲学家必须对政治负责，因为他们是最具有引导政治之能力的人，是开启城邦之善的引路人。在柏拉图《理想国》的设计中，哲学家在城邦中的角色不仅是具有智识的老师，而且是现实政治的"王"。他说："除非哲学家成为我们这些国家的国王，或者我们目前称之为国王和统治者的那些人物，能严肃认真地追求智慧，使政治权力与聪明才智合而为一；那些得此失彼，不能兼有的庸庸碌碌之徒，必须排除出去。否则的话，我亲爱的格劳孔，对国家甚至我想对全人类都将祸害无穷，永无宁日。"[18]柏拉图认为，"哲学王"将哲人与统治者结合在一起，才能实现城邦的理想构建。但是，哲学与政治却构成了永恒的冲突。这种冲突表现在两个方面，一是哲学理念对政治意见的超越；二是哲学家的"无用"无法作用于统治者的"有为"。下面，分而述之。

众所周知，"哲学总是企图超越意见而趋向知识，大众是不可能被哲学家说服的，……这是哲学与政权的一致之所以极不可能的真正原因；哲学与城邦的倾向是背道而驰的"[19]。哲学代表着理想的国度，而政治代表着现实的国家。哲学与政治的冲突，表现为理念与意见、哲人与大众的抵牾。

理念对意见的超越，决定了哲学家的理想很难被现实政治所采用。这一事实，造成了哲学家的"无用"。苏格拉底（Socrates）说："哲学家中的最优秀者对于世人无用，这话是对的；但是同时也要对他说清楚，最优秀的哲学家的无用其责任不在哲学本身，而在别人不用哲学家。"[20]苏格拉底在这里指出了现实统治者对于哲学家的排斥，而这种排斥极易造成哲学家的堕落。苏格拉底指出："现行的政治制度我所以怨它们，正是因为其中没有一种是适合哲学本性的。哲学的本性也正是由于这个缘故而堕落变质的。正如种子被播种在异乡土地上，结果通常总是被当地水土所克服而失去本性那样，哲学的生长也如此，在不合适的制度下保不住自己的本性，而败坏变质了。哲学如果能找到如它本身一样最善的政治制度，那时可以看得很明白，哲学确实是神物，而其他的一切，无论天赋还是学习和工作，都不过是人事。"[21]

所以，在哲学与政治的矛盾中，哲学家呼唤理想的哲学作用于世俗的政治。在文中子那里，理想的实现条件有且只有一个，那就是执政者对哲学家的"臣服"，接受哲学家的教化。诚如苏格拉底所说："只有在某种必然性碰巧迫使当前被称为无用的那些极少数的未腐败的哲学家，出来主管城邦（无论他们出于自愿与否），并使得公民服从他们管理时，或者，只有在正当权的那些人的儿子、国王的儿子或当权者本人、国王本人，受到神的感化，真正爱上了真哲学时——只有这时，无论城市、国家还是个人才能达到完善。"[22]文中子与苏格拉底的思想是相似的，对于文中子来说，在中国古代，选择教化执政者是实现理想的必由之路，而执政者是否选择被教化，则决定了现实政治的走向。因此，现实政治的引领者不是文中子这样的儒家知识分子，而是统治者！这种哲学与政治的冲突正是文中子政治性教化思想的内在矛盾。

对于西方的哲人来说，他们的遭遇与文中子相似，无时无刻不在遭遇哲学与政治的冲突。哲学的意见总是超前于世俗的观念，因此等待他们的是统治者在贪婪的诱惑下打压哲学家，大众在愚昧的躁动下迫害哲人。苏格拉底的死正是这种冲突下的悲剧。哲学与政治的冲突注定了哲学家的死亡，苏格拉底的死是对哲学的捍卫，对政治的无奈。哲人的境遇在理想与现实的冲突中注定是悲哀的，"所以哲学家都保持沉默，只注意自己的事情。他们就象一个在暴风卷起尘土或雨雪时避于一堵墙下的人一样，看别人干尽不法，但求自己能得终生不沾上不正义和罪恶，最后怀着善良的愿望和美好的期待而逝世，也就心满意足了"[23]。

苏格拉底的"死"代表了西方哲人在哲学与政治冲突中的消极态度，他们宁愿为哲学牺牲，也不愿在政治中苟且。对比之下，文中子的选择代表了儒家知识分子的智慧。马克斯·韦伯在《学术与政治》中指出：

所有历史经验都证明了一条真理：可能之事皆不可得，除非你执著地寻觅这个世界上的不可能之事。但只有领袖才能做这样的事，他不但应是领袖，还得是十分平常的意义上的英雄。即便是那些既非领袖又非英雄的人，也必须使自己具有一颗强韧的心，以便能够承受自己全部希望的破灭。他们现在必须做到这一点，不然的话，他们甚至连今天可能做到的事也做不成。一个人得确信，即使这个世界在他看来愚陋不堪，根本不值得他为之献身，他仍能无悔无怨；尽管面对这样的局面，他仍能够说："等着瞧吧！"只有做到了这一步，才能说他听到了政治的"召唤"。[24]

韦伯的话道出了所有知识分子内心的隐痛，儒者实际上并未真正感受到"道统"尊于"政统"的优越感，而是在政治现实的打击中，重复着政治领域的"退场"与教化领域的"入场"。文中子"以教为政"的思想，是退而从教之儒者的心灵慰藉。然而，即便仅剩下"教化"的外衣，他们仍然对此矢志不移。因为，这是儒者对政治的负责，对天下的负责。在"五百年必有王者兴"[25]的希望中，他们忍受着政治的打击、坚持着教化的使命。虽然，所有的历史都已证明，道德与政治之间存在着一种紧张，代表理想的知识分子始终不能在代表现实的政治中实现自己的宏愿。但是，正是因为知识分子的存在，正是由于理想的存在，现实的政治才会在一次次教化的洗礼中前进！

注释

1. 王通：《文中子中说》，上海古籍出版社 1989 年版，第 49 页。

2. 同上书，第 43 页。

3. 同上书，第 36 页。

4. 同上书，第 5 页。

5. 同上书，第 9 页。

6. 同上书，第 22 页。

7. 同上书，第 6 页。

8. 同上书，第 22 页。

9. 同上书，第 16 页。

10. 同上书，第 19 页。

11. 同上书，第 12 页。

12. 程树德：《论语集释》第 3 册，程俊英、蒋见元点校，中华书局 1990 年版，第 911 页。

13. 王通：《文中子中说》，第 9 页。

14. [魏] 何晏注：《论语注疏》，[宋] 邢昺疏，朱汉民整理，张岂之审定，北京大学出版社 2000 年版，第 154 页。

15. 王通：《文中子中说》，第 46 页。

16. [古希腊] 亚里士多德：《政治学》，吴寿彭译，商务印书馆 1965 年版，第 3 页。

17. [美] 列奥·施特劳斯：《古典政治理性主义的重生》，潘戈编、郭振华等译，叶然校，华夏出版社 2011 年版，第 112 页。

18. [古希腊] 柏拉图：《理想国》，郭斌和、张竹明译，商务印书馆 1986 年版，第 214—215 页。

19. [美] 列奥·施特劳斯：《政治哲学史》，李天然等译，河北人民出版社 1993 年版，第 56 页。

20. [古希腊] 柏拉图：《理想国》，第 236 页。

21. 同上书，第 248 页。

22. 同上书，第 251 页。

23. 同上书，第 248 页。

24. [德] 马克斯·韦伯：《学术与政治：韦伯的两篇演说》，冯克利译，生活·读书·新知三联书店 1998 年版，第 117 页。

25. [清] 焦循：《孟子正义》上册，沈文倬点校，中华书局 1987 年版，第 309 页。

第四章　共治天下：宋儒的政治思想世界

　　"共治"是儒家"道统"的政治理想，在儒家看来，君主和臣下尽心诚意、共治天下，是天下从"善治"到"善政"的关键。在中国浩如烟海的典籍中，"共治"一词最早出处是《尹文子》一书："所贵圣人之治不贵其独治，贵其能与众共治。"[1] 先秦时期，以孔子为代表的儒家知识分子大力弘扬"天下为公"理念，士人在天下大乱的政治局势下践行着自己兼济天下的情怀。到了汉朝，士大夫知识分子在理论和实践中传承并发展着"共治"理念，在各种汉代典籍中都可以看到"共治"这个词语。汉初著名学者伏生在其著作《尚书大传·皋繇谟》中说过："古者诸侯之于天子也，三年一贡士。天子命与诸侯辅助为政，所以通贤共治，示不独专，重民之至。"[2] "通贤共治"，是一种起源于上古时期的政治运作范式，诸侯先进行贤士初选，还要报天子的审核，使天子、诸侯和贡士之间实现互动交流，最终达到知识阶层期望看到的三位一体的"共治"，这就是"共治"在当时政治活动中的体现。《白虎通·五不名》则记载："王者臣有不名者五。先王老臣不名，亲与先王勠力共治国，同功于天下，故尊而不名也。"[3] 按照《白虎通》记载，老臣和先王在天下事务管理中一起发挥着重要作用，因此老臣也是"共治"的主体，老臣同样在治理天下中有功，应该受到万民敬仰，百姓不能直呼其名。刘向在《说苑·政理》中讲述了一则故事，说宓子贱"至单父，请其耆老尊贤者，而与之共治单父"[4]。在汉朝，士人非常向往和拥护实现"共治"，这种思想的背后体现的是当时士人"公天下"的政治理念。东汉谷永直言不讳地指出："天下者，非一人之天下，乃天下之天下也。"[5]儒家士大夫坚信，作为贤者，可以参加国家事务的管理，向国家贡献他们的才干，为最终实现"天下为公"而孜孜不倦地努力。

时值宋代，宋太祖做出了"不杀士大夫"的承诺，这就为士大夫提供了稳定的发展空间与从政条件。在秦汉兴起的"共治"思想在宋代获得了新的发展，朱子是继承和发展这一思想的关键人物，他关于"共治"的思想和理念备受当代学者余英时的关注。在《朱熹的历史世界：宋代士大夫政治文化的研究》[6]一书中，余先生对朱子的"共治"思想进行了较为细致的阐述。张其凡《皇帝与士大夫共治天下试析：北宋政治架构探微》一文[7]则提到，宋代中央政府机构中存在着皇权、相权和台谏之权相互作用的三角关系，也正是因为三者之间的这种作用，儒家"共治"理念处在稳定的政治架构之中。程民生《论宋代士大夫政治对皇权的限制》一文[8]，从历史背景、研究理论和实际方法等角度对士大夫限制皇权的具体情况与作用进行分析和研究。本章主要围绕朱子"共治"思想展开个案研究，分理论渊源、政治实践与思想本质三个层次进行分析。

第一节 "推诚共治"：朱子对二程天道观的继承与发展

"天道"是"共治"的本体依据，朱子"共治"理念中的天道观，继承并发展了二程的相关思想。程颐在解《尧典》"克明俊德"时指出："帝王之道也，以择任贤俊为本，得人而后与之同治天下。"[9]在程颐的思想体系中，如果君王足够贤德，那就要广集天下贤才为我所用，实现天下"共治"的政治理想。要实现这个理想，君主的致诚之心非常可贵。《河南程氏遗书》中记载："今之监司，多不与州县一体。监司专欲伺察，州县专欲掩蔽。不若推诚心与之共治，有所不逮，可教者教之，可督者督之，至于不听，择其甚者去一二，使足以警众可也。"[10] 在二程的理解当中，如果监司和州县可以相互支持密切配合，做到"推诚心与之共治"，那么他们之间也就不存在矛盾与冲突。其实，这种"推诚共治"的治理模式，在君臣之间也同样适用。

二程对于君臣关系的看法，一直奉行的是君尊臣卑的理念，这在他们讨论周公之位时也有了直接的体现。二程直言："世儒有论鲁祀周公以天子礼乐，以为周公能为人臣不能为之功，则可用人臣不得用之礼乐，是不知人臣之道也。夫居周公之位，则为周公之事，由其位而能为者，皆所当为也，周公乃尽其职耳。"[11] 在二程看来，周公劳苦功高这是事实，但是他是人臣也是事实，周公所取得的成绩再多也是在尽臣子的本分，而不能撼动君主的地位。二程同时指出，人臣和君主的关系可以说是亲辅关系，他说："人君虽才，安能独济天下之险？"[12] 又说：臣"不得于君，则其道何由而行？"[13] 二程指出，君臣之间应该通力合作，相互配合共同成就，最终实现共治天下的政治理想。在《程氏易传》当中，程颐对"共治"理论进行了延伸，从天道的层面进行了更加详细的论述。

《周易·系辞下传》记载："阳一君而二民，君子之道也。阴二君而一民，小人之道也。"[14] 程颐对此的注解是："阴阳开阖，本无先后，不可道今日有阴，明日有阳。如人有形影，盖形影一时，不可言今日有形，明日有影，有便齐有。"[15] 至于阴阳二气是从何处而来，程颐并无过多追寻，也不管其形成的先后顺序，只是明确指出，阴阳的形成以气为基础，而且阴和阳是同时存在的，"有便齐有"，没有谁先谁后的问题。程颐认为，天地、日月、阴阳，其本原的存在状态是一种气，是属于同一物质，而他们的不同只体现在属性上。所以，君臣之间固然存在尊卑上下之分，但是这种区别无关本质，只是所处的不同位置有相应的工作分工而已。同时，对阴阳之间的存在关系，程颐提出"相须为用"的观点：

> 如天地阴阳，其势高下甚相背，然必相须而为用也。有阴便有阳，有阳便有阴。有一便有二，才有一二，便有一二之间，便是三，已往更无穷。老子亦曰："三生万物。"此是生生之谓易，理自然如此。[16]

程颐指出，阴阳虽是各具高下的两个事物，却一定是"相须而为用"，因为"万物资乾以始，资坤以生"，这其实体现的是"理"的本质。阴阳可以达到这种关系在于两者可以和顺发展："刚正而和顺，天之道也。化育之功所以不息者，刚正和顺而已。"[17]所谓"和顺"，就是"阴阳两大相对势力协调共济，相辅相成，维持一种必要的张力，从而产生互补性的功能"[18]。对于造化而言，阴与阳两者不可或缺。具体到君臣之关系，尽管两者之间的尊卑差距十分明显，不过也要做到"相须为用"，唯有如此，天下才能太平。在"相须为用"的大框架中，阴阳的不同表征就可以分辨出其"始"与"生"："阴，从阳者也，待倡而和。阴而先阳，则为迷错，居后乃得其常也。主利，利万物皆主于坤，生成皆地之功也。臣道亦然，君令臣行，劳于职事者臣之职也。"[19]有了开端，才会有后来的成长，所以说，"生"以"始"为基础，因此，阴需要从属于阳，这是从发用顺序上出发得出的结论，并没有因此而忽视阴在"主利"方面的作用。在君臣关系上，之所以会君尊臣卑也是因为政事有着自己的先后顺序。

　　程颐所论述的君臣关系其实是"配合型"的"相须为用"，这和董子的理念不谋而合，董子曾经提到过："阴者阳之合，妻者夫之合，子者父之合，臣者君之合。物莫无合，而合各相阴阳。阳兼于阴，阴兼于阳，夫兼于妻，妻兼于夫，父兼于子，子兼于父，君兼于臣，臣兼于君。君臣、父子、夫妇之义，皆取诸阴阳之道。君为阳，臣为阴；父为阳，子为阴；夫为阳，妻为阴。"[20]董仲舒这里所提及的在阴阳之道影响下的君臣关系，其实指的是君主和臣下要保持密切配合，而不是臣子对君主一味的迎合与服从。不管是董子还是程颐，他们都从天道的角度对"配合型"君臣观进行了系统阐述，也为真正意义上建立君臣"共治"模式打下了良好的思想基础。

　　朱子秉承的是伊洛之学，对二程所论述的天道观，不仅仅是继承，还有新的发展，特别是对"推诚共治"的社会治理思想，进行了发扬光大。朱子在"推诚共治"思想发展中的突出贡献是通过取消阴阳的先后顺序确立君主和臣子其实拥有平等的政治地位。朱子在《易学启蒙》中对"易有太极，是生两仪"进行了详细的诠释：

　　　　太极之判，始生一奇一偶，而为一画者二，是为两仪。其数则阳一而阴二。在《河图》、《洛书》，则奇偶是也。周子所谓"太极动而生阳，动极而静，静而生阴，静极复动，一动一静，互为其根，分阴分阳，两仪立焉"，邵子所谓"一分为二"者，皆谓此也。[21]

　　在这里，朱子对程颐所秉持的阴阳本末、先后理念进行了延续。不过，在《朱子语类》中有这样一段问答：问者向朱子请教："《太极解》何以先动而后静，先用而后体，先感而后寂？"朱子的回答是："在阴阳言，则用在阳而体在阴，然动静无端，阴阳无始，不可分先后。今只就起处言之，毕竟动前又是静，用前又是体，感前又是寂，阳前又是阴，而寂前又是感，静前又是动，将何者为先后？不可只道今日动便为始，而昨日静更不说也。如鼻息，言呼吸则辞顺，不可道吸呼。"[22] 朱子相信"动静无端，阴阳无始，不可分先后"，在朱子的天道体系中，他认为阴阳二者之间是无法找出谁是第一个先发生而以至于分不清先后顺序的交相发展关系，至于阴阳相生说，其实是为了更好地理解宇宙原理而做的一种形象化表述。

此外，问者请教："'太极动而生阳，静而生阴'，见得理先而气后。"朱子回应说："虽是如此，然亦不须如此理会，二者有则皆有。"问者继续提问："未有一物之时如何？"朱子的回答是："是有天下公共之理，未有一物所具之理。"[23] 朱子之所以会答"二者有则皆有"，主要是因为在天道观当中，阴与阳并无先后顺序，两主体互为体用。从朱子对阴阳关系的阐发中不难发现，他并不认为阴阳有本末或是先后的区别，所以这种观念投射到政治世界当中，朱子也认为君臣之间其实是平等共存的关系。因此朱子在天道观上，为臣下与天子"共治"天下找到了理据。

第二节　"格君心之非"：朱子的"共治"实践

"格君心之非"语出《孟子》，孟子坚信"民为贵，社稷次之，君为轻"[24]，在孟子的政治理念中，君主需要受到臣子和万民的监督。在君臣关系上，孟子较孔子有更强的"革命"意识，《孟子·梁惠王》中记载了他被问及："臣弑其君可乎？"他的回答是："贼仁者谓之贼，贼义者谓之残；残贼之人，谓之一夫。闻诛一夫纣矣。未闻弑君也。"[25] 在政治思想上，朱子和孟子的观念更为接近，"格君心之非"也是他践行"共治"的理念与方法。朱子给孝宗所上奏的《壬午应诏封事》(1162 年)、《庚子应诏封事》(1180 年)以及《戊申封事》(1188 年)这三封事[26]，主要是围绕当时政治和民生中的问题展开论述，而且，都从理学的角度对"正君心"进行了郑重的强调。朱子的道德观始终贯穿于这三封信当中，其实是天下士大夫"得君行道"愿望的集中体现。

1162 年，宋孝宗登基为帝，他正式下诏书求大臣上书直言，朱子上奏《壬午应诏封事》，其中提到："圣躬虽未有过失，而帝王之学不可以不熟讲。朝政虽未有阙遗，而修攘之计不可以不早定。利害休戚虽不可遍举，而本原之地不可以不加意。陛下毓德之初，亲御简策，不过风诵文辞，吟咏情性，又颇留意于老子、释氏之书。夫记诵词藻，非所以探渊源而出治道；虚无寂灭，非所以贯本末而立大中。帝王之学，必先格物致知，以极夫事物之变，使义理所存，纤悉毕照，则自然意诚心正，而可以应天下之务。"[27]此时宋孝宗初登大宝，并没有执政实践经验，对于社会上的一些思潮其实也没有必要进行批判。但朱子却不这样想，在宋孝宗登基之前，社会上有"风咏文辞""吟咏情性""留意佛老"的潮流，朱子对这些事情进行批判，希望皇帝注意领会理学精义，达到理学所倡导的"格物致知""正心诚意"的要求，这其实就是朱子"格君心之非"的一种直接体现。

1180 年，也就是孝宗淳熙七年，朱子再上《庚子应诏封事》给宋孝宗，封事中说："臣尝谓天下国家之大务莫大于恤民，而恤民之实在省赋，省赋之实在治军。若夫治军省赋以为恤民之本，则又在夫人君正其心术以立纪纲而已矣。"[28]在朱子的思想理念当中，君主之心术才是为政的关键之所在，只有君主的心术是光明坦荡以天下为公的，才能时时刻刻将百姓放在心上，实现天下太平。在这篇封事中，他引用了董仲舒《天人三策》中的话语："正心以正朝廷，正朝廷以

正百官，正百官以正万民，正万民以正四方。"[29] 他认为，国家治理
成果的优劣主要是由君主的德行来决定的，如果君主德行优良，那么
国家中即便是存在问题也能顺利得到解决。

1188 年，也就是孝宗淳熙十五年，朱子又一次上书名为《戊申
封事》。和以前一样，朱子依然是尽职尽责地对时政进行褒贬，义无
反顾地"格君心之非"。朱子认为当前国家的政事如"人之有重病，
内自心腹，外达四肢，盖无一毛一发不受病者"[30]。在《戊申封事》
中，朱子认为："宜深诏大臣，讨论前代典故，东宫除今已置官外，
别置师傅、宾客之官，使与朝夕游处。罢去春坊使臣，而使詹事、庶
子各复其职。宫中之事，一言之人，一令之出，必由于此而后通焉。
又置赞善答复，拟谏官以箴缺失。"[31] 朱子的政治主张非常明确，那
就是尽快恢复谏官制度，充分发挥儒家思想的作用，让士大夫从多个
角度对君主的言行进行矫正，保证政局的稳定与国家的兴盛。因为朱
子已经明白，如果只凭借德性或是天道很难对君权有效制约，所以建
立令行禁止的制度就非常有必要。

1170 年，也就是孝宗乾道六年，朱子在写给张栻的信中说："熹
常谓天下万事有大根本，而每事之中又各有要切处。所谓大根本者，
固无出于人主之心术，而所谓要切处者，则必大本既立，然后可推而
见也。"[32] 朱子认为，天下众多纷扰之事的根本，都是和君主心术的
偏正密切相关，想要政治发展平顺就需要"格君心之非"，朱子之所
以屡次上书说同样的话，就是因为他发现宋孝宗的君主之心并没有那
么端正。当然，朱子的良苦用心并没有引起皇帝的足够重视，宋孝宗
表露出"恶闻'正心诚意'之说"的态度[33]，认为这些都是人尽皆
知的道理；而朱子对此认为是"决知其不然"，这最后成了朱子之一
厢情愿，对孝宗劝谏作用不大。对此，余英时说："'这符不在自家手
里'是权力世界的典型语言……'行道'的发动权力在皇帝而不在士

大夫，朱熹晚年对此已有深切的体会。"[34] 为"这符（权力）不在自家手里"，所以朱子"多有不可为之叹"，宋代道学家所孜孜不倦的"秩序重建"只能是一片泡影。

在现实的政治当中，朱子可以发挥的空间非常小，但是他想要践行"格君心之非"的热情却是非常高涨。当发现仕途太过坎坷之后，朱子开始兴办书院，对民众进行教化，告诫他的子弟要"格物，致知，正心，诚意"。朱子始终相信，要想做到"格君心之非"，士大夫自己的行为品德也非常重要。在《孟子集注》中，朱子诠释"天下有达尊三"之"达"为"通"，说："盖通天下之所尊，有此三者。曾子之说，盖以德言之也。今齐王但有爵耳，安得以此慢于齿、德乎？"[35] 朱子坚信，一个优良的政治体应建立在多方共同优良的德行上，这对君主权位的稳定有着重要影响，作为臣下，只有具备了充分的德行才能参与政治活动，才能做到"以德抗位"。

第三节　"存理灭欲"：朱子的"以德抗位"

"格君心之非"是朱子的"共治"实践，而其目的是实现天子的"存理灭欲"，提升天子的道德，推进政治体的良性发展。为了实现"格君心之非"，君子首先要做的是涵养自己的道德，继而通过"以德抗位"，打破现实政治中权位的高下之别。朱子在《读余隐之尊孟辨》中，对"以德抗位"进行了系统解说：

> 孟子达尊之义。愚谓：达者，通也。三者不相值，则各伸其尊，而无所屈一，或相值，则通视其重之所在而致隆焉。故朝廷之上，以伊尹、周公之忠圣耆老而祗奉嗣王、左右孺子，不敢以

其齿、德加焉。至论辅世长民之任，则太甲、成王固拜手稽首于伊尹、周公之前矣，其迭为屈伸，以致崇极之义，不异于孟子之言也。故曰：通视其重之所在而致隆焉，唯可与权者知之矣。[36]

在上述论述中，朱子引用周公的话，指出尊奉周公的不管是平民百姓还是王侯将相，都是因为周公自身德行出众。朱子认为"德"比"爵"要高，"德"有着无可替代的价值，因此君主不能通过"爵"对"德"进行压制，臣子在参与政治时要端正自己的德行，彰显自己的品质。儒家思想认为，如果要使政治实现向好的方向发展，士大夫的德行应该比君主还要高，孟子说："人之于身也，兼所爱。兼所爱，则兼所养也。无尺寸之肤不爱焉，则无尺寸之肤不养也。所以考其善不善者，岂有他哉？于己取之而已矣。体有贵贱，有小大。无以小害大，无以贱害贵。养其小者为小人，养其大者为大人。"[37]从这段话中可知，孟子有一个"大人"概念，所谓"大人"，就是要做到对自己的方方面面严格要求，要不断提升修养境界，最终从"小我"变成"大我"。孟子还对"吾"与"我"进行了区分，《孟子·公孙丑上》载孟子言曰："我善养吾浩然之气。"[38]从这里可以看出，孟子认为两者之间有着明显的区别。"我"是修身养性的自然主体，而"吾"则是修炼的目标。虽然有区别，但是孟子并没有将两者割裂开来，"小我"中的"我"不断修炼和提升就会变成"大我"中的"吾"，这其中的转变要通过"养"来实现。最终，"吾"将会成为可以领导政治的"道德导师"。

孟子提出"我善养吾浩然之气"的说法，朱子对其进行了拓展和延伸，进而提出"存理灭欲"。对于朱子所提出的"存天理，灭人欲"，大多数研究认为，这是一种针对士人和普通劳动人民的道德修炼要求。而事实上，朱子所说的"存理灭欲"第一针对的并不是士人或者普通百姓，而是当政的天子。朱子提到："主上忧勤恭俭，非不修德。然而上而天心未豫，下而人心未和，凡欲为多不响。修德之实在乎去人欲、存天理。人欲不必声色货利之娱。宫室观游之侈也，但存诸心者，小失其正，便是人欲。"[39] 朱子认为，要判断施政德行怎么样，首要就是看天子的德行如何，所以，皇帝应该要做到"存天理，灭人欲"，不断提升自身的道德修养，摒弃"气质之性"，形成"天命之性"。所以，"存天理，灭人欲"就成为上到天子，下到黎民百姓的一条共同要求。

朱子认为，保证国家政事稳定的首要前提就是修炼德性，如果上层领导者真正实现了"存理灭欲"，这就从德性方面为朝廷施政奠定了良好的基础；而百姓实现"存理灭欲"，那么国家政事的稳定就有了坚实的群众基础。朱子在《论治道》中指出："今日人才之坏，皆由于诽谤道学。治道必本于正心、修身，实见得恁地，然后从这里做出。如今士大夫，但说据我逐时恁地做，也做得事业；说道学、说正心、修身，都是闲说话，我自不消得用此。"[40] 朱子希望通过自己的努力，让儒家"道学"成为导引天下万事的基本准则，从最基本的修身、齐家做起，最终以实现治国、平天下的宏伟目标。不过，在实施这项政治理想的过程中，朱子遭遇到了双重阻力，一是"恶闻'正心诚意'之说"天子，而是"道不相同"的士大夫。

朱子一直在"为万世开太平"[41]的理想而努力，但是天子却专断专制，而同僚也对他恶语相加。"共治天下"是朱子的理想，而"独享治权"则是天子的愿望，两者之间背道而驰、矛盾不可调和。这种政治困境从本质上讲是"道统"和"政统"的正面冲击。在朱子看来，要想实现自己的政治理想就一定要对执政者进行教化。所以，朱子自觉地担负起了"格君心之非"的任务，在发现天子的问题之后就大力进行批判，希望能够对政治走向进行引导。朱子想要通过占据道德的制高点，从"道"的立场出发，实现"共治"的理想。不过，理想和现实之间存在着明显的差距，存在于现实当中的统治者正在"独享治权"，这就使得朱子的梦想最终落空。

朱子有着炽热的政治理想，而天子则冷漠待之，这未尝不是儒者的一种悲哀。事实上，天子从没想过要和儒家士大夫共享政治权力，他们要的就是绝对的领导和支配权。在中国的传统政治当中始终存在着两种矛盾，就是想要引领政治方向的士人学者和有政之人之间的矛盾，虽然儒家士人学者满怀热情，但是却遭受着现实严厉的打击。通过对朱子"共治"思想和实践的研究不难发现，儒家学者始终无力建造起一套行之有效的可以规范君权的制度，仅仅依靠道德劝说、天人感应等非直接的措施，处于弱势也在所难免。儒者期望通过道德说教和感染的方式，实现自己所倡导的"共治"理想，不过他们的教化对象在君主专制的现实面前不得不进行变通，从期望的规范君主转为现实中的规范士人。儒家学者之所以坚定地对士人进行教化，实际上就是要保留"格君心之非"的士人力量，延续"以德抗位"的道统合法性，让现实政治始终存在着道德的制约。虽然，在儒学发展史中无数的事实已然证明，道德和政治之间的紧张局势是恒在的，"道统"与"政统"的矛盾似乎是君臣关系中的"道"。但是，儒家知识分子的可贵正在于"明知不可为而为之"的智慧与勇气，也正是因为儒者坚定不移地进行教化，现实的政治才能始终受到理想的限制与制约。

注释

1. [战国] 尹文：《尹文子》，钱熙祚点校，世界书局 1935 年版，第 3 页。

2. [汉] 伏生：《尚书大传》，[汉] 郑玄注，[清] 陈寿祺辑校，吴人整理，朱维铮审阅，载朱维铮主编：《中国经学史基本丛书》第 1 册，上海书店出版社 2012 年版，第 16 页。

3. ［清］陈立：《白虎通疏证》上册，吴则虞点校，中华书局 1994 年版，第 325 页。

4. ［汉］刘向：《说苑校证》，向宗鲁校证，中华书局 1987 年版，第 161 页。

5. ［汉］班固：《汉书》第 11 册，［唐］颜师古注，中华书局 1962 年版，第 3467 页。

6. 余英时：《朱熹的历史世界：宋代士大夫政治文化的研究》，生活·读书·新知三联书店 2004 年版。

7. 张其凡：《皇帝与士大夫共治天下试析：北宋政治架构探微》，《暨南学报》（哲学社会科学）2001 年第 6 期，第 114—123 页，后收于氏：《宋代政治军事论稿》，安徽人民出版社 2009 年版，第 197—219 页。

8. 程民生：《论宋代士大夫政治对皇权的限制》，《河南大学学报》（社会科学版）1999 年第 3 期，第 56—64 页。

9. ［宋］程颢、程颐：《二程集》第 4 册，王孝鱼点校，中华书局 1981 年版，第 1035 页。

10. ［宋］程颢、程颐：《二程集》第 1 册，王孝鱼点校，中华书局 1981 年版，第 18 页。

11. ［宋］程颢、程颐：《二程集》第 3 册，王孝鱼点校，中华书局 1981 年版，第 734—735 页。

12. 同上书，第 848 页。

13. 同上书，第 960 页。

14. 黄寿祺、张善文：《周易译注》（修订本），上海古籍出版社 2001 年版，第 580 页。

15. ［宋］程颢、程颐：《二程集》第 1 册，第 160 页。

16. ［宋］程颢、程颐：《二程集》第 4 册，第 225—226 页。

17. ［宋］程颢、程颐：《二程集》第 3 册，第 794 页。

18. 余敦康：《汉宋易学解读》，华夏出版社 2006 年版，第 433 页。

19. ［宋］程颢、程颐：《二程集》第 4 册，第 706 页。

20. ［清］苏舆：《春秋繁露义证》，钟哲点校，中华书局 1992 年版，第 350 页。

21. ［宋］朱熹：《朱子全书》第 1 册，上海古籍出版社、安徽教育出版社 2002 年版，第 219 页。

22. ［宋］黎靖德：《朱子语类》第 1 册，王星贤点校，中华书局 1986 年版，第 1 页。

23. ［宋］黎靖德：《朱子语类》第 6 册，王星贤点校，中华书局 1986 年版，第 2372 页。

24.［清］焦循：《孟子正义》下册，沈文倬点校，中华书局 1987 年版，第 973 页。

25.［清］焦循：《孟子正义》上册，沈文倬点校，中华书局 1987 年版，第 145 页。

26. 按本章所言三篇封事的名称沿用《晦庵先生朱文公文集》的称法，见朱杰人、严佐之、刘永翔主编：《朱子全书》第 20 册《晦庵先生朱文公文集》，上海古籍出版社、安徽教育出版社 2002 年版，第 569、580、589 页。本章所引三封事文本，《壬午应诏封事》见第 569—580 页，《庚子应诏封事》见第 580—588 页，《戊申封事》见第 589—614 页。

27.［元］脱脱等：《宋史》第 36 册，中华书局 1985 年版，第 12752 页。

28.［宋］朱熹：《朱子全书》第 20 册，第 581 页。

29.［汉］班固：《汉书》第 8 册，［唐］颜师古注，中华书局 1962 年版，第 2502—2503 页。

30.［宋］朱熹：《朱子全书》第 20 册，第 590 页。

31. 同上书，第 598 页。

32.［宋］朱熹：《朱子全书》第 21 册，上海古籍出版社、安徽教育出版社 2002 年版，第 1112 页。

33.［宋］朱熹：《朱子全书》第 20 册，第 588 页。

34.［美］余英时：《朱子的历史世界》，生活·读书·新知三联书店 2004 年版，第 456 页。

35.［宋］朱熹：《四书章句集注》，中华书局 1983 年版，第 243 页。

36.［宋］朱熹：《朱子全书》第 24 册，上海古籍出版社、安徽教育出版社 2002 年版，第 3513 页。

37.［清］焦循：《孟子正义》下册，第 789 页。

38.［清］焦循：《孟子正义》上册，第 199 页。

39.［宋］朱熹：《朱子全书》第 9 册，上海古籍出版社、安徽教育出版社 2002 年版，第 1099 页。

40.［宋］朱熹：《朱子全书》第 21 册，第 1619—1620 页。

41.［宋］张载：《张载集》，中华书局 1978 年版，第 320 页。

第五章　文教与汉化：元代儒者对"王道政治"的哲思

　　金元之际是中国历史上重要的思想文化整合期。中央集权制的衰落、佛教的发展，以及道教的兴盛，给儒家思想文化带来巨大的冲击。士大夫阶层处在儒释道三家会通的时代，其困惑与迷惘不言而喻。"王道政治"是许衡政治伦理思想的内核，为了达到这一政治目标，许衡一方面结合历史事实，强调了"正君心"和"得民心"的重要性，发展了儒家的重民思想。一方面对君王提出了严于律己，以公心施政、以仁心爱民的要求。耶律楚材崇佛、敬儒、尊道的文化取向是当时文人士大夫心态的一种表现，也是他政治伦理本体论构建的基础。

第一节　许衡理、心融合的政治伦理思想

　　许衡（1209—1281年），字仲平，号鲁斋，怀州河内（今河南省焦作市中站区李封村）人。许衡少时入学，学章句，问老师："读书何为？"老师答："取科第耳。"许衡对此不满意，说："如斯而已乎？"[1]少有大志，不满足于科举功名。当时北方战乱频仍，民众时常躲避兵祸，许衡亦在其中，但仍留心问学，访求散落典籍，攻读不

已。许衡以品德学问闻名于乡间，聚徒设教。许衡听说姚枢处有程朱之书，于是前往问学，从此宗于程朱之学。并认识窦默，三人相与讲习，凡经传、子史、礼乐、名物、星历、兵刑、食货、水利之类，无所不讲。三人有承道济世之志，说："纲常不可一日亡于天下，苟在上者无以任之，则在下之任也。"[2]许衡数次弹劾阿合马，忽必烈不听，于是许衡数请辞职。至元八年（1271年），忽必烈听从窦默、张文谦等人的建议，准备设立太学，于是转任许衡为集贤大学士兼国子祭酒，主办太学。许衡大喜，认为自己正长于教育，且蒙古子弟质朴，经恰当教育，日后可堪国用。于是征召其旧弟子十二人为伴读，任教太学。许衡在太学任教两年，成果得到广泛认可，诸生人人自得，尊师敬业，为彬彬君子。然而，当时阿合马以回回法理财，多破坏汉法，太学之制亦受波及，学校物资供应不足，学生多离去。于是许衡亦以改葬亲丧辞职。许衡入朝修订历法时，已年六十八岁，年高多病。忽必烈尤其关心许衡，常致问候，嘱其保重身体，不时赐药赠物。历法编成上奏时，许衡已七十二岁，忽必烈念其年老，特赐坐。完成《授时历》编订之后，许衡即以年高致仕。一年之后，至元十八年（1281年）三月初二，许衡寿终正寝。

许衡之学以朱熹为本，自称宗主于朱熹，不予改易。认为道为最高范畴，为宇宙本体。道生太极，太极生气，气分阴阳，然后有天地万物。认为道即是理，道理先于万物，是万物存在及其应然和所以然之依据。事物间之应然关系，即为义，因此人应当遵义而行。有阴阳，然后有阴阳相摩相荡，然后生万物，因此物有变化，世有治乱，而应有变通。蒙古族原居漠北草原，后进于中原；草原以游牧为主，中原以农耕为主，两者所据不同，治理方式亦应不同。在中原汉地，应行汉法。历史上，周边民族进于中原，必行汉法而能长久，不行汉法者皆速亡，可见进于汉地必须行汉法。

虽然许衡自称完全宗主朱熹，但以其讲学观点来看，实则有朱陆合流之意，以心、性、理为统一。以此用于政治，则要求君主之心尽其性，与理统一，然后自然就会实行目的与手段都符合道德的王道政治。王道政治在现实层面上有实际效用。霸道政治追求功利，则所有人都以追求功利为目标，而功利总量在一定时期内是有限的，于是必然导致争夺和混乱。王道政治不追求功利而追求道德，道德追求源自心、性、理的统一，无以外求，无总量限制，所以不会导致争夺和混乱，详细言之，如所谓为君难之类，其根本原因即在此。

上忽必烈《时务五事》中，"为君难六事"一节中之五事，及"慎微"一节皆源于此。许衡认为，可能是针对蒙古人的民族性格，豪放且行为易受情绪驱动。而维持政治稳定长久的君主，需要有稳定的心志情绪，行事要经过深思熟虑，否则，任由情绪驱使行动，就容易判断错误或朝令夕改造成混乱。而作道德修养，可以帮助君主达成"慎微"稳定心志的作用。

心、性、理的王道政治是基本政治原则，落实到实践，是"立国规模"。所谓"立国规模"，是指国家在政治理论上的基本原理，实践上有基本制度。国家治理要按照制度进行，不能每事逐议。许衡参与制定新官制时，清除原有各种权摄增冗侧置者，因而触及蒙古贵族的一些固有利益。面对质疑，许衡说："吾论国制耳，何与于人。"[3] 许衡认为国家制度"立国规模"应该是一套符合道德和政治合理性的制度，而不是基于个别人私人利益的制度。

"立国规模"的根本目的和原则，在于得民心，得到民众的认同和拥护。得到民众认同和拥护的方法，应符合以下原则：爱与公。概言之，爱即仁爱，公即公平公正公开。"公则民心服"，行公平公正公开，则民众可以产生消极认同；"爱则民心顺"，行仁爱，则民众可以产生积极认同。但是要将"立国规模"实践出来，有现实困难。困难在于：第一，开国之始，重臣参与创业有功，有其自主的力量，难以将其纳入"立国规模"所设定的框架限制之内，这种情况使公的原则难以顺利实施，因为政治资源会偏向于创业功臣及其逐渐增长的利益集团。公原则的本质似乎是削弱强者、补助弱者。但强者何以被削弱，必然需要一个更强者，并且这个更强者需要以道德自我约束，不以其自身实力谋求获取更多政治资源，或者将获取的政治资源用以补助弱者。第二，开国之初，民众的管理未统一，管理机构未完善，即使中央君主的政令是爱民的、有利于民众的，也无法保证基层民众能确实完整受到该政令的影响。因而阻碍了君主对民众之爱的实现，进而阻碍民众对君主和国家的积极认同的形成。

为了解决这两个问题，许衡认为："势虽难制，必求其所以制。"[4]虽然功臣难以控制，但还是可以找到施加控制的关键点。这一关键点即是官制。"众虽未一，必求其所以一"[5]，民众的归属、管理未统一，但必定可以通过统一的官制达到理想的状态。依循官制的秩序，则可以实现"前顾后虑，因时顺理，予夺进退"[6]的治理效果。制度是保障君主执政的重要手段，由此实现"内主甚坚，外行甚易"[7]。同时，制度强化着君主的执政意志，"日戛月摩，周还曲折，必使吾之爱，吾之公，达于天下而后已"[8]。在这种情况下，臣下执行政策有了清晰的遵循。因此，能达到"至是纲纪法度施行有地，天下虽大，可不劳而理也"的"立国规模"的实施效果。许衡认为，在合理建构官制的情况下，"然其先后之序，缓急之宜，密有定则，可以意会而不可以言传也"[9]，官制对于国家治理效能的提升具有极大的正向作用。

许衡虽然出身一介书生，但对现实政治有清醒的认知。其参与制定新官制时面对蒙古贵族的质疑，说"吾论国制耳，何与于人"[10]，说明其虽然有以公心论国制之志，但亦知道"与于人"的政治现实。

忽必烈任许衡为中书左丞，许衡力辞，其理由有三，包括：其一"非勋非旧，不足以服内外之人"，没有政治功绩、非蒙古贵族故旧，也就无法获得其他在位官员的认可，无法获得政治权力的有效性。其二"不能办陛下责任之事"，无法为皇帝办理具体事务，在政治实务能力上不足。其三"臣学迂远，恐于圣谟神算未尽吻合"，学术内容高远，并非紧切实际，在处理实际问题上多有不适应处。可见，在许衡的理解中，现实政治要求有政治资源和面对现实问题的政治实力，因而许衡对自己的政治能力有清醒的认知，并没有积极出仕。

然而许衡认为自己长于教授，可以通过教育，对政治施加间接而更深远的影响。忽必烈对许衡多次征召、任官，许衡皆多推辞；唯有任国子祭酒，教授蒙古弟子一事，许衡欣然接受，喜曰："此吾事也。国人子大朴未散，视听专一，若置之善类中涵养数年，将必为国用。"[11]许衡的教育方法大体如下：其一"弟子皆幼稚，待之如成人，爱之如子"[12]，在情感态度上，既尊重学生的独立人格，也投入亲爱的感情。其二"出入进退，其严若君臣"，既严明纪律，也令蒙古学生熟悉汉制中的尊卑等级。其三"因觉以明善，因明以开蔽"，[13]循序渐进的教学方法，从感官到思维，再开悟心智，逐渐领悟心性理的统一。其四"相其动息以为张弛，课诵少暇，即习礼，或习书算"[14]，合理分配学习时间，不同种类的脑力活动交替进行，有助于调节注意力，提高学习效率。在此基础上，学习多种科目，全面发展。其五"少者则令习拜跪、揖让、进退、应对"[15]，参照心智发展阶段，少儿先从身体动作开始，形成文化习惯。其六"征其弟子十二人为伴读"，蒙古子弟本来缺乏读书及儒学的氛围和习惯，因此召来汉族士子为伴读，供蒙古子弟模仿，更好习惯读书学习的方式。

许衡对待学生"爱之如子"，从生活到学习无不关怀备至。他对待自己则从严要求，"夜思昼诵身体力行，言必揆诸其义而后发"。因此，在许衡的熏陶教育下，"数十年间彬彬然，号称名卿士大夫者，皆出其门下矣"。所以，许衡通过传道授业，对于汉、蒙文化的融合和交流作出了卓越的贡献。元世祖即位后，许衡还与刘秉忠、张文谦等"立朝仪""定官制"，完善元朝官员品阶等级。鉴于当时干戈扰攘、民生凋敝的态势，他一再向元世祖建议要重视农桑，广兴学校，以"行汉法"作为"立国规模"。他说："古今立国规模，虽各不同。然其大要，在得民心。而考之前代，北方奄有中夏，必行汉法，乃可长久。故魏、辽、金能用汉法，历年最多。其他不能用汉法者，皆乱亡相继。史册具载，昭昭可见也。"从而可知，许衡的政治理想是要实行儒家的仁政以获得民心。至于获得民心的关键，则在于实行"汉法"。由于这一"立国规模"的确定，中原广大地区社会秩序得到恢复，生产得到发展，人民生活得到安定。对元初政局稳定、经济生产的恢复起到了积极作用。

第二节　耶律楚材对蒙古政权的理性化建构

耶律楚材（1190—1244 年），字晋卿，号湛然居士。契丹皇族后裔，元初名臣。其在元太宗窝阔台时期倡导的一系列政策，帮助蒙古对中原实现有效治理，为蒙古由游牧政权转变为中原王朝奠定了基础。虽然耶律楚材笃信佛教，有较深的佛家修养，但在政治上仍以儒学为主。王国维指出："其于禅学所得最深，然其所用以佐蒙古安天下者，皆儒术也。"[16] 耶律楚材天资聪颖，博学多才，"博极群书，旁通天文、地理、律历、术数及释老、医卜之说"[17]，又敏于政事，深得成吉思汗及窝阔台的信任和重用，虽然实际权力和影响力有变化，但始终处于蒙古政权的权力核心[18]，多参与蒙古核心政治行动的决策和执行。耶律楚材生活的时代，是中国历史少有的大动荡时期。事实上，在唐朝中期安史之乱后，中国社会就又一次开始进入割据时代，到公元907年，朱温废唐哀帝，建都开封，改国号为大梁，唐王朝正式灭亡，也标志着中国中原地区、南方地区进入五代十国时期，在中原地区建立政权的先后有后梁、后唐、后晋、后汉、后周，还有南方的前蜀、后蜀、吴、南唐、吴越、闽、楚、南汉、南平（荆南）以及北方的北汉十个割据政权。而在我国北方地区有契丹族建立的辽国、女真建立的金国，西北有回鹘，西南有吐蕃、南诏等几个少数民族政权并立。这是中国历史上第二次大分裂时期。赵匡胤陈桥兵变，黄袍加身，建宋代周，于公元960年实现了中原和南方的再次大一统，结束了五代十国的纷乱。但此时，北方有辽国、金国、西夏，西北回鹘突厥，西南有吐蕃、大理，中国并没有实现真正的大一统，还是多个政权并立，相互对抗割据的状态并没有从根本上改变。

耶律楚材"以儒治国"的政治思想对我国古代社会产生了深远的影响，在当今社会依然有着积极的现实意义。耶律楚材生活于社会动荡的时代，当时的金政权已经腐朽，蒙古崛起。耶律楚材没有局限在传统的忠君观念和狭隘的民族意识上，而是竭尽全力地帮助蒙古统治者创立国家，并大力宣扬"以儒治国"的政治思想，推行汉法，尽力减轻了战争给人们带来的破坏程度，保护了众多人民的生命和财产安全，从而实现了"经世治国"的政治理想。他的"以儒治国"政治思想及实践对元朝产生了很大的影响，对后来忽必烈汉化改革起到了一定的作用。

金元之际是中国历史上重要的思想文化整合期。中央集权制的衰落、佛教的发展，以及道教的兴盛，给儒家思想文化带来巨大的冲击。在这一背景下，耶律楚材崇佛、敬儒、尊道的文化取向是当时文人士大夫心态的一种表现，也是他政治伦理本体论构建的基础。

佛教作为外来文化自东汉传入中原后被视为"西戎之法""胡教"，长期以来受到传统的儒道文化的排斥，但是，宋辽金时代涌现出一批如克勤、契嵩、智圆、万松行秀等"学通内外""旁涉老庄、兼通儒墨"的高僧。他们反对禅宗流行的放任自然、不问善恶的行为，提出"佛法即是世法，世法即是佛法"，要求"佛法据王法以立"。这一时期，僵化的儒家思想文化与其所维护的中央集权制一样陷入了危机，一批思想家为使儒家思想摆脱困境，从佛教理论中吸取养分。耶律楚材尽管对儒释文化已有成见，但在表现方式上，又与同代文人不尽相同。在情感上他始终站在佛教一方，对当时思想文化界暗中借鉴佛教、明里排佛的行为愤愤不平，斥之为"窃人之道"。但是，他往往以儒士自诩，以儒家思想作为言行的准则。

耶律楚材对道教持尊重态度。全真道兴起于金朝初年，创始人是王重阳。在教义方面，该教主张"儒门释户道相同，三教从来一祖风"，"天下无二道，圣人不两心"，希望"三教合一"。全真道的发展速度异常迅猛，从金大定年间至金末，在半个世纪的时间里，其教区已由陕西局部扩展至山东、河北、河南、山西等广大地区。信徒既有下层民众，也有文人士大夫，该教已成为中原地区最大的民间组织和思想派系。金、南宋两朝统治集团对该教的发展十分畏惧，采取了恩威并用的手段，希望扼制并利用这一社会力量。成吉思汗为实现其中原战略，于1219年、1220年两次下诏，邀请全真道掌门人邱处机西行与之会晤。邱处机经过对时局的判断，回绝了金、南宋朝廷的邀请，欣然西行，在中亚与成吉思汗进行了历史性的会晤。而成吉思汗的诏书正是由耶律楚材起草的。

耶律楚材为契丹皇族后裔，自祖辈起仕于金朝。成吉思汗攻占燕京，闻说耶律楚材有才华见识，于是召见他，说：辽（契丹）、金有世仇，现在我蒙古征服金人，是为你辽国契丹人报了仇。耶律楚材则

回答说：我的父、祖辈都仕于金，是金朝的臣，在君臣关系中，臣不
应视君主为仇人。成吉思汗被此回答触动，"帝重其言，处之左右，
遂呼楚材曰吾图撒合里而不名，吾图撒合里，盖国语长髯人也"[19]。
成吉思汗为耶律楚材赐名而不称呼他原来的名字，实质上是为耶律楚
材拟制一个蒙古身份，将其接纳进蒙古的核心统治集团中。耶律楚材
的政治地位源自其得到成吉思汗的认可，在蒙古统治集团的核心拥有
一席之位。其汉式官称的游移不定，只是因为当时蒙古官制尚未正式
化和规范化、耶律楚材以掌管大汗文书的必阇赤长与汉式的中书相比
拟而形成的印象，并不能说明其政治地位不稳定。诚然，耶律楚材在
蒙古统治集团核心中也遭遇过政治争议或意见不被接纳的情况，但这
些都属于统治集团内部决策的正常讨论。总体来看，耶律楚材被接纳
的意见占大多数，他对蒙古政治的影响，可谓非常巨大。耶律楚材作
出的具体政治实践略述如下：

一、反对屠杀掠夺

耶律楚材深受儒学影响，因而对蒙古的过度战争以及对民众的随
意屠杀和掠夺持批判和反对的意见。如丙戌（1226 年）冬，成吉思
汗正在西征，而留守本土的地方长官，对辖下民众有生杀大权，常随
意奴役民众，掠夺其土地财产。正跟随成吉思汗西征的耶律楚材得知
这种情况，"楚材闻之泣下"[20]，即奏请禁止地方长官在没有大汗命
令的情况下擅自征发和掠夺民众，若要处决犯人亦必须上报大汗。成
吉思汗同意，由此地方长官的贪暴之风才渐渐得以压制。

又如壬辰（1232 年），窝阔台南征金朝，即将攻克汴梁。大将速
不台奏请：金人持续抵抗，造成蒙古军死伤众多，请求在攻破汴梁后
屠城以作报复。对此，耶律楚材奏请：若屠城，则即使占领了城市亦

无民众可用，攻城将毫无意义。窝阔台犹豫未决。耶律楚材进一步申明：城市中拥有不同生产技能的人，可作各类生产，创造财富；若屠城掠夺，只能获得一次财富，而留下城中民众，使其生产，则可以长期稳定获得财富。窝阔台于是明白其中利害，遂禁止屠城，只诛杀金皇族完颜氏。

类似事迹尚有数起，有时耶律楚材反对屠杀与掠夺的原因似乎是从长远经济利益的角度考虑，但不可否认，其中亦有儒家仁爱思想的影响。如甲申（1224 年），耶律楚材随成吉思汗西征，驻扎在铁门关（今属新疆，在天山南麓与昆仑山北坡交汇处），出现一绿色鹿状马尾有角兽，此兽对侍卫说人话："汝主宜早还。"成吉思汗问耶律楚材，耶律楚材回答："此瑞兽也，其名角端，能言四方语，好生恶杀，此天降符以告陛下。陛下天之元子，天下之人，皆陛下之子，愿承天心，以全民命。"于是成吉思汗即日班师。[21]虽然此其中有灾祥和军事方面的考虑，但无疑耶律楚材是出于儒家仁政爱民思想而对异兽作出解释（异兽并未说明为何宜早还），并试图以仁爱思想影响成吉思汗，以减少战争、杀戮与掠夺。

二、构建和加强中央集权

蒙古族是草原游牧民族，其传统政治制度是部落联盟制及分封制。至经过不断征伐而形成大帝国时，这些地方自主权极大的制度显然不利于帝国政体的统一和稳定。对此，耶律楚材参照中原王朝及其他游牧民族政权的经验，多次提出措施，逐步改革蒙古旧有的部落联盟和分封制的权力运作方式，构建和加强中央集权的体制。

如前文已提及的丙戌（1226 年）冬，留守本土的地方长官可以凭己意任意征发和掠夺民众。对此，耶律楚材提出将征发和处决的权力都收归中央，得到成吉思汗同意。此为其构建中央集权体制的措施之一。

庚寅（1230 年），当时窝阔台甫即位，耶律楚材即进言："郡宜置长吏牧民，设万户总军，使势均力敌，以遏骄横。中原之地，财用所出，宜存恤其民，州县非奉上命，敢擅行科差者罪之。……应犯死罪者，俱由申奏待报，然后行刑。"[22] 在此继续强调征发和处决的权力均须收归中央，由此可见丙戌（1226 年）的相同的法令可能只具有临时性，或尚未得到完全贯彻。在重申相关法令之外，耶律楚材更将地方的民政、军政的权力分拆，使地方长官无法一人专权，形成脱离中央的力量。此为其构建中央集权体制的措施之二。

再者，丙申（1236 年）秋，窝阔台打算分封亲王功臣，耶律楚材认为不可，认为裂土分民的实封会导致中央地方之间的疏离与矛盾，危害中央的集权权威。耶律楚材建议可改为相对的虚封，即受封的诸侯王没有征收和分配赋税的权力：赋税的征收由中央朝廷任命专职官吏执行；朝廷收得赋税之后，再划拨给诸侯王作为其权利。[23] 此为其构建中央集权体制的措施之三。

三、建立规范化的税收制度

从以上情形可见，也许出于对蒙古尚武传统的尊重，耶律楚材主要通过控制税收和财政的方式构建中央集权体制。事实上蒙古的规范化税收制度正是由耶律楚材创建的。《元史·耶律楚材传》：

> 太祖之世，岁有事西域，未暇经理中原，官吏多聚敛自私，赀至巨万，而官无储偫。近臣别迭等言："汉人无补于国，可悉空其人以为牧地。"楚材曰："陛下将南伐，军需宜有所资，诚均

定中原地税、商税、盐、酒、铁冶、山泽之利，岁可得银五十万
两、帛八万匹、粟四十余万石，足以供给，何谓无补哉？"帝
（窝阔台）曰："卿试为朕行之。"乃奏立燕京等十路征收课税使，
凡长贰悉用士人，如陈时可、赵昉等皆宽原长者，极天下之选，
参佐皆用省部旧人（指原金朝官吏）。辛卯（1231 年）秋，帝至
云中，十路咸进廪籍及金帛陈于廷中，帝笑谓楚材曰："汝不去
朕左右，而能使国用充足，南国之臣，复有如卿者乎？"[24]

在耶律楚材设十路征税使的缘由中可见，在成吉思汗时期，蒙古
人并没有税收和财政的观念。新征服地几乎相当于地方长官或领主的
个人领域，当其进行治理需要经费，或个人及其部落下属需要获得财
富时，就直接在被征服的民众中征收或掠夺。在这些地方长官或领主
的观念中，统治治理所需的经费，与其本人及部属所占有的财富，也
许从来就没有得到区分，此即所谓"官吏多聚敛自私，货至巨万，而
官无储偫"。若在政府财政与官员个人财富之间有明确区分的情况下，
仍出现政府财政明显亏空而官员个人大量聚敛私人财富的情况，则蒙
古政权不可能长期有效控制新征服地区，遑论发起新的征服战争。

显然，这种在被征服的民众中主要通过征收和掠夺获得统治收入
的方式，是非常不稳定的。其一，所谓"汉人无补于国"，即坚持蒙
古的游牧生产方式而拒绝汉人的农耕生产方式。然而游牧的生产效
率、稳定性乃至产品种类都显然不及农耕，则以游牧作为统治收入的
来源，显然不及农耕。其二，征收掠夺取得收入的方式偶然性大、不
稳定，既不能对每次征收掠夺所得作合理预算，也不能保证每次征收
掠夺的所得都能满足需求。而且征收掠夺极可能引起民众反抗而增加
统治治理成本，甚至损害政权的正当性。而以农耕为基础的规范化税
收制度，只要收取内容合理、收取方式规范化，就可以较稳定地获得

统治收入，对统治治理显然更有利。其三，在执行征收掠夺的过程中，具体的执行者个人可以将部分所得直接占有为私人财产，于是执行者个人会将征收掠夺执行权视为其直属的地方长官或领主的恩惠，从而形成对地方长官或领主的私人依附与忠诚，而非对蒙古国或大汗的忠诚。这种情况发展下去，显然不利于蒙古的统一和中央集权。

因此耶律楚材提议设立以汉式农耕为基础的规范化税收制度。其一，以农耕为基础的规范化税收制度，可以在事前对收取数额作出计划，也可以在事后进行核验，如此显然更有利于政治决策的计划性。且收取得到的金钱货物价值客观，有效增强了蒙古国的政治实力。其二，规范性税收制度的收取过程平和，有利于维护社会稳定，从而有利于民众对蒙古政权的认同。其三，通过中央统一征收赋税，禁止地方长官或领主擅自随意征收掠夺，防止地方官吏军兵对长官形成人身或利益依附，防止分离倾向的滋长。这种目的在丙戌（1226 年）冬的类似建议中有相同的体现。蒙古人尚勇武，严格限制地方长官或领主军事权力的措施大概率无法在短期内完全落实，因此先从统一和规范化税收财政权入手，通过取消地方的征收权力，在事实上最大程度地限制地方长官或领主的军事权乃至自主权。同时，规范化的税收制度显然能高效地带来可观的收入，因此推行这种制度可以预期获得蒙古贵族统治者的支持。其四，规范化的税收制度需要由专业化文官官僚体系进行运作，而在蒙古传统政治中，并无文官和官僚体系的观念。因此耶律楚材在蒙古设置规范化的税收制度的同时，也意味着在蒙古的政治制度中加入文官官僚体系的因素。

然而在规范化税收制度推行一段时间之后，出现了所谓"扑买"，即私人以金钱向国家购买收取赋税的权力。《元史·耶律楚材传》："富人刘忽笃马、涉猎发丁、刘廷玉等以银一百四十万两扑买天下课税，……自庚寅（1230 年）定课税格，至甲午（1234 年）平河南，岁有增羡，至戊戌（1238年）课银增至一百一十万两。译史安天合者，谄事镇海，首引奥都剌合蛮扑买课税，又增至二百二十万两。"[25]这种行为显然有害于国家政治。从直接影响来看，扑买的价格至少与预算税款相当，有意参与扑买者越多则越贵；而扑买者在获得收税权之后，又必定会设法收取大于扑买价格的税款，即"预算税款≈扑买价格＜实收税款"。于是扑买的实际后果就是政府为了提前并获得超过预算的税收收入，而在民众身上极大地加重了负担，削弱了民众对国家的认同和忠诚。从深层次的后果来看，收取赋税的权力是国家政权的基本权力之一，若这种权力可以通过购买的方式进行转让，则意味着所有国家政权的权力都可以进行买卖交易，这样的情况无疑将在根本上影响国家政权的正当性。耶律楚材显然至少在增加民众负担的意义上明白扑买的恶劣影响，因此他极力反对扑买。《元史·耶律楚材传》："楚材曰：'此贪利之徒，罔上虐下，为害甚大。'……楚材极力辨谏，至声色俱厉，言与涕俱。帝（窝阔台）曰：'尔欲搏斗耶？'又曰：'尔欲为百姓哭耶？姑令试行之。'楚材力不能止，乃叹息曰：'民之困穷，将自此始矣！'"[26]耶律楚材之无法阻止扑买，其实亦有缘由。正是因为当初耶律楚材在为窝阔台设置规范化税收制度时仅强调其作为一种有效获得统治收入的手段，所以窝阔台就仅将税收视为一种获利工具，进而一旦意识到基于税收的扑买能获利更多时，窝阔台亦自然会采用扑买这种方式。

四、增设文官体系

规范化的税收制度需要由职业化的科层制文官体系运行，这正是蒙古当时所缺乏的制度，因此耶律楚材在设置规范化税收制度的同时，也为蒙古引入了文官官僚体系的制度。《元史·耶律楚材传》：

"（耶律楚材）乃奏立燕京等十路征收课税使，凡长贰悉用士人，如陈时可、赵昉等皆宽厚长者，极天下之选，参佐皆用省部旧人。"[27] 当时蒙古并不重视文人，在官员群体中几乎没有文人，因此耶律楚材在组建税官队伍时，需要另行延聘士人，甚至直接重新起用原金朝文官官僚体系的旧人。《元史·耶律楚材传》："帝（窝阔台）曰：'卿试为朕行之。'……辛卯（1231 年）秋，帝至云中，十路咸进廪籍及金帛陈于廷中，帝笑谓楚材曰：'汝不去朕左右，而能使国用充足，南国之臣，复有如卿者乎？'对曰：'在彼者皆贤于臣，臣不才，故留燕，为陛下用。'帝嘉其谦……"[28] 从窝阔台的反应来看，他原来对文官官僚体系几乎没有认知，最初只是抱着将信将疑的态度；而当看到税收的成果时，大喜过望，惊讶于竟然有一种方法可以在主管官员不亲临现场的情况下，仍可以高效地完成目标。于是窝阔台问耶律楚材，南国（金朝）是否也能通过同样的间接、抽象方式收取赋税，显然对金朝已采用职业化文官体系的治理方式不太了解。在这个角度来看，耶律楚材并没有过谦，他只是复制了金朝已在运行的制度，甚至其中的人员都是来自金朝的旧官员。

至此可见，通过设立规范化的税收制度，耶律楚材同时达成了数项政治目的。其一是统一征收赋税的权力，限制地方长官或领主的政治权力及实力，推动构建中央集权体制。其二是保留汉人的农耕生产方式，并相对减轻民众税赋负担。其三是帮助蒙古建立了一种能高效、稳定的获得财政收入的方式，提高了蒙古的政治实力。其四是在蒙古中加入文官系统，使士人阶级获得了进入蒙古统治阶层的机会。

数年之后，文官体系的优越性已经逐渐在税收制度中显现出来，耶律楚材于是增设文官的考试录用制度，使文官体系能不断自我更新发展。《元史·耶律楚材传》："丁酉（1237 年），楚材奏曰：'制器者必用良工，守成者必用儒臣。儒臣之事业，非积数十年，殆未易成

也.'帝（窝阔台）曰：'果尔，可官其人.'楚材曰：'请校试之.'
乃命宣德州宣课使刘中随郡考试，以经义、词赋、论分为三科，儒人
被俘为奴者，亦令就试，其主匿弗遣者死。得士凡四千三十人，免为
奴者四之一。"[29] 考试方式和内容参照汉式科举，为日后元朝政权接
受科举制奠定基础。与汉式社会相比，蒙古政权本来并不认为文人儒
士相较于其他民众有何特殊之处，认为亦只是众多社会阶层、职业之
一而已，因此并没有关于文人儒士的专门制度安排，甚至不少文人儒
士被俘为奴。而耶律楚材设置的文官考试，则为蒙古政权下的文人儒
士提供了参与政权的出路，同时也提供机会帮助一些在征服战争中被
俘为奴的文人儒士免去奴隶身份。

　　同时耶律楚材亦尽力在蒙古兴起汉文化教化，首先从统治者上层
开始，使其开始逐步接触和接受儒学观念。以文教为基础，才可使文
官体系治理的因素逐步加入蒙古政权，从而使其更加理性化，进而
更加稳定。壬辰（1232 年）征金朝后，"楚材又请遣人入（汴梁）
城，求孔子后，得五十一代孙元措，奏袭封衍圣公，付以林庙地。命
收太常礼乐生，及召名儒梁陟、王万庆、赵著等，使直释九经，进讲
东宫。又率大臣子孙，执经解义，俾知圣人之道。置编修所于燕京，
经籍所于平阳，由是文治兴焉"[30]。

　　通过对耶律楚材政治实践活动的分析，本节认为其推动的"汉
化"的主要内容，其政治实践的纲领，是对蒙古贵族统治者掌握的政
权作出理性化改造。蒙古族是草原游牧民族，日常生产生活的基本模
式是在族长或部族首领的直接带领下逐水草而放牧、狩猎乃至争战，
因而也形成了直率而激烈的性情和直接单纯的政治组织和治理方式。
但当蒙古逐渐扩张为一个大帝国时，这种直接而感性的政治模式将不
利于其治理能力的提升，而必须作出一些理性化的改造，以增加政权
及其治理的稳定性。

　　而耶律楚材与蒙古政权的相遇就已经蕴含了这种理性化的意味。《元史·耶律楚材传》："太祖（成吉思汗）定燕，闻其（耶律楚材）名，召见之。楚材身长八尺，美髯宏声。帝伟之，曰：'辽、金世仇，朕为汝雪之。'对曰：'臣父祖尝委质事之，既为之臣，敢仇君耶？'帝重其言，处之左右，遂呼楚材曰吾图撒合里而不名，吾图撒合里，盖国语长髯人也。"[31] 虽然耶律楚材早已有名声，且身材相貌非常符合蒙古人的审美，但其最为打动成吉思汗之处，无疑是其对于君臣之义的理解。蒙古人对于政治忠诚的理解，主要基于血缘与征服两方面：有血缘及部族关系者，对其族长、首领忠诚；经过军事征服的，被征服者对征服者忠诚。基于这种理解，成吉思汗对耶律楚材提出为其复辽金世仇。但显然血缘与征服这两种忠诚模式有明显的缺陷。血缘忠诚非常牢固却几乎无法扩展其范围；征服忠诚容易扩展范围却非常不可靠。蒙古人一直受此问题困扰，虽然通过武力征服了许多地方和民族，但所获得的征服性忠诚很不稳定，随时有反叛的危险，而拥有血缘性忠诚的蒙古人又不可能短期内大量增加。在这种情况下，耶律楚材为成吉思汗提供了一种新的忠诚模式，即基于君臣之义的忠诚。血缘与征服都是直接具体的关系，而君臣之义却是一种基于抽象、理性关系的思想性内容，且这种忠诚一方面比征服性忠诚更稳固，另一方面又比血缘性忠诚更具可获得性。也许成吉思汗立即就意识到耶律楚材关于忠诚的理解与蒙古的传统观念有所不同，并且感到其背后的（理性）思维模式也许可以为蒙古带来新的思想和政治因素，因此成吉思汗将耶律楚材留在自己身边。然而成吉思汗将耶律楚材收作自己部属的方式，依然是蒙古传统的（拟制）血缘方式，为耶律楚材起一个蒙古名字而不使用其原名，意味着耶律楚材从此之后成了（成吉思汗部的）蒙古人，而不再属于其原来的身份。

　　蒙古传统的政治权力关系建基于直接感性的属人关系，超出这种关系之外就难以形成有效的政治控制关系。这部分是因为其游牧部落的生活生产传统，更关键的是因为其缺乏有效的文书行政系统，除直接的面对面管理控制和有限度的口头传话之外，不能以成文形式建立规范体系，也不能在间接的情况下通过文书系统进行详细而能形成控制的指令和报告。在这样的条件下，无法形成理性、抽象的政治权力系统和治理方式，中央集权的权力结构也无法形成和有效运行。显然这样的分散权力结构无法使蒙古长期维持对广大疆域的有效控制和治理，因此耶律楚材必须开始某种中央集权结构的建构。而蒙古贵族统治者，且不论其中下层官吏是否愿意接受中央集权的结构，他们在短期内也不可能马上具备执行中央集权结构的文书行政能力，因此只能另外组建一个（必须使用）文书行政的官僚体系加入现有的权力系统，逐步形成中央集权的体系。在此，规范化的税收制度就是一个好选择：其一需要文书和数学能力，因而必须要由职业文官组成官僚体系才能完成。其二能带来可观的财政收入，能得到蒙古贵族统治者的支持。其三在直接削弱在任蒙古官吏的民政和军事权力上影响相对较少，能避免激烈反抗。

　　于是在政治理性化改造的框架下，我们也就可以更好地理解耶律楚材以必阇赤长而称中书令，后以必阇赤组织为基础建立中书省，再到后来以"行中书省"作为地方最高权力机关[32]等一系列制度变迁。必阇赤虽然是为大汗主管文官的近侍，但因为当时蒙古并无文书行政的官僚体系，所以耶律楚材以必阇赤长称中书令的确只是"窃号自娱"。而到以必阇赤组织为基础组建中书省，则是在蒙古政权的中央层面开始具备了理性化文书行政的能力。但各地方的蒙古贵族统治者仍未具备理性化文书行政的能力，于是派出"行中书省"弥补这种不足，作为地方的最高权力机关，以保证中央集权以及全国统一。

第三节　吴澄"性善而理正"的政治思想

吴澄（1249—1333 年），字幼清，晚称伯清，号草庐，江西抚州崇仁（今江西省崇仁县）人。吴澄生于宋理宗淳祐九年，二十七年后元灭宋，吴澄随之入元，被认为是元朝最重要的学者之一。吴家世代以儒为业，境况贫寒，吴澄自幼跟随祖父吴铎学习，打下深厚的儒学根底。吴澄的父亲兼通医术，在乡里间治病救人。吴澄十岁时得到朱熹的《大学章句》，爱不释手，每日必晨诵二十次，如是者三年，对《论》《孟》《庸》亦如是。吴澄由此转向理学。十六岁时，吴澄跟随祖父吴铎到抚州。经人介绍，到临汝书院拜访山长程若庸。程若庸，字逢厚，号徽庵，系朱熹三传弟子。吴澄在听程若庸讲学时，指出其中有失误之处，程若庸大为赞叹，并使族子程钜夫（名文海，号雪楼）与之为友，共同切磋学问。十九岁时，吴澄著《道统图》，以《乾》卦之"元亨利贞"道统传承者作出诠释。其中认为，就整个道统的传承历史而言，尧舜是道之元，禹汤文武周公是道之亨，孔孟之间是道之利，此宋王子及朱熹是道之贞。而在各历史阶段之中而言，在上古，羲皇（伏羲）为元，尧舜为亨，禹汤为利，文武周公为贞。在中古，孔子为元，颜子曾子为亨，子思为利，孟子为贞。在近世，周敦颐为元，二程张载为亨，朱熹为利，并问"孰为今日之贞乎？"[33] 吴澄以继承道统、接续朱熹自任。同时吴澄开始著书，有《孝经刊误》《孝经外传》《皇极经世续书》几种。

吴澄二十二岁时参加科举，在乡试中选，次年到省城考试则落第。不过吴澄早已属意于理学，对科举并不在意，并从此未再参加科举，在家乡以授徒为生。此时南宋对元的形势日渐恶化，而吴澄颇有用世之意，建草屋，并题对联"抱膝梁父吟，浩歌出师表"，以诸葛亮自况。程钜夫知其用意，题为草庐。可见，吴澄以草庐为号，显示出其用世的志向。二十七岁时，吴澄所在的抚州地区归顺元朝。吴澄没有直接参与抗元斗争，但与不少抗元分子交往甚密。如在抗元志士南宋贡士郑松的邀请下，吴澄带领家人隐居于布水谷深山中。

隐居期间，吴澄纂校群经，包括《孝经章句》《易》《书》《诗》《春秋》《仪礼》《小戴礼记》《大戴礼记》等。朱熹晚年有校注群经之志，可惜未能完成。吴澄的经学研究，一方面是有意接续朱熹，另一方面是希望在元朝统治几成定局的情况下保存故国文化传统。三十五岁时天下大定，吴澄返回家乡。三十八岁时，程钜夫以江南御史的身份重回江南，寻访贤士，邀请吴澄入元廷。吴澄初拒绝，程钜夫以游览中原山河相劝，遂行。到大都后，吴澄与其他通行者都受到元朝的任用，包括前宋宗室赵孟頫，但吴澄很快就以母亲年老为由，辞官归家。归家后仍以授徒为业，开始获得学术声誉，常应邀到各处讲学，与各地学者交往。

四十八岁时，经门人元明善介绍，吴澄与江西行省左丞董士选会面。董士选非常欣赏吴澄，一直向朝廷举荐。朝廷授吴澄翰林院、国史院之职。当时吴澄已年过五十，不愿就职，然而辞谢不过，赴京上任。行至半路，闻说已有人代官，遂南归，并沿途讲学。五十六岁时，朝廷授吴澄江西等处儒学副提举之职，但吴澄推辞了三年才赴任，到任三个月后又以疾辞职。在此期间，吴澄校订了邵雍的著作，又校订了《葬书》，以及《老子》《庄子》《太玄》。

六十岁时，朝廷以国子监丞召吴澄入京。吴澄及其朋友门人都认为这是扩大理学影响的好机会，遂行。元国子监由许衡所创，一直遵循许衡的教学方针，注重《四书》、小学，不重经说，又重视"治生"的技能。吴澄试图对此提出改革，一方面增加讲解经义的内容，另一方面增加自省式的道德修养内容。三年后，吴澄升任国子司业，计划依据程颢、胡瑗、朱熹的教育原则进行改革，实行四条教法，即经学、行实、文艺、治事。治事即办实事的能力，如边防、水利等。行实即道德修养。经学，要求学生以某一家之说为主，旁通诸家义理。吴澄开列参考传注，其中多用朱熹注。文艺一科，虽然程颢等理学家多主张废除声律词赋的科目，但吴澄仍予以保留。

但吴澄的改革方案遭同僚反对，理由是吴澄在国子监的讲学中有陆九渊学说的内容，与国子监尊朱熹学说的宗旨相违背。吴澄曾说："朱子道问学工夫多，陆子静却以尊德性为主。问学不本于德性，则其弊偏于言语训释之末，果如陆子静所言矣。今学者当以尊德性为本，庶几得之。"[34]事实上吴澄此语只是试图对朱熹后学作某种纠偏，并非宗于陆学；且从吴澄讲学的其他材料来看，吴澄的学说在当时和会朱陆的潮流中实际上更偏向朱学。吴澄在国子监推行的改革之所以遭到反对，主要原因是改变了许衡的教学系统，而当时国子监的官员多是许衡后学。于是吴澄于次年称疾去职。

吴澄六十八岁时开始作《易纂言》，直到七十四岁时才完成；到八十一岁时，又作《易纂言外翼》作为补充。吴澄以其《易》学自得，其大略，以吕祖谦的古《易》本为底本，以周敦颐、邵雍之《易》学为宗旨，依据程颐《伊川易传》的义理，在朱熹象占说的基础上有所扩充。

学者多认为吴澄儒学思想的主旨是和会朱陆。全祖望认为："草庐（吴澄）出于双峰（饶鲁），固朱学也，其后亦兼主陆学。盖草庐又师程氏绍开，程氏尝筑道一书院，思和会两家。然草庐之著书，则终近乎朱。"[35]方旭东认为："吴澄的哲学从基本性质来说无疑是朱子学的，但是在一定意义上，又不妨说是'后朱子学'或'新朱子学'。……吴澄还大大发挥了程朱的心性理论，力图扭转时人已经形成的对心学的偏见。"[36]吴澄认为：

　　　　自未有天地之前，至既有天地之后，只是阴阳二气而
　　　已。……五行即二气，二气即一气。气之所以能如此者，何也？
　　　以理为主主宰也。理者，非别有一物在气中，只是为气之主宰即
　　　是。无理外之气，亦无气外之理。人得天地之气而成形，有此气
　　　即有此理，所有之理谓之性。此理在天地，则元亨利贞是也。其
　　　在人而为性，则仁义礼智是也。性即天理，岂有不善！但人之生
　　　也，受气有或精或浊之不同，成质有或美或恶之不同。[37]

　　吴澄赞同程颐"性即理也"的断语，既然理是规律，而"性即
理"，性是人伦道德层面上的理，即性也是规律。元亨利贞这几种状
态及其之间的转换，是天地自然运行的规律；而仁义礼智则是人伦生
活中应当遵循的规律。因为性是应然规律，应然规律的内容即是善，
既然应然规律不会因为有人不遵循规律行事而被否定，那么善也不会
因为现实中存在着恶而遭到否定；性就其本身作为道德性应然规律的
性质而言，必然是善的。

　　吴澄认为，"天命之性""气质之性"的区分，某种程度上是以理
为实体的误解所带来的不恰当的推论。若理是实体，而恶又不可能
来自理，理作为最高范畴又不能分割，于是只能对由理派生的实体
性的性进行分割，在与理一致的"天命之性"之外区分开"气质之
性"，作为恶的来源，这种做法始终还是会回到恶有其根本性实体的
悖论当中。吴澄说："……而观者不能解其言，反为所惑，将谓性有
两种。盖天地之性，气质之性，两性字只是一般，非有两等性也，故
曰二之，则不是言人之性本是得天地之理，因有人之形，则所得天地
之性，局在本人气质中，所谓'形而后有气质之性'也。气质虽有不
同，而本性之善则一，但气质不清不美者，其本性不免有所污坏，故

学者当用反之之功。"[38] 性理本身的内容即是善，恶产生的原因不在性理，而在构成万物实体的气具有不遵循性理应然规律而行事的可能性。

吴澄既然强调性理的应然规律的性质，则在政治伦理方面，逻辑地进而要求在个人层面通过道德修养、在社会国家层面通过教化和治理，消除导致违背性理的浊污之气的影响，使个人的知行和社会国家的秩序均符合性理的应然规律。

在个人层面，吴澄的方法是提出通过一定的治学门径，使人通过学习，在知行上符合性理。吴澄为国子司业时编有《学基》《学统》二篇，作为就学者的基础学习内容，后被合编为《草庐吴文正公道学基统》，其中，《学统》是一个基础的参考文献清单，《学基》则是先贤语录汇编。《学基》分为前后各二十则，前二十则是先秦儒家著作选编，计为《易》二则、《论语》五则、《中庸》一则、《礼》（指除《大学》《中庸》外的《礼记》）七则、《孟子》五则。在《学基》所涉及的个体教育层面，吴澄提出的方法是，通过修养心，运用心主宰内在思虑和外在身体状态及其行为的功能，使就学者的知行符合性理的应然规律；而修养心的方法，就是要使心始终保持敬慎的状态。

"王道政治"是许衡政治伦理思想的内核，为了达到这一政治目标，许衡一方面结合历史事实，强调了"正君心"和"得民心"的重要性，发展了儒家的重民思想。一方面对君王提出了严于律己，以公心施政、以仁心爱民的要求。这些不仅有助于从政治观上深入认识社会盛衰治乱的原因，也为元朝政治向好的方面转化提供了积极的建议，反映出一个杰出政治家的睿识和为民立命的勇气。许衡认为国家制度"立国规模"应该是一套符合道德和政治合理性的制度，而不是基于个别人私人利益的制度。他的政治伦理思想有朱陆合流之意，以心、性、理为统一。以此用于政治，则要求君主之心尽其性，与理统一，然后自然就会实行目的与手段都符合道德的王道政治。在许衡的理解中，现实政治要求有政治资源和面对现实问题的政治实力，因而许衡对自己的政治能力有清醒的认知，并没有积极出仕。然而许衡认为自己长于教授，可以通过教育，对政治施加间接而更深远的影响。

耶律楚材参与治国理政历经成吉思汗、托雷监国、窝阔台汗和乃马真后称制等四个时期。他凭借杰出的才干得到成吉思汗的赏识，一步步跻身蒙古的核心决策层。他依据中原汉法谋划了涉及民生、经济、政治、法制等十个方面的治国方略，抓住窝阔台宽宏放权的历史机遇，以非凡的胆魄大刀阔斧地推进改革。在务实层面，他谏言颁布赦令、纠正野蛮提议、阻止屠城政策、设法安定逃民，竭尽全力保护百姓生命；主张编户齐民、抵制游牧泛滥、明确课税额度、坚持休养生息，千方百计恢复经济活力；提出建正朔、立朝仪、创机构、抑割据、建宫室的方案，努力推行政治制度改革；从具体事务入手，"给符印、立钞法、定均输、布递传"，多措并举推动法治建设。

吴澄由人性之善推出天理之正。澄清性理为应然规律而非实体，同时也有助于回答关于恶的问题。因为性理是应然规律，善是知行符合这些性理的应然规律，则恶的存在是因为没有遵循应然规律，甚至违反应然规律行事，并非性理的应然规律本身导致了恶的出现。而若理被误解为一种实体，则进而会得出善是出自理的实体；既然善出自理的实体，那么现实中存在的恶也应该出自一个根本性的实体。但这显然与"只是一个理"相违背，因而理不能是一种实体。

注释

1. ［明］宋濂：《元史·列传第四十五》，中华书局 1976 年版，第 3716 页。
2. 同上书，第 3717 页。
3. 同上书，第 3726 页。

4.［元］许衡：《立国规摹一》，载《许衡集》，中华书局 2019 年版，第 266 页。

5. 同上。

6. 同上。

7. 同上。

8. 同上。

9. 同上。

10.［明］宋濂：《元史·列传第四十五》，第 3726 页。

11. 同上书，第 3727 页。

12. 同上。

13. 同上。

14. 同上。

15. 同上书，第 3727—3728 页。

16. 见［元］耶律楚材：《湛然居士文集》，谢芳点校，中华书局 1986 年版，第 378 页。

17.［明］宋濂等：《元史·耶律楚材传》卷 146，中华书局 1976 年版，第 3455 页。

18. 见姜锡东、郭亚宾：《古史今诠：蒙元名臣耶律楚材治国理政新探》，《河北学刊》2020 年第 3 期。

19.［明］宋濂等：《元史·耶律楚材传》卷 146，第 3455—3456 页。

20. 同上书，第 3456 页。

21. 同上。

22. 同上书，第 3457 页。

23. 同上书，第 3459—3460 页。在此，在确保征税权及财政分配权归于中央之后，耶律楚材甚至没有提及对这些诸侯王的军事权力的限制，而按照蒙古传统，这些诸侯王很可能仍拥有军事权力。

24. 同上书，第 3458 页。

25. 同上书，第 3462—3463 页。

26. 同上书，第 3463 页。

27. 同上书，第 3458 页。

28. 同上。

29. 同上书，第 3461 页。

30. 同上书，第 3459 页。

31. 同上书，第 3455—3456 页。

32. 周良霄：《元史》，上海人民出版社 2019 年版，第 343、410 页。

33. ［清］黄宗羲：《宋元学案·草庐学案》，全祖望辅修，陈金生、梁连华校，中华书局 1986 年版，第 3037 页。

34. 同上。

35. 同上书，第 3036 页。

36. 方旭东：《吴澄评传》，南京大学出版社 2005 年版，第 19 页。

37. ［清］黄宗羲：《宋元学案·草庐学案》，第 3038—3039 页。

38. 同上书，第 3039—3040 页。

第六章 内圣外王：王阳明的"致良知"学说

王阳明对后世影响深远，清代马世琼对王阳明做出这样的评价"明兴三百年，名公巨卿间代迭出，或以文德显，或以武功著，名勒旗常，固不乏人，然而经纬殊途，事功异用，俯仰上下，每多偏而不全之感。求其文起八代之衰，道济天下之溺，忠犯人主之怒，勇夺三军之气，所云参天地，关盛衰，浩然而独存者，惟我文成夫子一人而已"[1]。王阳明一生经历坎坷，虽为官没能位极人臣，但国家有难，他挺身而出，积极关心政治和社会现实，提出了很多自己的见解。梁启超认为："他在近代学术界中，极其伟大，军事上政治上，亦有很大的勋业。以他的事功而论，若换给别个人，只这一点，已经可以在历史上占很重要地位了；阳明那么大的事功，完全为他的学术所掩，变成附属品，其伟大可想而知。"[2]这是对王阳明政治生涯的肯定。王阳明有丰富的政治思想，在笔者看来，王阳明制衡君权的思想化解了既往儒家先哲在"道统"与"政统"间的矛盾，开启了儒家制衡君权思想的新途，具有深刻的思想史意义。

第一节 王阳明"觉民行道"的心路历程

王阳明制衡君权思想与既往儒家先哲不同之处在于，他将这一思想的要旨由"得君行道"转变为"觉民行道"，从此开启了儒家制衡君权思想的新路，余英时曾在评价王阳明哲学时指出："阳明'致良知'之教和他所构想的'觉民行道'是绝对分不开的；这是他在绝望于'得君行道'之后所杀出的一条血路。'行道'而完全撇开君主与朝廷，转而单向地诉诸社会大众，这是两千年来儒者所未到之境，不仅明代前期的理学家而已。"[3]

为什么说"觉民行道"是王阳明在绝望于"得君行道"之后所杀出的一条血路？为什么到了明代，儒家制衡君权的"行道"方式要"完全撇开君主与朝廷，转而单向地诉诸社会大众"？要回答这两个问题，首先要理解明代的政治格局以及儒家士大夫所遭遇的政治生态。让我们先从明代士大夫的上书及其遭遇来看当时的政治生态：

> 帝大怒曰："小子间吾骨肉，速速来，吾手射之！"[4]
>
> 帝览书，大怒，下丞相御史杂问，究使者。[5]
>
> 帝大怒，命武士捽搏之，立死阶下。[6]
>
> 忤旨，惧罪，投金水桥下死。[7]
>
> 太祖大怒曰："竖儒与我抗邪！"械至阙下，命弃市。[8]

明王朝的君主专制是秦朝之后的中国士人不曾遭遇过的。在这种政治生态之下，明代士人开始重新思考自己的政治人生。透过王阳明一生的上疏，我们可以发现它们几乎全然是以乞养病、乞骸骨为主调的，比如《乞养病疏》（1502年，此时王阳明31岁，入仕刚三年）、《自劾乞休疏》（1515年）、《乞养病疏》（1515年）、《辞新任乞以旧职致仕疏》（1516年）、《乞休致疏》（1518年）、《辞免升荫乞以原职致仕疏》（1518年）、《乞放归田里疏》（1519年）、《二乞便道省葬疏》

（1519年）、《水灾自劾疏》（1520年）、《四乞省葬疏》（1520年）、《乞便道归省疏》（1521年）、《辞免重任乞恩养病疏》（1527年）、《辞巡抚兼任举能自代疏》（1528年）、《乞恩暂容回籍就医养病疏》（1528年）。从这些奏疏的年代来看，1522—1527年之所以没有奏疏，是因为这一时期正是王阳明晚年的居越讲学时期；而1527—1528年之所以又有了"乞恩养病"与"辞巡抚兼任举能自代"之类的奏疏，则是因为这一时期已经进入王阳明一生中最后一段为官经历——征思田之行。而在所有这些上疏中，除了第一次与最后一次上疏是确实有病外（最后一次上疏还未得到批准，王阳明就已经病逝于征思田的归程了），其余如《自劾乞休疏》《乞休致疏》《乞放归田里疏》等，则完全是希望退出官场的借口。最典型也最有意思的还在于王阳明对宁藩之乱的平定以及当时的上疏。当王阳明听到宁藩之乱的信息时，他一方面上疏告变，同时又上其《乞便道归省疏》。

余英时对王阳明在现实政治中的选择有精辟的评述："'行道'而完全撇开君主与朝廷，转而单向地诉诸社会大众，这是两千年来儒者所未到之境，不仅明代前期的理学家而已。"又说："概括言之，明代理学一方面阻于政治生态……另一方面，新出现的民间社会则引诱他调转方向，在愚夫愚妇的日用常行中发挥力量。王阳明便抓住了这一契机而使理学获得了新生命。"[9] 显然，这也就只能促使其将儒家先哲制衡君权思想中"得君行道"的追求转化为一种"觉民行道"追求了。

第二节 "看满街人都是圣人"的心学阐释

王阳明"觉民行道"的理念集中体现在他"看满街人都是圣人"

的阐述。根据《传习录》的记载：

> 先生锻炼人处，一言之下，感人最深。一日，王汝止出游归，先生问曰："游何见?"对曰："见满街人都是圣人。"先生曰："你看满街人都是圣人，满街人到看你是圣人在。"又一日，董萝石出游而归，见先生曰："今日见一异事。"先生曰："何异?"对曰："见满街人都是圣人。"先生曰："此亦常事耳，何足为异?"盖汝止圭角未融，萝石恍见有悟，故问同答异，皆反其言而进之。[10]

在这则对话中，王阳明从心本体论出发，进一步拉近了圣凡之间的距离，这不仅在理论上为"圣凡平等"奠定了基础，而且在现实生活中为由凡转圣和由圣转凡提供了最便捷的通道。他不仅把庶民的日常生活升格到圣域的高度，而且把圣人的道德属性降格为庶民的标准；使凡人成为圣人，又使圣人成为凡人；让精英化与世俗化同步，教化目的与平等理想共存。

明代社会与两宋有所区别或强化的是，儒家的圣贤观念通过理学家的传播深入民间，社会教化的风习日盛。岛田虔次认为，旧中国是一个"礼教的社会"，而这个社会如果按照明代阳明心学的视角来看，那就是从做人层面划分的等级社会，这个等级不是按照阶级和土地、财产占有程度和剥削来划分的，而是按照传统时代儒家做人的标准，即按照传统社会官方价值形态的标准来划分的，他说：

> 我认为，心学的根本问题，无非是人性的问题。人的问题，可以划分为内在的主体性的人的概念，和以这个人的概念为根据的外在的客体性的实践这两个范畴。而且，人，归根结底无非是

社会性的人；即使是实践，说到底也不是外在于社会性的实践。更进一步说，这个社会——在此处是作为对象的旧中国，在根本上无非是以士大夫的极端独特的性格作为核心而构成的社会。士大夫的世界才是本来意义上的"社会"，而所谓庶民的世界却可以作为这种优等"社会"的欠缺形态，或者说是伴随现象来理解的。如此说来，我目前所关心的，就与作为在这种社会中的旧中国式的人的存在方式相联系起来了。[11]

　　岛田虔次认为，这个时代的问题是传统中国的礼教精神进入一个内部分裂的阶段，问题异常尖锐。在宋代，理论化和理性化发展到极致，变成法则性、类型化，而个人的理性化则在明代也开始形成。[12]"阳明心学是儒家思想（或者是中国思想）的极限，超越阳明心学，儒家思想在本质上就已经不再是儒家思想了。"[13]这个论述说明，儒家的为人修身之学在官方已经登峰造极，在民间已经深入人心，但是，到达顶峰也就意味着某种转折的开始，而其中的核心就是天理、天道的思想观念从外在化的主宰性开始因为心学的大盛既受到推崇又受到质疑。

第三节　王阳明对"政统"的思想重构

　　在中国古代的政治文化中，"政统"以君王为代表，表明皇帝具有世俗权力的合法性，而"道统"则以儒家为承载，担当道德标准和精神价值。如果说"政统"代表的是政权，那么，"道统"所代表的则是话语权。但是，"道统"与"政统"之间始终存在着一种张力，二者的相互作用构成了皇权、官僚和士人之间复杂的互动关系。在王阳明之前，儒家制衡君权的思想旨在用"道统"引导"政统"，儒家先哲在政治上的成功必须依仗信奉儒家思想，并与儒者理念相符的英明君主的出现。而在中国古代政治思想史中，此类"英明君主"更多存在于三代（夏、商、周）之初，存在于儒家先哲对三代笃信的思维空间。因此，既往儒家先哲的制衡君权思想的实现路径是"得君行道"，在制衡君权的理想设计中，"君"为客体，"儒"为主体；而在制衡君权的现实运作中，"君"又为主体，"儒"成了客体。由此形成了儒家制衡君权思想的内在矛盾与冲突，造成了既往儒家先哲坎坷的仕途与心路。

王阳明身处明王朝专制的政治氛围之下，洞悉了儒家制衡君权的内在矛盾。王阳明在制衡君权思想上的贡献在于，他在自己的思想体系中重构了"政统"的内涵，在"看满街人都是圣人"的阐述下，人人皆圣。圣的繁体写法为"聖"。《说文解字》："聖，通也，从耳呈声。"应劭《风俗通》："圣者，声也，通也。言其闻声知情，通于天地，条畅万物也。"圣的原始意义是"闻声知情"，就是通过对具体现象的耳闻（包括目睹）而通晓天地万物。基于此，圣者就是王者，就是现实政治的主导者与统治者。在王阳明的思想中，"政统"不再由君主所秉持，而是由天下人共同拥有，政权的普世化，使儒家"以道导政"的制衡君权思想，由教化一人，变为教化天下人。

"政统"的普世化，使庶民走上了圣坛，也使君主走进了凡间。当君主不再高高在上，与庶民共享治权，君主实际上已不是原有意义的君主，而与庶民别无二致。王阳明之所以能开创制衡君权的新途，就在于他在坚持"道统"的同时，在思想上重构了"政统"。只有对"政统"进行重构，让人人享有治权，才可以真正制衡君权。孟子对"人皆可以为尧舜"[14]的支持，是一个功夫论论断，意味着"圣可学而致"[15]，而王阳明对"看满街人都是圣人"的强调，是一个本体论论断，从实然的层面让政权普世。

伴随着"政统"的普世化，"道统"亦普世，"内圣外王"成为了信奉儒家思想的人皆可追求的理想。《大学》所记载的八条目：正心、诚意、格物、致知、修身、齐家、治国、平天下，集中阐述了儒家从内到外、从修己到治世的纵贯逻辑。在儒家"公天下"的思想下，"天下者，非一人之天下，乃天下之天下也"[16]，每一个信奉儒家的人都可以在国家中找到自己平治天下的方式。王阳明制衡君权思想的思想史意义在于，揭示了只有重塑"政统"，从根本上颠覆中国古代的政治结构，儒家所追求的"道统"才能真正生效。

注释

1.《王阳明全集》第 3 册，吴光、钱明、董平等编校，上海古籍出版社 2011 年版，第 1799 页。

2. 梁启超：《儒家哲学》，天津古籍出版社 2004 年版，第 158 页。

3. 余英时：《宋明理学与政治文化》，广西师范大学出版社 2006 年版，第 195—196 页。

4. 张志峰编：《二十五史》第 12 册，中国文史出版社 2002 年版，第 801 页。

5. 同上。

6. 同上书，第 799 页。

7. 同上。

8. 张志峰编：《二十五史》第 13 册，中国文史出版社 2002 年版，第 1547 页。

9. 余英时：《宋明理学与政治文化》，第 196 页。

10.《王阳明全集》第 3 册，第 132 页。

11.［日］岛田虔次：《中国近代思维的挫折》，甘万萍译，江苏人民出版社 2005 年版，"序"，第 2 页。

12. 同上书，"序"，第 3 页。

13. 同上书，"序"，第 4 页。

14.［清］焦循著：《孟子正义》(下册)，沈文倬点校，中华书局 1987 年版，第 810 页。

15. ［明］程颢、程颐著：《二程集》第 2 册，王孝鱼点校，中华书局 1981 年版，第 577—578 页。

16. ［西汉］班固撰：《汉书》第 11 册，［唐］颜师古注，中华书局 1962 年版，第 3467 页。

第七章　经世致用：清代常州学派的理学思想

清代之前，理学大盛，人们不敢非议程朱陆王，否则就像专制君主时代犯下大不敬之罪，而理学家俨然成了学阀。[1] 但是，梁启超指出，顾炎武打出"经学即理学"的旗号是混淆了两门学问，经学是经学，理学是哲学，他的作为是打破一个偶像又竖起另一个偶像。[2] 梁启超对今文经学的复兴有一个说法，他认为当时是宋学复兴、西学讲求和排满心理的萌芽。这个解释基本上是合理的。今文经学在清代的重新展开，的确有专制专权之下人们回归经学的考量，同时又有某种民族主义的暗流汹涌，这正是今文经学的初始萌芽。但是揆诸康有为的今文经学的开发，则不是民族主义的勃发，反而是对清代大一统的肯定，试图以儒家思想嫁接西方君主立宪制度的尝试，这是与常州学派的思路不相一致的。而在这个过程中，戴震作为最著名的考证学者却提出了旷世的反理学革命理论，这正是前面我们所看到的心学革命与顾炎武经学革命的双重结果，是明末对情理肯定的价值延续。

第一节　常州学派理学思想的时代境遇

清朝初期，儒生对以训诂和考证为主要内容的考据之学非常推崇，这也使得考据学蔚然成风，到乾隆嘉庆年间最为鼎盛。不过凡事物极必反，在考据学发展到烈火烹油之盛时，其弊端也逐渐显露出来，"泥古"的痕迹非常明显，很多清代学者也开始另辟蹊径，以全新的方式对儒家经典进行解读。常州学派就是顺应这个趋势诞生的，其创始人庄存与和刘逢禄都来自江苏常州，所以将其学派直接命名为常州学派。在清朝中后期，该学派在学术界的地位举足轻重，其崇尚"春秋公羊学"，讲究微言大义，主张经世致用，大致算起来，该学派兴起于乾隆年间的庄存与，终止于清朝末年的康有为。一直以来，学术界对常州学派的成员众说纷纭。常州学派极为推崇公羊学，但是并不能因此就将清朝所有研究公羊学的学者都列入常州学派的门下。常州学派旗帜鲜明地提出经世致用的主张，之所以对公羊学研究得极为透彻，也正是因为公羊有着"变易"的特点，在公羊的基础上论政，可以从历史上为变法找到根源。

常州学派分成两个发展阶段：第一为前期的创始期，其开创者是庄存与，而奠定人则是刘逢禄和宋翔凤。庄存与（1719—1788年），字方耕，江苏武进人，他生在乾嘉年间，当时的汉学之风非常盛行，所以庄存与的治学也以汉学为基础。此人博古通今，尤其擅长考据，著作涉猎范围非常广泛，四书五经都包含在内。其独特之处在于不会受到汉学和理学的束缚，对今文经学颇有研究，在赵汸《春秋属辞》的启发下开始着重研究《公羊》，这也开创了清代的经世致用之风，其著作主要包括《春秋要旨》《春秋正辞》和《春秋举例》。在《春秋正辞》当中，庄存与运用考据和归纳的方法提炼出董何之学的三大精髓，那就是"通三统""张三世""大一统"，并将这些支撑公羊思想的理念公布于世，此举为清代今文经学的复兴打下了坚实的基础，藏书家谭献对其高度评价，认为这是"宏纲毕举"之作，堪称"绝业"，由此可见庄存与的贡献价值之大。今文经学在晚清可谓风靡一时，学人所倡导的变法自强其实在很大程度上都是受到庄存与的影响。而其侄孙一代庄述祖、庄有可也承袭先祖衣钵，继续对公羊学说进行研究。庄述祖（1750—1816 年，字葆琛，江苏武进人）同样对汉学非常精通，也致力于研究《公羊》和《夏小正》之学，他继承了庄存与的公羊学之法，研究重点更加偏向于阐发义例。著作有《夏小正经传考释》10 卷。他的书一经面世就大受推崇，而其外甥刘逢禄、宋翔凤也对其进行了更加全面的发扬。庄有可（1744—1822 年，字大久，江苏武进人）对经史子集都颇有涉猎，研究最为深入的当属《春秋》，其著作包括《春秋注解》《春秋字数义》《春秋天道义》等。在常州学派的发展过程中，刘逢禄和宋翔凤起到的是承先启后的作用。刘逢禄（1776—1829 年），字申受，江苏武进人，他是在庄存与之后对"公羊学"研究最为深入和全面的一位学者，也真正意义上开创了今文经学研究的盛世。刘逢禄克己复礼，对今文家法推崇备至，遵守"公羊"中的信条，同时对《左传》和《穀梁传》则不屑一顾，他的主要经学著作包括：《公羊何氏释例》《公羊何氏解诂笺》《申何难郑》《春秋论》《左氏春秋考证》《易虞氏变动表》《六爻发挥旁通表》《卦象阴阳大义》《虞氏易言补》《尚书今古文集解》《书序述闻》《诗声衍》《论语述何》等。宋翔凤（1779—1860 年），字虞庭，江苏长洲（今苏州）人，他也是常州学派中不得不提的一位重要人物。在他看来，孔子提出的微言大义在《论语》十二篇中可以一一得到印证，并且和《春秋》文理相通。在分析《论语》时，他将今文经学家的观点引入其中，同时对公羊学的研究范围进行了拓展，这也使得常州学术的研究更上一个新台阶。宋翔凤的经学著作也很多，比如《周易考异》《卦气解》《尚书略说》《尚书谱》《论语说义》《论语郑注》《大学古义说》《尔雅释服》《尔雅训纂》《孟子赵注补正》《五经要义》《五经通义》《四书释地辨证》等。第二是后期的拓展期，代表人物主要有三位：龚自珍、魏源和康有为。特别值得一提的是，刘逢禄就是龚自珍和魏源的老师。在这一历史时期，清政府已经陷入内忧外患的泥潭当中，社会矛盾和民族矛盾都非常激烈。在这样的情况下，他们对《春秋公羊传》进行阐释，注重微言大义，"以经术作政论"，其中蕴含的就是经世致用的学术精神。龚自珍（1792—1841年，字璱人，浙江杭州人）的主要贡献是将今文经学的内容发扬光大，同时对"张三世""通三统"等进行了强调，"往往引《公羊》义讥切时政，诋诽专制"[3]。再有，龚自珍还以辨伪驳难的方式对古文经传进行了解读，在他看来《左传》和《周官》基本上一无是处。其主要作品有《六经正名》《六经正名答问》《五经大义终始论》《春秋决事比答问》等，现编为《龚自珍全集》。魏源（1794—1857年，字默深，湖南邵阳人）在研究中指出，有必要实现西汉今文经学的复兴，做到"贯经术、故事、文章于一"，对经书中倡导的微言大义进行广泛传播，充分发挥其对社会的积极作用。他的主要经学著作包括《诗古微》《书古微》《皇朝经世文编》等。康有为（1858—1927年），字广厦，广东南海人，他志存高远，以董仲舒为榜样成为帝师，通过研究和宣扬经义探寻变法和强国之路，对《公羊》进行了深入研究，对微言大义格外重视，他的主要作品有《新学伪经考》《孔子改制考》《大同书》等。在清代，常州学派是举足轻重的一个学术派别，对当时的政治格局、文化发展、学术演变都产生了深远的影响。

第二节 常州学派对两汉公羊学说的再创造

晚清时期，常州学派较之早期有了新的变化，不仅在地域上有了拓展，从一个地方性的学术流派发展成为具有全国影响的学术流派，其在治学方法和治学领域也有了新的发展。这是时代因素的促成和其学术内在演变的结果。晚清时期，常州学派继承了早期庄存与、刘逢禄等人的研究内容，并在讲求"微言大义""经世致用"和"不拘门户"的特点上进一步发展，形成了新的特点。在治学主旨上，常州学派继承了明末清初顾炎武、黄宗羲等人的经世思想，庄存与开乾嘉之后经世致用之先河。晚清常州学派继承了其经世思想，"以经术为治术"，将其付诸实践。其经世改革主张涉及了社会生活的方方面面，增强了晚清学者的经世意识。

一、对"三世说"的发展

公羊学的发展以"三世学"为基础，对"三世学"进行了深刻解读，旨在实现通经致用。董仲舒也曾经对《公羊传》进行了深刻解读，在原有"所见异辞—所闻异辞—所传闻异辞"的基础上提出了"所传闻世—所闻世—所见世"的公羊"三世说"。时间推移到东汉末年，当时的著名学者何休在董仲舒的研究基础上进行了拓展，并于《春秋公羊解诂》隐公元年注文中提到："于所传闻之世，见治起于衰乱之中，于所闻之世，见治升平，至所见之世，著治太平。"[4]何休对历史进化的理论进行了系统的阐释，指出可以根据一定的标准对历史发展的阶段进行划分，总体呈现出由低到高的发展趋势，还提出了"据乱世—升平世—太平世"的模式。相比而言，龚自珍的"三世说"有些标新立异，这可能与他所处的历史背景有关，当时清王朝已经江河日下，这就与前人所处的社会形态大相径庭，同时赋予了龚自珍全新的审视视角，因此他可以结合当时的时代条件对"三世说"进行诠释。在《乙丙之际箸议第九》的开头龚自珍提到："吾闻深于《春秋》者，其论史也，曰：书契以降，世有三等，三等之世，皆观其才；才之差，治世为一等，乱世为一等，衰世别为一等。衰世者，文类治世，名类治世，声音笑貌类治世。……左无才相，右无才史，阃无才将，庠序无才士，陇无才民，廛无才工，衢无才商，抑巷无才偷，市无才驵，薮泽无才盗，则非但鲜君子也，抑小人甚鲜。"[5]

　　龚自珍的新"三世说"归结起来就是"治世—衰世—乱世"，他也对"衰世"的特征进行了详细的表述，认为当时的清政府就处于不折不扣的"衰世"，假如再无动于衷，那么乱世的到来只是时间问题。在这番言论中，龚自珍还特别强调了人才的作用，认为人才的多寡可以成为衡量社会兴衰的重要指标。看似衰世和治世两者之间差别不大，在衰世中不管是名分教化还是言谈风尚都和治世没有分别，但实际上，在衰世当中社会上的人才是非常匮乏的，没有人对时政感兴趣，不管是政府官员、文人还是市井都没有能人，甚至作为盗贼的表现都没有水准，这个社会人浮于事，得过且过，这也是晚清社会的真实体现。龚氏在《尊隐》中对"三世说"进行了创造性的诠释，和《乙丙之际箸议》的言论相得益彰。他将封建统治的三个阶段比喻成"早时""午时""昏时"，称"闻之古史氏矣，君子所大者生也，所大乎其生者时也。是故岁有三时，一曰发时，二曰怒时，三曰威时；日有三时，一曰早时，二曰午时，三曰昏时"[6]。顾名思义，"早时"指的是封建统治蒸蒸日上的时期，"午时"指的是封建统治者有效维护政权的阶段，而"昏时"则指的是封建统治土崩瓦解的阶段。如果"昏时"来临，那么"日之将夕，悲风骤至，而君子适生之，不生王家，不生其元妃、嫔嫱之家，不生所世世豢之家，京师弗受也，非但不受，又裂而磔之。丑类窳皆，诈伪不材，是輂是任，是以为生资，贵人故家燕尝之宗，不乐守先人之所予重器，则篡人篡之，则京师之气泄，京师之气泄，则府于野矣。"[7]在这一历史时期，才华卓越的人都散落在民间，不仅没有出头之日，还会受到倾轧与欺辱，反而奸佞当道、小人得志。所以"京师之气泄，则府于野矣。如是则京师贫，京师贫，则四山实矣。""朝士寡助失亲，则山中之民，一啸百吟，一呻百问疾矣。"[8]这充分说明，如果一个没落的时代将要被历史的尘埃所淹没，那么在民间就会积蓄起一股强大的、颠覆性的反抗力量，也预示着乱世即将来临。这是龚自珍在对无数史料进行分析的过程中摸索出来的规律。

作为常州学派的奠定人之一，刘逢禄对"三世"的讲解主要是以何休的《公羊解诂》为基础的；而宋翔凤则将《春秋》和《论语》进行了有机联系，研究的领域也因此而扩大。龚自珍又从自身所处的时代背景出发将群经也囊括到研究领域当中。在他看来，其实"三世说"不是仅仅局限于《公羊传》当中，其他各经中都有涉猎。在《五经大义终始答问一》中龚自珍提到："问，三世之法谁法也？答，三世非徒《春秋》法也。《洪范》八政，配三世，八政又各有三世。愿问八政配三世？曰：食货者，据乱而作。祀也，司徒、司寇、司空也，治升平之事。宾师乃文致太平之事，孔子之法，箕子之法也。"[9]在这段话中提到的食、货、祀、司空、司徒、司寇、宾、师原本是从八个方面对政事进行论述，这是一种横向的举例方式；而龚自珍则独辟蹊径，从纵向进行了新的划分，让其都存在于三世当中。这样一来"八政"可以分成三世，而存在于"八政"当中的具体内容也各自有着自己的三世："愿问司寇之三世。答：周法，刑新邦用轻典，据乱故。《春秋》于所见世，法为太平矣。世子有进药于君，君死者，书曰：弑其君。盖施教也久，用心也精，责忠孝也密。假如在所传闻世，人伦未明，刑不若是重。在所闻世，人伦甫明，刑亦不若是重。"[10]这里以刑法进行举例，指出刑法其实有着自己的三世。《答问二》中有云："若夫征之诗，后稷舂揄肇祀，据乱者也；公刘筵几而立宗，升平也；周颂有般有我将，般主封禅，我将言宗祀，太平也。"[11] 在这段话中龚自珍提到，《诗经》中的《后稷》所描述的是乱世景象，《公刘》则是升平世，而《般》和《我将》则是对太平盛世的一种体现。再比如，在《答问八》中提到："问：《礼运》之文，以上古为据乱而作，以中古为升平，若《春秋》之当兴王，首尾才二百四十年，何以具三世？答：通古今可以为三世。《春秋》首尾，亦为三世。大桡作甲子，一日亦用之，一岁亦用之，一章一蔀亦用之。"[12]

从上述分析中不难发现，在龚自珍的理解当中，"三世"并不是一个绝对的概念，人类社会有自己的三世，而其中的各个发展阶段、存在的不同事物有着自己独特的三世。同时，龚自珍对"三世说"的概念进行了拓展，将群经也囊括进来，同时也对该学说进行了繁复化设计，因为在实际的诠释中他发现，如果三世太过简单，那么就不能对万事万物进行诠释，所以适当的繁复化可以让其内涵更加丰富，解释起来弹性空间也更大，更符合政府服务的要求。细细探究起来，刘逢禄是魏源和龚自珍的老师，不过他和之前的孔广森虽然对《春秋公羊传》的精读已经登峰造极，但是具体到著作方面多是对何休的理论进行查漏补缺，鲜有提到董仲舒的理念。在魏源看来，在西汉的诸多学者当中，"抉经之心，执圣之权，冒天下之道者，莫如董生"[13]。董仲舒的《春秋繁露》"其书三科、九旨灿然大备，且弘通精淼，内圣而外王蟠天而际地，远在胡母生、何邵公《章句》之上"[14]。所以魏源重新编制了《春秋繁露》，并著书《董子春秋发微》七卷，"发挥《公羊》之微言大义，而补胡母生《条例》、何邵公《解诂》所未备也"[15]。其中，《繁露》因为博才三科九旨之长而被列为全书的第一篇。其中《三代改制质文》"上下古今，贯五德、五行于三统，可谓穷天人之绝学"[16]，所以，这一篇被当成全书的脉络和纲领，另外对刘逢禄的《公羊何氏释例》进行了总结，将得出的"例"附在相应的篇章之后。虽然魏源的《董子春秋发微》已经无迹可考，不过但看其序目就不难发现，他对董仲舒予以了足够的重视，对其《春秋繁露》在诠释《春秋公羊》中的作用大加赞叹，希望可以实现西汉今文经学的复兴，让微言大义的作用发挥出来，真正意义上做到通经致用。在魏源之前，不管是孔广森还是刘逢禄在研究公羊学时都围绕着何休的言论展开，而魏源开了崇仰西汉之学的先河，指出《解诂》在指引经学发展中存在的问题。这是一个经学研究方向的转变，标志着以往的西汉经学改制论彻底被清代今文经学的中心问题所替代。在这个转变的过程中，魏源也对"三世说"进行了全新的更加系统的诠释。

魏源深入研究了来自宋明理学家所提出的"专言三代"，并在此基础上提出了历史进化观点。魏源曾经说过："三代以上，天皆不同今日之天，地皆不同今日之地，人皆不同今日之人，物皆不同今日之物。"[17] 这番话的主要作用就是阐释历史变化中的客观必然性。在魏源看来，历史的变化不仅不是倒退，反而是一种前进的体现。所以，他并不认可"宋儒专言三代"，指出后世必然会比前代更强，在历史的更迭过程中今朝一定会胜于往昔。他还通过论证的方式强调了"后代胜过三代"的观点："后世之事，胜于三代者三大端：文帝废肉刑，三代酷而后世仁也；柳子非封建，三代私而后代公也；世族变为贡举，与封建之变为郡县何异？……秦人崛起，乃广求异国之人而用之。……秦、汉以后，公族虽更而世族尚不全革，九品中正之弊，至于上品无寒门，下品无世族，……自唐以后，乃仿佛立贤无方之谊，至宋、明而始尽变其辙焉，虽所以教之未尽其道，而其用人之制，则三代私而后代公也。"[18] 魏源一直坚信人类社会是在发展中进步的，这种观点也体现在他的公羊学说理解当中，"三世说"也由此而诞生。遗憾的是，魏源的公羊学著作现在已经散落无踪，不过从他的其他著作中依然可以感受到"三世说"的魅力。比如，魏源曾经在《论老子二》中对"无为"进行了三个阶段的划分：一是"太古之无为"，二是"中古之无为"，三是"末世之无为"。"今夫赤子乳哺时，知识未开，呵禁无用，此太古之无为也。逮长，天真未漓，则无窦以嗜欲，无芽其机智，此中古之无为也。及有过而渐喻之，感悟之，无迫束以决裂，此末世之无为也。"[19]再比如，魏源在划分历史阶段时以"气运"为重要指标，并作为其"三世说"的一个重要论述依据。在他看来，太古时代包括黄帝、尧、舜，到了夏、商、周三代则可以被概括为中古，随着春秋战国时期的到来，历史的末世即将来临，而秦朝则是一个代表灭亡的时代。汉代的诞生标志着新的气运正在聚集。他说："三皇以后、秦以前，一气运焉；汉以后、元以前，一气运焉；其历年有远近，即其得于先王维持之道有厚薄。故汉、唐、宋，女祸、夷狄、乱臣、贼子迭出而不至遽亡。"[20]又说："气化递嬗，如寒暑然。太古之不能不唐、虞、三代，唐、虞、三代之不能不后世，一家高曾祖父，子姓有不能同，故忠质文皆递以救弊。"[21]魏源认为，历史的更迭好像寒暑的变化，循环往复。也可以将其比喻成人的生老病死，代代相传。魏源实现了今文公羊三世说和宋儒理气史的有机结合，对历史变更的自然性进行阐释。他希望通过气运史观论对当时中国所处的"末世"进行系统论证，毕竟明清所处的历史境地在某种程度上和汉唐类似，是另一个"气运"的开端，这也是后续开展社会变革阐释的重要理论基础。

康有为一直以来非常信奉和推崇"公羊三世说"，他曾经说过："三世为孔子非常大义，记之《春秋》以明之。所传闻世为据乱，所闻世记升平，所见世记太平。乱世者，文教未明也；升平者，渐有文教，小康也；太平者，大同之世，远近大小如一，文教全备也。"[22]归结起来，康有为的"三世说"主要由两个部分组成，一是《公羊》"三世说"，二是《礼运》的"小康大同说"。在康有为看来，不管是世界上的哪个国家，人类社会的发展总体而言都是"据乱世"—"升平世"（即"小康"）—"太平世"（即"大同"）的过程。需要特别提到的是，康有为的"三世说"在戊戌变法前后发生了一定的改变，内涵也有所差异。在进行变法之前，康有为认为"据乱世"指的就是封建社会，以中国为代表，"升平世"代表的是君主立宪的资本主义，比如当时的英日；"太平世"指的是走民主共和主义道路的资本主义国家，比如美法。在戊戌变法失败以后，康有为结合当时的社会背景和自己的理解对"三世说"进行了一定的调整，认为"据乱世"特指封建专制社会，"升平世"代表的是资本主义社会，"太平世"就是大同理想社会。毫无疑问，康有为的"三世说"其实带有浓烈的政治气息，该学说也随着维新变法的发展而发展。康有为提出，只有到了光绪时代，中国社会才算是走出了"据乱世"，他力图变法，希望能够将列强赶出中国，通过变法实现国力强盛，带动中国社会从"据乱世"进入"升平世"。在戊戌变法过程中，他向光绪皇帝献上了《请定立宪开国会折》，上面写道："《春秋》之义，据乱之后，进以升平，伏乞上师尧舜三代，外采东西强国，立行宪法，大开国会，以庶政与国民共之，行三权鼎立之制"[23]，康有为希望光绪帝可以励精图治，积极学习英日的做法，建立三权分立政体。这样中国就可以顺利进入"升平世"的历史阶段，和世界强国比肩。其实康有为的"三世说"基本上算是"公羊学"这根蜡烛在中国封建社会的最后一个火焰。随着维新变法的失败，康有为的"三世说"也最终无法实现，不过这并不代表"三世说"就一无是处，相反，在当时的历史背景当中，这可以称得上中国最为先进的思想。梁启超就对此大加赞叹，说道："夫'三世'之义，自何邵公以来，久圈忽焉。南海之倡此，在达尔文主义输入中国以前，不可谓非一大发明也。"[24]梁启超是康有为的爱徒，不过他对老师的赞誉其实是实至名归，康有为确实创造性地发展了公羊"三世说"，并积极实现了西方思想和儒家思想的首次融合，康有为的"三世说"证明，公羊思想能够在时代发展中不断完善，同时发挥着对时代的指引作用。

二、对"三统说"的发展

"三统说"指的是帝王在治理天下的过程中不能仅仅依靠自己的大一统，同时需要纵向借鉴其他王者在统治天下中的宝贵经验，也被称为"通三统"。在公羊学说当中提到的大一统没有排他性，反而是在多统中体现出一统的价值。关于这一点刘逢禄曾经说过："大一统者，通三统为一统。周监夏商而建天统，《春秋》监商周而建人统。"[25]公羊家所主张的大一统就是王者夺取天下之后完成统一；而通三统指的是纵观历史，历朝历代的君王在国家统治方面都有可以借鉴的经验，所以新王登基之后需要取其精华，应用到自己的统治制度当中。再有，大一统所论述的是新王受命，需要为了维护天下统一而做出努力，制定相应的制度。

通三统指的是虽然已经改朝换代，不过之前的统治秩序其实依然存在合理性。在公羊学说中，通三统带有一定的特殊性，这也从另外一个角度体现了公羊学的包容性与多元性。龚自珍曾经在《壬癸之际胎观第三》中对自己的"三统说"进行了阐释："夫始变古者，颛顼也。有帝统，有王统，有霸统，帝统之盛，颛顼、伊耆、姚；王统之盛，姒、子、姬；霸统之盛，共工、赢、刘、博尔吉吉特氏。……帝有法，王有法，霸有法，皆异天，皆不相师，不相訾，不相消息。王统以儒墨进天下之言；霸统以法家进天下之言；霸之末失，以杂家进天下之言。以霸法劝帝王家，则诛。以帝王法劝霸家，则诛。"[26]对上述言论进行分析不难发现，从本质上讲龚自珍所主张的"三统说"

其实与公羊家的"三统说"已经没有联系，只是套用了这个模式对自己的主张进行诠释。在龚自珍看来，颛顼以前属于古代社会，之后人类历史进入"帝统"时期，在此之后，相继出现了"王统"和"霸统"。而龚自珍也分别为其找出了各自的代表，"帝统"的代表是颛顼、尧、舜，其中伊耆氏为帝尧，虞舜居住在姚墟，姓姚。有关"王统"，夏以姒为姓，殷以子为姓，周以姬为姓，所以可以将"王统"的代表确定为夏、商、周。至于霸统，龚自珍认为可以和黄帝争夺王位的共工当之无愧，秦朝以嬴为姓，汉朝以刘为姓，元朝以博尔吉吉特为姓，因此霸统的代表就包括共工氏、秦、汉和元。在龚自珍看来，三统的区别并不在于疆土的广阔与否，而是指所行之法。三统不管是在统治体系、政治思想还是指导理念上都存在着明显的不同，各自有着自己的合理性，具体在治理方法和指导思想上各有侧重点，需要根据当时的情况来决定。比如："王统以儒墨进天下之言；霸统以法家进天下之言；霸之末失，以杂家进天下之言。"[27] 龚自珍的"三统说"体现的是他自己的历史和政治观，究其本质就是政治策略的实施需要满足现实需要。魏源的"三统说"和董仲舒一脉相传，在董仲舒看来：新王登基之后为了昭示自己的真命天子，需要顺应天命，形成一统，"改正朔、易服色、制礼乐"。董仲舒将夏归属到黑统、商归属到白统、周归属到赤统，虽然这种说法有些玄学色彩，不过总体而言体现出的是随着历史更迭而采用不同治国方法的政治理念。比如夏商周三个朝代都有着迥异的历法，所谓"夏正建寅，殷正建丑，周正建子"；夏朝尚黑，商朝尚白，周朝尚赤；各个朝代有着自己的都城和邑。这是因为新的朝代必然要实施新的历法与制度，其实质就是变革与创新。魏源对董仲舒的"三统说"进行了继承与发扬，指出夏商周"子、丑、寅异建"，"忠、质、文异尚"，也就是说三个朝代建元不同，因此社会风尚也大相径庭。夏朝文化较为朴实厚重；商代则有着更加强烈的迷信和宗教色彩，对鬼神较为推崇；周朝则更加推崇人文文化。总体而言，这三个朝代的文化发展呈现逐渐提升的趋势。再有，魏源相信即便是朝代更迭，忠、质、文也会在相应的时代多次显现。他曾经提到："且夫文质再世而必复，天道三微而成一著"[28]，"礼乐者治平防乱，自质而之文；《春秋》者，拨乱返质，由文而返"[29]。在魏源的思想体系当中，历史就处于文和质的交替反复当中，关于这一点在历朝历代的更迭中也曾得到了印证。魏源牢牢把握住了这个发展规律并提出了"三统说"——"忠、质、文异尚"，以此对历史的变迁进行诠释，也为经世实践提供理论基础。平心而论，魏源的"三统说"多少陷入循环论的窠臼当中，不过其"变易"的观念则带有较强的改良思想，对当时的时代兴利除弊能够产生积极作用。

康有为在《孔子改制考》中对"三统说"予以系统阐释，同时也对《春秋繁露·三代改制》中的内容进行引用："古之王者，受命而王，改制称号正月，服色定，然后郊告天地及群神。远追祖祢，然后布天下。诸侯庙受，以告社稷、宗庙、山川，然后感应一其司。三统之变，近夷遐方无有，生煞者，独中国然。而三代改正，必以三统天下。"[30]董仲舒将夏归属到黑统、商归属到白统、周归属到赤统，认为之所以会出现改朝换代就是因为"三统"在进行更替，而新王朝的建立需要实现在历法、礼仪以及服色上的改换。所以康有为认为，要想建立新统就要进行变法改制。其实，所谓"王正月"指的就是新帝需要顺应天意力求革新，不过康有为的重点在于改制，而不是易姓，他认为最为彻底的革命就是从改制开始的。他以孔子为改革典范，指出"孔子每立一制，皆有三统，若建子建寅建丑，尚白尚黑尚赤，鸡鸣平旦日午为朔，托之夏殷周者，制虽异而同为孔子之正说，皆可从也"[31]。从公羊学的诠释角度来看，"通三统"就是实现礼仪到政治过渡的关键性环节，新王想要树立自己的权威也要对此予以重视。《春秋繁露·楚庄王》云："王者必改制。"[32] 康有为在《孔子改制考》中将孔子设定为改制的新王，并在此基础之上引用董仲舒《春秋繁露》中的"作新王"和"通三统"内容对改制问题进行论证。这样一来孔子替代尧、舜、周文王成为新王，后续的托古改制也就有了合理的依据。

三、对"大一统"学说的推演

在晚清时代，常州学派对"大一统"并没有进行更多的论述。在《春秋公羊传》中曾经提到"内其国而外诸夏，内诸夏而外夷狄"问题。其中的"内"指的是统一和同化，而"外"指的则是摒弃和异化，这就对存在于夷夏之间的张力进行了很好的诠释。春秋是个纷乱不已的年代，当时孔子为了抵制夷狄而号召诸夏团结起来，在当时"尊王攘夷"就是具有时代特点的精神与理念。不过，进行深入分析还能从夷夏之辨中辨析出新的含义。孔子的这一学说对礼义最为重视。也就是说，如果夷狄崇尚礼义，那就可以归属到诸夏的范畴当中，如果诸夏对礼义不够重视，那么就只能划归于夷狄。其实，华夏民族在发展的过程中已经不断融合。而孔子从当时的时代背景出发提出了"夷夏之辨"的思想，为实现民族大融合奠定了基础。其实只要同属一种文化，那就是华夏民族中的一分子。在面对"夷狄"的问题上，孔子的态度较为开明，而他的态度也对公羊家的发展起到了良好的引导作用。龚自珍在"大一统"的启发下将其和自己的"三世说"联系起来，对宋代"夷夏之防"的民族观进行了抨击与批判。《答问七》中："太平大一统，何谓也？答：宋、明山林偏僻士，多言夷、夏之防，比附《春秋》，不知《春秋》者也。《春秋》至所见世，吴、楚进矣。伐我不言鄙，我无外矣。《诗》曰：'无此疆尔界，陈常于时夏。'圣无外，天亦无外者也。然则何以三科之文，内外有异？答：据乱则然，升平则然，太平则不然。"[33] 在这段话中提到了"太平大一统"，这就旗帜鲜明地反对了宋代的夷夏之防思想，认为他们根本就没有读懂《春秋》。而其中的"据乱则然，升平则然，太平则不然"则是指，如果是处于据乱世或是升平世当中，当时人们的道德水平高下有别，因此有必要建立夷夏之防。不过随着太平世的到来，大一统已经实现，各个民族之间融为一体，不分内外，夷夏之防也就无须再提了。这种说法呼应了"三世"变易说，也是对历史进化观的一种直观体现。总体而言，龚自珍的"大一统"学说其实是对公羊学所谓"太平世，天下远近大小若一"的一种拓展和延伸。龚自珍所处的晚清时代，古老的中国正处于内忧外患之中，因此更需要理顺民族关系。龚自珍取公羊学之精华阐释梳理民族关系的重要性，在当时可谓高瞻远瞩，非常具有现实意义。魏源则是将"大一统"和"三世说"积极融合起来，并提到，只有在"太平世"才会出现"大一统"的景象，这也预示着政治理想即将实现。而且，魏源的"大一统"也在"气运说"中得到彰显。关于这一点，上文也已经做过解释。魏源曾经以"气运"为标准将我国历史划分成三个阶段，第一个阶段是三皇到秦朝，第二个阶段是两汉到元朝，第三个阶段是明清以后。魏源的这一做法对近代学者认识历史发展规律有很大推动作用。

在此之前，中国历史的划分多是以帝王年号以及朝代更迭为区分标准的，而魏源的划分法和当今的历史分期有异曲同工之妙。魏源也有自己的依据和标准，随着秦始皇统一中国，实现了全国大一统，中国社会也随之发生了翻天覆地的变化。不过两汉之后，天下分分合合，分裂割据时有发生，直到元朝我国的政治格局才基本奠定，明清在这个方面基本是沿用元代，再无建树。所以选择元朝作为分界线是正确的。魏源的"气运说"选择以大一统出现为标准，而且后一个阶段又比前一阶段更为先进，进步史观由此得以体现。康有为集成了董仲舒关于"大一统"的思想，指出可以将其划分成两个部分，一是政治统一，二是思想统一。其中前者是目的，后者是基础。所以，要想实现"大一统"首先要做的就是统一思想。康有为指出："道大一统，无不统于天，故孔子本天。"[34] 这也彰显了在"大一统"实现过程中儒家思想的重要性。综上所述，处于晚清的常州学派，其学术主张和西汉今文经学有着很大的差异。虽然同样是倡导"微言大义"，不过常州学派多是以公羊学派为基础，通过经学的方式对本学派的思想进行传播。总体而言，不管是"三统"还是"三世"都是依次变易的。常州学派就是利用这种"变易"思想对 19 世纪的中国兴利除弊。有关经世致用的主张，学者张舜徽在《清儒学记》中提到："以为讲求微言大义，才能经世致用，可以救国家之急，这便是常州学派所不同于吴、皖的学术趋向。"[35]

第三节　常州学派的经世致用思想

以鸦片战争为分界线，常州学派被分成两个阶段，随着社会矛盾的加剧，常州学派的发展特点也发生了较大的变化。经世之风在嘉庆道光年间较为盛行，其实也和常州学派不无关系。常州学派对和经世致用没有关联的治学风气大加抵制，章学诚曾直言，"征实太多，发挥太少"，认为"离经传而说大义，虽诸子百家未尝无精微神妙之解，以天机无意而自呈也"[36]，认为应该开新学风之先河。庄存与提倡"微言大义"，并主张经世致用。在他的著作《春秋要旨》中曾经提到，《春秋》和国家礼法伦常之间都有着密切的关系，他指出："《春秋》详内略外，详尊略卑，详重略轻，详近略远，详大略小，详变略常，详正略否。"[37]"《春秋》治乱必表其微，所谓礼禁未然之前也。凡所书者有所表也。是故《春秋》无空文。"[38] 他还在《春秋正辞》中宣扬："天无二日，民无二主。郊社宗庙，尊无二上。治非王则革，学非圣则黜。"[39] 这也体现了其对封建专制思想进行维护的决心。不过，当时的清政府已经处于风雨飘摇之中，阶级矛盾异常激化，各地都出现了农民起义。庄存与希望从公羊学义理当中找到整顿社会秩序的方法，不过遗憾的是，他终究还是个经学大师，与政治之间的距离非常明显。而到了刘逢禄和宋翔凤的时代，清王朝的处境就更加艰难，因此他们提出应该经世致用，找到解决社会危机的合理方法。刘逢禄相信《春秋》是"垂法万世"，能"救万世之乱"[40]。关于这一点他在《公羊经何氏释例》的序文中也进行了进一步说明：治"公羊学"之目的在于"用冀持世之美志"[41]。结合当时清王朝的实际情况，刘逢禄的解经思想中明显地透露出对汉学不切实际的批判，他希望通过经世致用这条途径改变社会，缓解危机，引导社会走向正途。宋翔凤希望以经典解读的方式警醒统治者让其明白治国之理，关于这一点，他在《大学古义说》中提到，帝王只有施行德政，真正做到民为重、官为轻，才能真正意义上将国家治理好。而实施德政的前提则是修身，发挥榜样的作用。总体而言，常州学派在清朝前期和中期名声和影响力都不大。其主要作用是开风气之先，复兴了今文公羊学，主张经世致用，发挥微言大义的作用，转变当时清王朝的学风学气，这也为后来的改革打下了坚实的基础。从本质上讲，常州学派的研究带有浓烈的学术性，其倡导的微言大义和现实社会有些脱节；在经世致用方面他们也只是发挥了提倡的作用；常州学派只是碰触到社会问题但是没有真正去解决。真正痛斥社会黑暗，力求变革维新，将经世思想和政治联系起来的则是后来的龚自珍、魏源和康有为等人。

龚自珍以经术针砭时弊，希望可以通过变革的方式挽救国家于水火。他将公羊学的政治性发挥得淋漓尽致，痛批官场腐败和封建专制制度。第一，对封建专制制度展开无情地批判。这是一种等级森严的制度，君王位于各种国家机器的顶端，掌握了神权、族权和君权。在清朝，封建专制制度发展到登峰造极的地步，士人对君王俯首帖耳。龚自珍痛斥帝王是"霸天下之氏"[42]，特别反对通过皇权压制士大夫。在当时，清王朝对知识分子尤其是汉朝的知识分子实施了残酷的压制，用龚自珍的话来说就是："约束之，羁縻之。"[43]所谓约束，最为典型的就是实施文字狱，而羁縻则是通过各种方式对知识分子进行思想上的麻痹和生活上的笼络。在这样的高压政策之下，官场腐败也是比比皆是。龚自珍对清王朝的专制进行了无情地揭示，借鉴黄宗羲的反封建民主思想实施思想解放。第二，对当时的官僚制度进行抨击。在龚自珍所处的清朝晚期，官场已经非常腐败，严重阻碍了社会发展，可谓"累日以为劳，计岁以为阶"，"贤智者终不得越，而愚不肖者亦得以驯而到"。"苟安其位一日，则一日荣"，"以退缩为老成，国事我家何知焉？"[44]在这种论资排辈的官场体制当中，官员不思进取，不求变革，人才也就无从发展。龚自珍对这样的官场秩序非常失望，也进行了痛斥与批判，他将公羊学"变易"的特点充分发挥出来，提到应该"自古及今，法无不改，势无不积，事例无不变迁，风气无不移易"[45]。"与其赠来者以劲改革，孰若自改革。"[46]龚自珍的改革主要从四个方面展开：一是合理解决土地兼并问题。他提到应该对土地和财产进行再分配，消除贫富不均的根源，以新的授田方法按照血缘关系对人们进行划分，将百姓分成四等人，一是大宗，二是小宗，三是群宗，四是闲民，并在此基础上建立一个"宗能收族、族能敬宗"的社会。二是改革君主专制制度，消除其中的弊端，逐步加强地方权力，改变官员消极的做事风气。三是主张恢复"古者大臣巍然岸然师傅自处之风"[47]。四是改革考试制度，废除八股文，不拘一格降人才。再有，提出"食者宜缳首诛"[48]，抵制鸦片侵害，建议林则徐加强国防和军队力量，重视火器等武器的制作，提高军队的战斗力，关于这一点林则徐对其赞叹不已。

在魏源看来，历史的车轮是滚滚向前的，社会处于发展之中，所以如果旧王朝必将走向衰败，那么新的王朝就会诞生，并对旧王朝进行取代；同样地，新制度终将取代旧制度。他在作品《筹鹾篇》中提到："天下无数百年不弊之法，无穷极不变之法。"[49] 他对变法的作用非常重视，认为如果变法力度很大，那么变革成功的几率也会增大。另外，魏源还主张变法要结合实际情况，顺应民意。因为魏源在实际生活中是一个幕僚，所以他考虑问题比较务实。他在道光年间曾经为贺长龄代笔编写了《皇朝经世文编》，指出编纂这本书的目的就是："经世以表全篇，则学术乃其纲领"[50]，"书各有旨归，道存乎实用"[51]。魏源对经世主张进行了揭示：第一、要对典制的现代和历史演变情况进行系统研究；第二、"治术"要切合实际，注重功效。这也为清代的"经世致用"打下了良好的基础。在《皇朝经世文编》中收录的经世文章大概有两千篇，也对当时社会中很多较为敏感的问题，比如吏治、选人、君臣关系、刑法、礼教等进行了分析。针对社会上的很多热点问题，比如税收、漕运等，提出了相应的改革意见。从这里可以看出，魏源的经世致用其实非常具有现实指导性，这也是他青出于蓝的主要体现。兴起于嘉道年间"经世致用"，其主要的改革重点就是学校、制度和吏治，很多内容都在空谈，而魏源则不同，他的经世和社会实际情况紧密相连，积极借鉴前人的成功经验，提出的改革建议非常具有现实意义。毫无疑问，魏源的思想具有前瞻性和创造性，比如"师夷长技以制夷"。在鸦片战争结束以后，整个清政府处于风雨飘摇的状态，魏源则能从容审视天下大势，以超凡的眼光纵观世界，提出建设性和合理化的改革意见。

1842 年，魏源在《四洲志》的基础上编纂了《海国图志》，对西方国家的历史、地理、宗教、文化等情况进行介绍。这也是中国第一部介绍西方的著作，旨在站在世界的视角上对中国进行审视，打破中国人一直盲目自大的局限，让中国人真正意义上看到世界之大，中国并不是人们想象中的世界中心，在这个世界上，比中国更加先进的国家正在迅速崛起。千百年来，中国人都执着地相信中国就是大地的中心，其他的所有国家都是蛮夷，不开化。比如乾隆年间的《清朝文献通考》上就明确写道："大地东西七万二千里，南北如之。中土居大地之中，瀛海四环。其缘边滨海而居者，是谓之裔，海外诸国亦谓之裔。"[52] 这就是"中国中心说"的直观体现。在《海国图志》当中，魏源对这种错误思想进行了彻底纠正，指出那些所谓"夷"其实已经非常先进，有必要"师夷长技以制夷"。魏源同时指出了熟悉外国的两种途径：第一，"内地亦设馆于粤东，专译夷书夷史"，了解"殊俗敌情，虚实强弱，恩怨攻取，了悉曲折，于以中其所忌，投其所慕"[53]；第二，多多收集西方报刊，及时掌握"夷情虚实"。魏源明确提到，只有积极向西方学习，才能改变落后挨打的境况，摆脱社会危机。在当时的历史环境当中，魏源的言论可谓"石破天惊"，很多人都不能接受。比如梁廷枏，他虽然提出了"悉夷"的观点，但是也不认同要真的"师夷"："天朝全盛之日，既资其力，又师其能，延其人而受其学，失体孰甚！彼之火炮，始自明初。大率因中国地雷飞炮之旧而推广之。夹板舟，亦郑和所图而予之者。即其算学所称东来之借根法，亦得诸中国。但能实事求是，先为不可胜，夷将如我何。不然而反求胜夷之道于夷也，古今无是理也。虽然，服之而已矣，何必胜。"[54] 当时的经世学者姚莹也曾为"筹制夷之策"而呐喊，但是却

不认同"悉夷"的观点，认为西方根本没有中国可以去学习之处。他
指出："夫海夷之技，未有大胜于中国也。然而所至于望风披靡者，
何也？正由中国书生狃于不勤远略。"[55] 他对鸦片战争中中国失败的
教训进行了总结，认为这是因为中国对敌情了解得不够深入所致，和
西方技术装备上的先进程度没有关系。魏源正视西方国家的进步，直
面中国的落后，提出向西方学习的主张，通过"师夷"的手段最终达
到"制夷"的目的。他还特别主张要"善师四夷"，找到最为适宜的
学习方法，那就是"塞其害，师其长，彼且为我富强"[56]。即取其精
华弃其糟粕。在晚清时期，魏源的思想可以说是一次创新式的变革，
为应对西方侵略找出了一条可行性的道路，这也对近代文化转型产生
了颠覆性的影响和作用。

　　康有为治经的主要目的就在于实现经世致用。关于这一点梁启超
曾经说过："南海以其所怀抱，思以易天下，而知国人之思想束缚既
久，不可以猝易，则以其所尊信之人为鹄，就其所能解者而导之，此
南海说经之微意也。"[57] 面对内忧外患的时局，康有为"退而独居西
樵山者两年，专为深沉之思，穷极天人之故，欲自创一学派，而归
于经世之用"[58]。他将公羊学中的"变易"思想和进化论进行了有
机结合，主张"新则鲜，旧则腐；新则活，旧则板；新则通，旧则
滞"[59]，指出中国要想获得进步与发展就要大力变革。康有为主要通
过四个方面来推进其经世致用的理想。第一，康有为创办了"万木草
堂"，在传统书院办学方式的基础上融入新的内容，通过中西合璧的
方法教导学生实现德智体美等多方面发展。包括梁启超、徐勒在内的
百余位有志之士都曾是万木草堂的学生。康有为在教学的同时也笔耕
不辍，和学生一起先后编纂了《新学伪经考》和《孔子改制考》，通
过"托古改制"的方式和清朝的封建保守力量进行博弈，积极宣扬进
化论思想。万木草堂是康有为培养变法人才，宣传变法力量的主战

场。第二，康有为上书光绪皇帝积极促进维新变法。他对自己的变法主张进行了细致地陈述，从政治、经济、文化等各个方面对皇帝进行说服。在政治上，他直言应该摒弃君主专制，学习西方建立君主立宪制。因为"东西国之强，皆以立宪法，开国会之故。国会者，君与国民共议一国之政法也"[60]。在经济上，康有为主张大力发展民族资本主义，抬高民族工商业的地位，通过富国养民的方式抵制西方的经济侵略；在文化上，广泛建立学校，实现教育普及，改革科考制度。这些思想都为维新变法的实行奠定了坚实的基础。第三，组织学会、创办刊物。在上书的过程中康有为频频遇到阻挠，这也让他了解到在统治集团内部存在着太多的守旧分子，要想变法获得成功，就要争取地主阶级知识分子的支持，所以对他们宣扬维新变法的思想非常有必要。所以康有为和梁启超积极组织学会和创办刊物。8月份，《万国公报》创刊，旨在向官僚士大夫宣扬新思想。同时，强学会成立，争取团结上层势力参与维新变法运动。第四，积极领导维新变法。比如向西方学习，改革政治经济制度，积极发展工商业等。康有为的经世致用思想对当时社会的各个方面都产生了很大影响，不可否认其中存在一些保守的成分，不过总体而言积极作用更大。回顾常州学派的发展历程，早期庄存与等人都是在经学的掩护下，含蓄地提出改革方式，随着社会矛盾更加激烈，龚自珍、魏源和康有为则是大胆陈词、针砭时弊，积极倡导变革，在改革的具体内容上也由点及面，希望对整个社会进行变革。

面临内忧外患的政治局面以及受西学东渐的影响，晚清常州学派在治学上出现了新特点，他们继承了早期常州学派的学术思想，并有所发展和突破。他们继承了清初顾炎武的经世致用思想，并将其付诸实践，开晚清经世之学风，增强了晚清学者的经世意识，其经世主张亦涉及社会生活的方方面面，最终促进了晚清经世派的形成。在义理发挥上，晚清常州学派在早期常州学派学者的基础之上，对公羊学说进行重新解读与发挥，赋予公羊学说以新的内涵，作为他们要求改制以兴利除弊的理论基础，以顺应时代发展潮流，从而更好地为自己的社会改革思想服务。

在治学方法上，他们也继承早期庄、刘等人汉宋兼采的主张，但又根据当时的形势有所变化，由兼采东汉、西汉之学到独尊西汉之学，由程朱之学转向陆王之学，以便于自己变革思想的发挥。其汉宋兼采的方法也促进了晚清学者治学不拘门户。不仅如此，西学东渐后，他们认识到了西方的强大，将西学引进学术研究，使得中西会通。不仅形成了更加科学的研究方法，还促进了西学的传播，开拓了晚清学者的治学视野，使得一批先进的知识分子开始觉醒。

随着边疆危机的加深，晚清常州学派在今文公羊"变易"思想的指导下，由经入史，研究边疆史地和外国史地。其边疆史地研究为解决晚清边疆危机出谋划策，引导人们关注社会现实问题，希望以此能抵御外侮，实现民族团结。其外国史地研究则帮助国人了解西方的历史地理和先进知识，改变了国人不悉夷情的情况，与徐松、张穆和梁廷枏等人掀起了晚清时期研究边疆史与外国史的热潮。常州学派的学术研究为晚清学术的发展注入了新的活力，最终促进了"新史学"思潮的兴起和"古史辨派"的形成。梁启超、夏曾佑等人继承了晚清常州学派的公羊朴素进化观，并与西方进化论相结合，以进步的观点来看待历史问题，其著作成为"新史学"诞生的标志。此外，顾颉刚和钱玄同继承了晚清常州学派的"疑古"辨伪思想，开创了"古史辨派"。总的来说，晚清常州学派掀起了晚清时期公羊学研究的热潮，对于经世之风的再度兴起以及晚清之后的学术走向都有着深远的影响。

注释

1. 梁启超：《清代学术概论　儒家哲学》，天津古籍出版社 2004 年版，第 16—17 页。

2. 同上书，第 16 页。

3. 梁启超：《清代学术概论》，上海古籍出版社 1998 年版，第 75 页。

4. ［东汉］何休：《春秋公羊传注疏》卷一，载阮元编：《十三经注疏》，中华书局 1980 年版，第 2200 页。

5. ［清］龚自珍：《乙丙之际箸议第九》，载《龚自珍全集》，上海古籍出版社 1999 年版，第 6 页。

6. ［清］龚自珍：《尊隐》，载《龚自珍全集》，第 87 页。

7. 同上书，第 87 页。

8. 同上书，第 88 页。

9. ［清］龚自珍：《五经大义终始答问一》，载《龚自珍全集》，第 46 页。

10. ［清］龚自珍：《五经大义终始答问三》，载《龚自珍全集》，第 47 页。

11. ［清］龚自珍：《五经大义终始答问二》，载《龚自珍全集》，第 46 页。

12. ［清］龚自珍：《五经大义终始答问八》，载《龚自珍全集》，第 48 页。

13. ［清］魏源：《董子春秋发微序》，载《魏源集》，中华书局 1983 年版，第 135 页。

14. 同上。

15. 同上书，第 134—135 页。

16. 同上书，第 135 页。

17. ［清］魏源：《默觚下·治篇五》，载《魏源集》，第 47 页。

18. ［清］魏源：《默觚下·治篇九》，载《魏源集》，第 60—61 页。

19. ［清］魏源：《论老子二》，载《魏源集》，第 258 页。

20. ［清］魏源：《默觚下·治篇三》，载《魏源集》，第 43 页。

21. ［清］魏源：《论老子二》，载《魏源集》，第 257 页。

22. ［清］康有为：《春秋董氏学·春秋例第二》，载姜义华、张荣华编：《康有为全集》第 2 集，中国人民大学出版社 2007 年版，第 324 页。

23. ［清］康有为：《请定立宪开国会折》，载汤志钧编：《康有为政论集》，中华书局 1981 年版，第 338 页。

24. 梁启超：《新史学》，商务印书馆 2014 年版，第 244 页。

25. 段熙仲：《春秋公羊学讲疏》，南京师范大学出版社 2002 年版，第 432 页。

26. ［清］龚自珍：《壬癸之际胎观第三》，载《龚自珍全集》，第 15 页。

27. 同上。

28.［清］魏源：《刘礼部遗书序》，载《魏源集》，第 242 页。

29.［清］魏源：《诗古微序》，载《魏源集》，第 120 页。

30.［清］康有为：《孔子改制考》，载姜义华、张荣华编：《康有为全集》第 3 集，中国人民大学出版社 2007 年版，第 252 页。

31.［清］康有为：《我史》，江苏人民出版社 1999 年版，第 19 页。

32.［清］康有为：《孔子改制考》，载姜义华、张荣华编：《康有为全集》第 3 集，第 230 页。

33.［清］龚自珍：《五经大义终始答问七》，载《龚自珍全集》，第 48 页。

34. 刘梦溪编：《康有为卷》，河北教育出版社 1996 年版，第 267 页。

35. 张舜徽：《清儒学记》，华中师范大学出版社 2012 年版，第 320 页。

36. 章学诚：《吴澄野太史（历代诗钞）商语》，载《文史通义新编》，上海古籍出版社 1993 年版，第 475 页。

37. 张其昀：《中华五千年史第 5 册春秋史后编孔学今义》，中国文化大学出版部 1979 年版，第 103 页。

38. 庄存与：《春秋要旨》，载徐世昌编：《清儒学案 2》，中国书店 2013 年版，第 1282 页。

39. 庄存与：《春秋正辞·奉天辞第一》，载阮元编：《清经解》卷三百七十五，上海书店出版社 1988 年版，第 7 页。

40. 刘逢禄：《释内事例》上，载《刘礼部集》卷四，上海古籍出版社 2010 年版，第 35 页。

41. 黄开国：《清代今文经学的兴起》，巴蜀书社 2008 年版，第 299 页。

42.［清］龚自珍：《古史钩沉论一》，载《龚自珍全集》，第 20 页。

43. 同上书，第 35 页。

44.［清］龚自珍：《明良论三》，载《龚自珍全集》，第 33 页。

45.［清］龚自珍：《上大学士书》，载《龚自珍全集》，第 319 页。

46.［清］龚自珍：《乙丙之际箸议第七》，载《龚自珍全集》，第 5 页。

47.［清］龚自珍：《明良论》，载《龚自珍全集》，第 31 页。

48.［清］龚自珍：《送钦差大臣侯官林公序》，载《龚自珍全集》，第 169 页。

49.［清］魏源：《筹鹾篇》，载《魏源集》，第 432 页。

50.［清］魏源：《皇朝经世文编五例》，载《魏源集》，第 158 页。

51. 同上书，第 158 页。

52. 张廷玉等：《清朝文献通考 2》卷二九三，浙江古籍出版社 1988 年版，第

7413 页。

53. ［清］魏源：《圣武记》，中华书局 1984 年版，第 449 页。

54. ［清］梁廷枏：《夷氛闻记》卷五，中华书局 1959 年版，第 172 页。

55. 姚莹：《复光津原书》，中国科学院近代史研究所近代史资料编辑组：《鸦片战争时期思想史资料选辑》，中华书局 1963 年版，第 100 页。

56. ［清］魏源：《海国图志》，中州古籍出版社 1999 年版，第 267 页。

57. 梁启超：《南海康先生传》，载《饮冰室合集》第 6 册，中华书局 1989 年版，第 67 页。

58. 梁启超：《清代学术概论》，上海古籍出版社 1998 年版，第 76 页。

59.《中国近代史丛书》编写组编：《戊戌变法》第二册，上海人民出版社 2000 年版，第 198 页。

60.［清］康有为：《请定立宪开国会折》，载汤志钧编：《康有为政论集》(上册)，中华书局 1981 年版，第 338 页。

第八章　托古改制：康有为对世界秩序的本体构建

康有为是试图将中国思想传统和现代西方政治观念相衔接的第一人，这种尝试无论是在当时还是今天都有非常可观之处。在康有为的体系中，仁是贯通天地人物的核心，既是天地本性又是人类道德意识，天是中间架构，既实又虚，而最后元是根本，既总领又内在，从某种意义上说这是一个三位一体的体系。在康有为的治道理想中，天下成为大同世界之天下，君主立宪则成为国家政治的基本愿景。

第一节　元、天、仁、理相互贯通的本体论

处于转折时代前夜的康有为，其哲学的特质是没有试图扭转中国传统哲学的思考路径，而是融合了新的思想和现代科学观念，进行了新的论证。从思想的根基来看，康有为其实继承了王阳明的思想，虽然他从未直接承认这个事实，因为他对宋明儒（国家理念及其内倾化思想和清高姿态）始终抱有成见。他的"天"的概念从原初形态来看基本上来自董仲舒，有时候他说：天是人之祖，但是也没有明确天的具体含义。他的"天"的内涵是通过"元"表达出来的，以元统天，天反而变成了一个形式化的统摄性概念，他说："包氏曰：'德

者无为，犹北辰之不移而众星共之。'盖地生于日而拱日。日与诸恒星，凡一切星云、星团、星气皆拱北辰而环之，是为一天。此天之外，又有诸天，无量数天而拱一元。易曰：'大哉乾元，乃统天'是也。以元统天，则万物资始，品物流形，以元德为政，则保合太和，各正性命。"[1]"盖道无小大，自元言之，则天为小；自天言之，则地为小；自地言之，则国为小；自国言之，则家为小。"[2]关于这里所说的天有诸天，他晚期还有一本著作专门论此，这是从其物质性征上来说的。从其本质上来说，天统御地以及其他地以下的诸等；而从内在本性上天是受"元"统御的。其实，康有为真正的意思应该是，元是天的内核、天的基质。有时候，他说元即是气，但是有时候也认为其中含理："《元命苞》：'天地含流精，然后布气。'《易》曰：'大哉乾元。'《春秋》：'元年春王正月。'皆以元统天之义。"[3]"凡物皆始于气，既有气，然后有理。生人生物者，气也。所以能生人生物者，理也。人日在气中而不知，犹鱼在水中而不知也。"[4]"精气为物，该却道家。游魂为变，该却佛氏。"[5]这里面，元就是气，天当然也是气；后面所说的"精气"，那就是最后的基质的意思了，而前面所说的"统"就是"统一"的意味或者以此为本的意思。

同时，他的"天"的含义中也包含着前面所说的"仁"或"理"，理与气统一在元中，统一在天中，圣人以此为根据引领并治理天下："元统天，天统王，王统天下，《玉英篇》不过发挥元学。"[6]"礼始于元，元统天，天统王，王之制以爵国为先。"[7]"君以天为天，天以元为天。"[8]元即是仁："封建、学校、井田，皆孔子制，皆由'仁'字推出。"[9]"孔子以元治天，则天地位矣。"[10]"孔子改制之学，皆本于天。元，气之始，故以元统天，以天统君，以君统人。"[11]"《礼运》言太一，即统天之元，非常异义。"[12]"孔子言礼不及大同，专言小康。"[13]因为，大同是仁的统御，小康是礼的范围，也就是仁或元不充分的状态下的治理，当然这是指个体来说的。因此，在一定意义上，从据乱到小康再到大同是一个道德完善的过程。同时，康有为的以元统天还是世俗世界治理的一个根据：元是首，是总领，没有总领，社会秩序就会紊乱。

康有为借助何休和董仲舒解释孔子何以将春秋初年定为元年，也是从万物本始的角度来阐释，同时也内含着以元统领的意思："何以知'不修《春秋》'原文为'一'也？《繁露》曰：'《春秋》变一为元。'何休曰：'变一为元。'故知'元'者，孔子所笔改也。何以孔子改'一'为'元'？何君述微言曰：'元者气也，无形以起，有形以分，造起天地，天地之始也。'《易》曰：'大哉乾元，乃统天。'董仲舒曰：'其义以随天地始终也。'又曰：'太极生两仪。'《春秋纬》：'太一含元布精，乃生阴阳。'盖天地之本皆运于气，孔子以天地为空中细物，况天子乎？故推本于元以统乎天，为万物本。终始天地，本所从来，穷极混茫，如一核而含枝叶之体、一卵而具元黄之象；而核卵之始，又有本焉，无臭无声，至大至奥。孔子发此大理，托之《春秋》第一字，故改'一'为'元'焉。"[14]第一个意思是天地流转运行，以初起为本，而且不仅是初起也是内核，所以称为元。第二个意思是，元就是渊，王者作为天下所归属之地之人之所在，必须是一个渊薮："何休述微言曰：'惟王者然后改元立号。'孔子以天下皆宜定予一，故属万物于天渊，亦属亿兆于人元。王者，往也，天下所归往谓之王。此圣人教主为天下所归往者，乃能当此者，乃可改元立号以统天下。此第二义也。"[15]"孔子以元统天，作天为一小器皿，有元以统之。"[16]"孔子所以为圣人，以其改制而曲成万物，范围万世也。其心为不忍人之仁，其制为不忍人之政。"[17]"孔子凡言王者，非谓其位也。王，往也。天下不往，则为独夫；天下归往，则为王者。"《春秋》经世先王之志，以天下归王孔子，故谓孔子为王也。"[18] 在某种意义上，康有为深受这种哲学的影响，强调国家一体或一统，而这种一体或一统必须在实际上或者至少在名义上有一个统领，没有这样的中心，天下就会大乱，人们就会失去秩序，因为大自然和整个宇宙都是这样的，人心也是这样的。王者，能集中万物、能长养万物，能使万物归往，这就是天即是元，国家本身也是如此，直到大同世界以后，人们才能个个自立、人人自主，这样天元归本于个体，但是在乱世和小康之前，这是无法得到的："何休述微言曰：'明王者当继天奉元，养成万物。'此又一义也。由斯言之，不能继天奉元、养成万物者，是天不子，万物不往，不得为王者矣。凡此开宗明义，皆天人大端炎炎如此。"[19] 他确立孔子为教主的思想就是要在顺应天意的基础上实现天道秩序："惟我教主，神明圣王。天命性道，人伦纪纲，仁民爱物，大同小康，本末精粗，大小阴阳，四通六辟，三世重张。既范围人以必由，实弥纶配天而严庄。"[20] "天既哀大地生人之多艰，黑帝乃降精而救民患，为神明，为圣王，为万世作师，为万民作保，为大地教主。生于乱世，乃据乱世而立三世之法，而垂精太平。乃因其所生之国，而立三世之义，而注意于大地远近、大小若一之大一统。乃立元以统天，以天为仁，以神气流形而教庶物，以不忍心而为仁政。合鬼神山川、公侯庶人、昆虫草木一统于其教，而先爱其圆颅方趾之同类，改除乱世勇乱争战角力之法，而立《春秋》新王行仁之制。其道本神明，配天地，育万物，泽万世，明本数，系末度，小大精粗，六通四辟，无乎不在。此制乎，不过于元中立诸天，于一天中立地，于一地中立世，于一世中随时立法，务在行仁，忧民忧，以除民患而已。《易》之言曰：书不尽言，言不尽意。《诗》、《书》、《礼》、《乐》、《易》、《春秋》，为其书，口传七十子后学为其言。此制乎，不过其夏葛冬裘，随时救民之言而已。"[21] 这是设立孔教教化众生的根据，这个根据是以元统天，这里还是道德依据，因为元中、天中都含有生命的德性，孔子只是自身得先天之本，本着天道的规则来实现，这是天下归元的要求。

第二节　"天子"的平等与不平等

康有为作为近代启蒙思想家最大的贡献是对平等的论述。从"政治哲学"这个视角观之，平等是自古以来的最重要的概念也是最与时俱进、最核心的需要反复阐释的理念。在政治哲学的框架下，"正义"是一个总括的概念和价值，它基本上涵盖了政治哲学的出发点和所有思考方向。在它之下，人们讨论了很多价值观念：平等、自由、国家、人权、民主、契约等，但是在我们的考察中，这些不同层次的政治哲学概念乃至包括"正义"概念都与"平等"或"不平等"观念之间形成互相解释，甚至都以后者的确定性为前提，无论是突出人的平等还是不平等，只有在这个前提下才能进行进一步的理论建构。共同体或社群主义相对轻率地批评了罗尔斯的所谓"原子式个人"。其实不首先确立人的独立性和自主性，所谓人的社会性、有机性、共同体性征的建立都有可能造成社会组织的严重的不正义、不公平。人们总是在获得这个条件之后忽略这个既定事实的重要性，而这可能会造成这个先决条件的逐渐模糊甚至完全丧失，这才是最危险的。在近代中国的转折中，这当然更是一个基础性的问题，康有为正是得风气之先。但是康有为并不是这样一个单纯的平等主义者，而是一个形而上学家，人类的平等只是他的哲学的题中应有之义：个人平等是天人关系中个人直接隶属于天所造就的，虽然这个观念最早出现于孟子，但孟子没有进一步发展。关于"天"的论述，康有为都得自董仲舒，但是，董仲舒当然不会有平等的意识，这一点可算是康有为的理论发展，也是他最大的理论贡献。因为它已经超出了原来的儒学观念，但是又被他经过儒学的论证证明了，其实这是近代对平等最有力量的本土证明，其他观念都是引入的或者是人们对现实压迫的感受所做出的感性的反抗，并没有理论和思想的力量。

　　康有为在天人关系层面论证的人类平等思想也不尽是良知学的内在体证的延续，他是直接从自然宇宙和人类的同一性上来证明的，这是其古老而崭新之处。康有为对人的平等的证明是以人的独立性和整全性为特征的，他关于个人的独立平等都是由人为天子推出的。人皆为天子，即每一个人都是天的儿子，一举打破了传统的天子观念（当然这里并不排斥君主的特殊性）。康有为有时又在原始意义上使用天子一词："'非天子不议礼'，天子之孔子。"[22] 这里确定的是孔子是真正的天子，是"王"，是范围天下、涵盖乾坤的真命天子，这是为人主的意思，与上述的天之子意义不同："孟子以为《春秋》中之事乃桓、文也，于孔子无与也；其文词则史官也，于孔子无与也；所以独断圣心，以为大道仁术，范围天下者，惟其大义，乃孔子之为之也。"[23] 这种最高级的事情只有孔子能够做，别人做不了，因此孔子是天子，这是"天子"的又一意思。

　　人为"天子"是董仲舒的观念，但是他的观念中是说人的本源是天，这个天是自然及其各种构成元素，比较接近早期的天的理念："为生不能为人，天也。人之为人本于天，天亦人曾祖父也。所以人乃上类天也。人之形体化天数而成；人之血气化天志而仁；人之德行，化天理而义；人之好恶，化天之暖清；人之喜怒，化天之寒暑；人之受命，化天之四时；人之有喜怒哀乐之答，春秋冬夏之类也。"[24] 严格地说，董仲舒的人为天子其实是说人不仅仅是人生的，人本源于天，类似于天，人副天数。康有为将它转化为人直隶于天，人属于天，人人皆为天之子："孔子所谓人非人能为，天所生也。孔子又曰：'夫物非阳不生，非阴不生，非天不生，三合然后生。'故谓之母之子也可，天之子也可。同是天子，实为同胞，而乃偶误投胎，终身堕弃，生贱蚁蝼，命轻鸿毛，不能奋飞，永分沦落，虽有仁圣不能拯拔，虽有天地不能哀怜，虽有父母不能爱助。"[25] "天之生是耶，均为天民。"[26] 论述人类存在阶级之苦："人皆天所生也。同为天之子，同此圆首方足之形，同在一种族之中，至平等也。"[27] 人类阶级乃太古之时，人的自私造成，部落侵凌俘虏所致。他认为是孔子首扫阶级制度，秦汉以后贵族殆尽但是晋朝时候又有复活，而至唐代科举取仕则归于非阶级之状，盖孔子大功。孔子作为天下教主其目的是："天下之言治教者，不过求人到之极乐，而全人生之极乐，专在人类之太平。"[28] 有一个不平等不公平的就有一个不快乐的，因此阶级正是阻碍人类平等的万害之源，因为阶级造成了人的不平等，而从天生来看人的本源是平等的。他对人之平等的断定盖源于人的直隶于天，直隶于天，人就为一个完全独立的个体，每一个人都是天的儿子不是隶属于某一个个人或团体的。因此"夫凡人之生，皆出于天，故人无贵贱，莫非天民，各为独立，安有视为玩具哉！"[29] 他在对君主专制和国家存在的批判中指出人受兵役之苦："等是圆颅方趾，皆天民也，及有君国立而力役生矣。""人人皆天生，故不曰国民而曰天民；人人既是天生，则直隶于天，人人皆独立而平等，人人皆同胞而相亲如兄弟。"人人同属天民为大同胞、大同气，如亲兄弟然。这是康有为所做的以天为父的人同胞论证，也是人的自立论证。

康有为的天人关系论是继孟子之后新的"天民"论，但是与孟子强调个人通过修养成为天民不同，他认为人直承而即是天民，人类本身乃至众生同是天子。孟子认为，在天地之间，有天爵，有人爵，人间的爵位应从天爵而来，"仁义忠信，乐善不倦，此天爵也；公卿大夫，此人爵也。古之人修其天爵而人爵从之。今之人修其天爵，以要人爵，则惑之者甚者也，终亦必亡而已矣。"（《孟子·告子上》）"仁"
是最高的天爵，"夫仁，天之尊爵也，人之安宅也"[30]。（《孟子·公
孙丑上》）大丈夫是在仁义道德中行走的人："居天下之广居，立天下
之正位，行天下之大道；得志，与民由之，不得志，独行其道。富贵
不能淫，贫贱不能移，威武不能屈，此之为大丈夫。"[31]（《孟子·滕
文公下》）在孟子看来，修行仁义礼智，做天民，修天爵，虽王天下
也不如它，而且那也不是人的本性。"君子有三乐，而王天下不与存
焉。"[32]（《孟子·尽心上》）"广土众民，君子欲之，所乐不存焉；中
天下而立，定四海之民，君子乐之，所性不存焉。君子所性，虽大行
不加焉，虽穷居不损焉，分定故也。君子所性，仁义礼智根于心，其
生色也睟然，见于面，盎于背，施于四体，四体不言而喻。"[33]（《孟
子·尽心上》）修天爵，就是人类立足于道德修养而成为天民、宇宙
的成员，不再只是某个家族、城邦、国家的分子。成为天民，也可以
成为一国之民，但是，作为国民，乃至一国之君，也不一定就能成为
宇宙的公民。宇宙公民的顶点，是达仁，即尽心、知性、知天，以阳
明所言，就是人性的完全展开。命运本来是外在于天的，现在由自己
把握了，同天了，人同天齐，还有比天更高的吗？他已超越了任何地
域、民族、种族的藩篱，这正是人类平等的前提，也是人类平等的根
本。西方自然法的理念根本就是个体所享有的普遍的理性，这是所有
个人平等的条件，也是个人权利的来源。孟子的天民也是人类平等的
蕴涵，但是在中国古代社会关系中，没有类似西方自然法学派那样纯
粹将个人置于国家共同体的关系中的理性思考，也没有黑格尔所说的
个人通过灵魂的直接联系而形成独立个体的概念，因此，这种个体完
整性、独立性的意识没有真正完全得到现实的转化，而陷落在"天下
国家"这个"大实体"中，这是非常遗憾的。康有为在近代第一次将
这个问题提炼出来做出论证，是具有非凡的勇气和智慧的。

康有为把人的平等关系比之于国与国之间的关系：即便是国与国之间交往，或强或弱均不附属，但是一变成附庸，则失去独立性，所以人的独立性是人的根本。[34] 他对《论语》中"我不欲人之加诸我也，吾亦欲无加诸人"一句评论道："子贡不欲人之加诸我，自立自由也；无加诸人，不侵犯人之自立自由也。人为天之生，人人直隶于天，人人自立自由。不能自立，为人所加，是六极之弱而无刚德，天演听之，人理。则不可也。人各有界，若侵犯人之界，是压人之自立自由，悖天定之公理，尤不可也。"[35] 人的独立自主和平等是一个并存并立的概念，人人都隶属于天而不隶属于人，同在一个天下，所以人人皆平等，人与人之间都独立自由平等，康有为的这个论证是成功的。其实，这个论证自此开始了中国现代性思想理论争鸣与实践探究的先河，无论是来自自由主义还是社会主义，康有为是他们的先声。

第三节 仁本、王道和民意的合一

康有为认为仁是仁心，是人的不忍人之心："若仁，则为元德，有恻怛之心，博爱之理，天地一体，万物同气，能制其魄者。"[36] 而所谓"不忍人之心，仁也，电也，以太也，人人皆有之，故谓人性善。"[37] 从制度层面上说，仁对应于大同之制，而礼对应的是小康之制："夫子之言礼，专论小康，不论大同。""天下为家，言礼多而言仁少。天下为公，言仁多而言礼少。""孟子多言仁，少言礼，大同也。荀子多言礼，少言仁，小康也。"[38] 仁心是一种万物一体的感应，其普遍的感应和普遍的同感即是大同，而仁心不足，则需要礼制节度、调整、范围。万物相通，"刺触其心目，感荡其魂气"，则万物感而遂通，苦而同苦，甘而同甘，"诚如电之无不相通矣，如气之无不相周矣"。[39] 万物"与我耳目相接，魂知相通，爱磁相摄"即能感同身受。世人之所以对同一事物敏感度不同、反应不一，都是因为仁心的程度大小不同，"其觉知少者，其爱心亦少，其觉知大者，其仁心亦大，其爱之无涯与觉之无涯，爱与觉之大小多少为比例焉"。[40]所以，从个人层面讲，只有圣人能够得先天仁心的全体大用，能够包容万物，所以能够为王。当然，在康有为看来只有孔子能够胜任之。"方孔子之道，推本于元，显于仁智，而后发育于万物，峻极于天，四通六辟，相反相成，无所不在，所谓一以贯之。"[41] 所谓"推本于元"，就是元气，万物感而遂通就是因为元气即是人内在的基质又是天地的基质，犹如或者即是现在的光电同质。万物人神皆同此感应，但是唯有人或神明因有灵魂，所以才能有真正的知觉感应，并通达万物，感应最强烈的即是圣人，所以圣人自通神明。

圣人能感应万物的苦乐，但是，只有大同世界才有真正的乐而没有苦，有鉴于此，那么，救助世人脱离苦海的唯一出路和最终途径就是大同之道，没有别的途径、别的办法："大同之道，至平也，至公也，至仁也，治之至也，虽有善道，无以加此矣。"[42] 但是，第一，现实的众人没有圣人那么强烈的仁心，无法做到完全的利他，所以大同不能遽然做到，这是一个道德不足；第二，现实世界的人们的幸福就是快乐，而物质还不能满足这一点。因此，世俗世界，必须根据现实人类的具体要求，实行礼仪节度以调整，顺其下则有政治等："因人情所不免，顺人事时势之自然，而为之立国土、部落、群臣、政治之法，其术不过免人其苦而已。"[43] 但是，康有为反复强调，其中，乐是根本，即便是先求苦者最终目的也是求乐。"故普天之下，有生之徒，皆以求乐避苦而已，无他道矣。其有迁其途，假其道，曲折以赴，行苦而不厌者，亦以求乐而已。"[44] 这需要逐步实现与满足，他的三世说也因此成立，即由道德、物质与政治的三重进化实现之。康有为的政治思想的最高位阶是人类的大同世界，这个大同世界的核心其实不是别的而是人心，也就是人心的仁心。今天的康有为研究者都很少提及康氏的大同理想，或臆为乌托邦而已，其实不然，这是康有为的极其重要的政治思想和政治理想。这种思想是有人类的道德根基的，人类当前面临的全球化的种种困境（各种各样的经济危机，文明冲突与战争，国家之间因为领土、主权、人口、经济资源和其他利益所产生的纷争以及环境污染等问题），都与尚不能形成一个世界政府有关。当然这不可能是朝夕乃成的事情，但是，这是人类现实追求的真实目标，关于这种思想我们还有必要继续探讨开发。

康有为毕生坚持君主立宪，从我们的研究角度看，这里面有康有为注重政治发展的战略和策略相区分的意识，同时也跟他对人类群体中的君主或王的功能认识有关系，而这两者其实是一体两面。

中国古代于"王"的争论至孟子为最，孟子做了王、霸之间严格的分疏，试图以此做政治导向，当然这在士大夫中的印象比之在君主中更深；董仲舒详细论证"天"的概念，以此试图挟制君主的贪婪自私，其实际效果在专制主义的政治结构中不彰。康有为的"王者"论述有一些新的内涵：王者兼爱、众生皆为天子。将董仲舒提出的君主合群的思想发展为立宪概念或者做相互的解释，并且以"仁"作为最终的根据，这是康有为思想的特点。董仲舒对"王"的最经典的概括就是所谓"王道通三"，即王贯通天地人三才。康有为做出注解谓："天下归往谓之王。人人归孔子，不可谓非王矣。人人欲叛之，虽戴黄屋，谓之独夫。地载兼爱，以为王术。然则孔子本仁，不得诮为墨道矣。"[45] 康有为特别赞同并强调天下归往的观念，认为孔子必为教主和天下之王者，而现实的君主则不一定，因为他们不一定得到天下归往的认同，甚至有的会成为独夫民贼。董仲舒认为，"君"有五个方面的含义要素：元、原、权、温、群。康有为特重元和群的意义，认为这就是天下归往的根据：元是本源、内核、根据，也即成为元首的内在要素，其实这就是德；而合群也就是能聚合众人则是成为王的外部条件。他说："王者，往也。君者，群也。能和人者，皆君王哉！此孔子之大义也。若人皆欲分散，是谓'独夫'矣。天道自然之名，非强加之也，可以算喻之。"[46] 君王合群是天道本身的道理，不是人为的。他说："官者民所共立者也，皆所谓君也。"[47] 他从这个实理推出的公法是："地球各国官制最精者，其人皆从公举而后用者。"[48] 这也成为他后来推崇立宪的一个儒学根据："后世不及谋之庶人之制。与众共之，与众弃之，国人皆可，然后可，皆谋计庶人之意。今西人有上议院、下议院，即孔子制。"[49] 他认为，西方的上院、下院能够集合众人之志，是能够合群的又一种方式，也即小康之道，同时这就是孔子的观念。在君权专制的古代社会，"家天下"的模式在本质上是一人之政治，"天高皇帝远"的大众心理，所塑造的是一个个"原子化"的个体，人民不具备在王朝平治时期联合起来的制度基础。而民权兴起，人们都根据自己的利益联合，这样就能成功联合，这种合群的趋向就是大同的先声。立宪状态下，君主也没有了自己的权力，等于是放弃了自己的利益，而合乎群道是可以的。[50] 他的君主立宪的另一个根据是：君主是民众之间的中间人，是作保者："民之立君者，以为己之保卫者也。盖又如两人有相交之事，而另觅一人一作中保也。故凡民皆臣，而一命之士以上，皆可统称为君。"[51] 他把它看作犹如契约论的所谓人立之法，认为君臣关系并非先天决定，君主其实是从据乱到小康直到大同世界的权法，不是根本性的。但是，到这里，我们已经看到，君已经只是官了，虽然比普通官不同，仍然具有统领的内涵，但是与前面所谓"王"已经不同，最后在康有为那里只有孔子可以为王了。王与君主也由此分立，政教殊途成为可能，宪政也有根基。他这里已经形成了个体平等的雏形，当然，后来康有为力主虚君共和保留君位，皆与他的一元化思想有关。

康有为秉承上述法则强调，社会在人人自立、社会富足、道德充裕之前，必须有一个元首在焉，一方面这是社会秩序所系，同时这其实也是先天哲学的本来要求："及考乎中南美共和各国岁争总统之乱，乃知欧人之为立宪国，必不共和，必立君主。甚至于无君，犹且熏丹穴而求之，迎异族外国人而尊之为君，如女之赘婿然。盖非深远奇妙也，为防乱之切也，故虑害之远也，立法之周也，故垂制之奇也。是法也，盖非圣哲心思所能得之，乃经万验之方而后得之也。此岂浅人不学所及识哉？宜中国人之未梦见也。初读医术者，得一本草古方，欣然大喜，乃敢妄施药于大病，只有自戕其生而已。若拾欧美残弃之方、极烈之药妄服之，不死也几希。弈棋小道也，不深观数着而妄行，未有不败者也。况中国未有之事变，人人未有之学问，而敢妄行之乎？"[52] 这是康有为经验主义的渐进主义或内在的秩序观在发生着作用。康有为接着指出，欧洲国家里，立一个无用的、没有实权的君主，人们就不再为这个极重要但实际上变为空虚的位子几年争夺一回，最多是在总理大臣的岗位上调动政党资源进行笔墨口舌之争，大的动荡不会发生，国家才会长治久安。君主就像一个神偶一样。神在若有若无之间，但是"不可无者也"。"夫神者既以无用为大用，而天下未能废神，且必立而尊之。他日大同文明既极，或不尊天而废神，今则未能也，然则不能废君主犹是也。孔子之作《春秋》，推王于天，盖天者在有无之间，以无为为治者也。明于是义，可以通欧人立宪君主之制矣。"[53] 如出现两个政党党争，争夺总统大位，在上面没有一个可资尊重调停者，很容易出现纷乱和无政府主义。"共和之运至难，其本体在道德、政治、物质三者之备，而后能行之，非曰吾标共和之名，即可收至治之效也。今吾国以共和为名，而纲纪荡尽，教化夷灭，上无道揆，下无法守，一切悖理伤道、可骇可笑之事，万百亿千，难以条举。"[54] 在康有为看来，在现实世界中，在没有达到大同之前，国家元首的存在是稳定的秩序的关键。

康有为的政治哲学以仁为本，以元为基，而具体落实为如何实现民意，他认为民意的落实是政治的真谛，无论是中国传统政治还是西方民主政治都是一样的。仁之不忍之心在中国古代社会是孟子主张的"仁政"：顺应民意、谛听民之呼声，如孟子之"凶年饥岁，子之民，老羸转于沟壑，壮者散而之四方者，几千人矣"[55]。(《公孙丑章句下》)"志士不忘在沟壑，勇士不忘丧其元。"[56] (《滕文公章句下》) 这是当时儒家所能认识到的最好的符合民心民意的做法和愿望，也就是有能够时刻谛听老百姓声音的君主或官吏。而到了康有为时代，"仁"仍是中国哲人的"仁"，但是，"仁"的政治实现则不再是以官治民了，而是公民自治，康有为的这个思想是紧跟世界历史发展潮流的。

康有为认为中国政治在当时的第一要义就是立宪、设议院。他的理由是"以国者，合民而为之，议院者，合民心舆论以立法税收，至公者也，无论君主、民主之国皆行之。有议院者公而安，无议院者私而危，此大地万国已然之效"[57]。甚至说，"中国今日亟宜行立宪法，亟宜开议院，此议官制有一无二之要政也"[58]。也就是说，当时的中国，在康有为看来，立宪设立议会是唯一最大的政治。他认为设立议院，人民才拥有政权，老百姓的心气才能舒畅、愿望才能表达；人们有了参政议政的责任后，民众的智力、智慧才能逐步发展，民众的力量也会日益壮大。因此，议会是官制的第一法。[59] 但是，原则上是如此，现实中并非马上就需要从中央政府开始，而是可以先从公民自治开始着手，这是康有为斟酌精细之处，也是符合政治发展进程的思考。

康有为思考公民自治的出发点首先是政权本应为公民所有，他认为只有如此，每一个个体才有其真正思考国家的责任和承担国家责任的意识，过去这个是少数精英政治的事情，但是，上下推诿责任，四亿民众国家，"无一人有国家之责任者，所谓国无人焉。焉得不弱危削亡哉？"[60]这既是对儒家仁政理想的传承又是对其理想无法实施的传统政治的批判。因此，公民及其权利必须首先确立起来，也即地方议会需要迅速地发展起来，即便是因为国民才智未开国家议会不能遽然设定。在他看来，历史上国家政治的能量全看一个国家的君主、宰相或大将之才能；今天国家政治的较量则全看一个国家之民众的才气心识。康有为把公民自治的中心放在了乡村一级，因为这是国家治理的基础性建设，基础不牢固，再大的国家也是失败；基础坚固不移，再小的国家也能立于不败之地，印度之于英国，中国之于日本就是这样的例子。[61]中国当下的病根就是官代民治而不是人民自治。他把世界上的民营企业都看成民治的典范，其实是深有道理的，因为西方当时的市场经济其实就是经济领域的自治和在法律范围内的自我发展；而政治上公民自治则是经济自治的前提和保证，二者相互依存。他认为，欧美之所以胜于中国就在于公民自治代替官僚管制。[62]他为中国乡村自治提出了很多具体的设想，这些我们不必细论。但是，我们结合当下中国自 20 世纪 80 年代初期的村民自治和城市居民自治的发展及挫折来看，这些思想不仅在当时是需要的，在今天依然是深刻和精辟的。

注释

1.［清］康有为：《论语注》，中华书局 1984 年版，第 16 页。

2. 同上书，第 26 页。

3. 同上书，第 146 页。

4.［清］康有为：《万木草堂口说》，载《康有为全集》第二集，中国人民大学出版社 2007 年版，第 133 页。

5.［清］康有为：《论语注》，第 152 页。

6. 同上书，第 156 页。

7. 同上书，第 157 页。

8. 同上书，第 148 页。

9. 同上书，第 150 页。

10. 同上书，第 173 页。

11. 同上书，第 147 页。

12. 同上书，第 160 页。

13. 同上。

14. ［清］康有为：《春秋笔削大义微言考》，载《康有为全集》第六集，中国人民大学出版社 2007 年版，第 10 页。

15. 同上书，第 10—11 页。

16. ［清］康有为：《万木草堂口说》，载《康有为全集》第二集，第 204 页。

17. ［清］康有为：《南海师承记》，载《康有为全集》第二集，第 212 页。

18. ［清］康有为：《春秋笔削大义微言考》，第 11 页。

19. 同上。

20. ［清］康有为：《祭孔子文》，载《康有为全集》第九集，中国人民大学出版社 2007 年版，第 102 页。

21. ［清］康有为：《孔子改制考》，载《中国现代学术经典·康有为卷》，河北教育出版社 1996 年版，第 341 页。

22. ［清］康有为：《万木草堂口说》，第 173 页。

23. ［清］康有为：《孟子公羊同义证传序》，载《康有为全集》第二集，第 127 页。

24. ［汉］董仲舒：《春秋繁露·为人天者第四十一》，河北人民出版社 2005 年版，第 702 页。

25. ［清］康有为：《大同书》，辽宁人民出版社 1994 年版，第 15—16 页。

26. ［清］康有为：《论语注》，第 18 页。

27. 同上书，第 55 页。

28. 同上书，第 57 页。

29. 同上书，第 171 页。

30. ［清］焦循：《孟子正义》，中华书局 1987 年版，第 258 页。

31. 同上书，第 450 页。

32. 同上书，第 973 页。

33. 同上书，第 974—975 页。

34.［清］康有为:《论语注》,第 157 页。

35. 同上书,第 61 页。

36. 同上书,第 205—206 页。

37.［清］康有为:《孟子微礼运注中庸注》,中华书局 1987 年版,第 9 页。

38.［清］康有为:《万木草堂口说》,第 160 页。

39.［清］康有为:《大同书》,辽宁人民出版社 1994 年版,第 5 页。

40.［清］康有为:《论语注》,第 6 页。

41. 同上书,第 229 页。

42. 同上书,第 11 页。

43. 同上书,第 8 页。

44. 同上书,第 9 页。

45.［清］康有为:《春秋董氏学》,载《中国现代学术经典·康有为卷》,第 274 页。

46. 同上书,第 278 页。

47.［清］康有为:《康有为实理公法全书》,载《中国现代学术经典·康有为卷》,第 21 页。

48. 同上。

49.［清］康有为:《万木草堂口说》,第 153 页。

50.［清］康有为:《大同书》,第 88 页。

51.［清］康有为:《康有为实理公法全书》,第 13 页。

52.［清］康有为:《救亡论》,载《康有为全集》第九集,第 237 页。

53. 同上。

54.［清］康有为:《忧问一》,载《康有为全集》第十集,中国人民大学出版社 2007 年版,第 22 页。

55.［清］焦循:《孟子正义》,第 286 页。

56. 同上。

57.［清］康有为:《官制议》,载《康有为全集》第七集,中国人民大学出版社 2007 年版,第 265 页。

58. 同上。

59. 同上。

60.［清］康有为:《论语注》,第 267 页。

61. 同上书,第 71 页。

62. 同上书,第 275 页。

第九章　明清之变与政治公共秩序的现代性开显

明清时代是中国历史上最典型的王权专制主义的历史时期，在宋代中央集权的基础上，明太祖朱元璋直接废除了宰相，同时实施严刑峻法，社会上推行法家宗法与儒家思想的治理，即便内心里持民族主义立场否定一切汉人政权存在专制的钱穆也表示："宋太祖惩于唐中叶以后武人之跋扈，因此极意扶植文儒。明太祖则觉胡元出塞以后，中国社会上比较可怕的只有读书人。但是所谓传统政治，便是一种士人的政治。明太祖无法将这一种传统政治改变，于是，一面广事封建，希望将王室的势力扩大，正式将政府直辖于王室。既不能不用士人，遂不惜时时用一种严刑酷罚，期使士人震慑于王室积威之下。使其只能为吾用而不能为吾患。"[1]

钱穆都看到了我们在前面已经提到的朱元璋对民间士人的恫吓，威胁他们必须出仕，如不能为我所用，即可诛杀之，皇权专制的暴虐与宋代反差对比十分强烈。而有明一代，不仅权力集中于皇权，而且实施特务政治，丁易指出："宰相的职务，在明代以前的每个专制王朝时代，都是统率百官，总理机务，职权是相当大的。在一定的限度以内，他还可以稍稍牵制帝王们的独断独行，使极端专制独裁的政治得到一点调剂，稍稍削减皇帝的一点权柄，虽然这削减少得可怜。但到了明代，连这点少得可怜的权柄都不愿削减了。明代第一个皇帝朱元璋获得元王朝政权以后，起先也曾依照元朝旧制，设立中书省，有丞相等官。但不久以后，他就感到宰相权柄太重，不大放心，便在洪武十三年以丞相胡惟庸造反为借口，就'罢丞相不设，析中书省之归六部，以尚书任天下事，侍郎贰之'。这样一来，宰相的职权，便散在六部，而由皇帝来总其成。所以，明代的中央集权不仅是集权于中央政府，更是集权于皇帝一人，是十足道地的独夫政治，一切政务全决于这个独夫，这集权是'集'得再彻底也没有了。"[2]

丁易指出，既然没有宰相，全国政务就都集中于皇帝一人之手，一个皇帝再敏捷能干、精力过人也是无法完全应付的，但是又不信任大臣，就只好寻找身边亲信，最后就把权柄落在宦官手中，这些人无宰相之名，而有宰相之实。并引黄宗羲《明夷待访录》中《置相》一节予以抨击。"国家大政既然操在独夫的宫奴手中，内阁六部都俯首听命于这独夫的宫奴。独夫政治发展到这样的局面，可以说是登峰造极无以复加了。而随着这局面而来的，便是特务制度的产生，再随着这局面的演进，这特务制度还要发展、加深、扩大起来。"[3]

除了皇帝专权，特务政治盛行，明朝又是中国历史上宦官擅权最严重的历史时期，而所谓宦官擅权，其实是皇权内部的非法使用，士大夫于此则深感无能为力。自朱元璋起，欲确立至高无上的皇权，这与秦始皇之设想一般无二，而有明可以不至于二世而亡，则依赖于一套制度体系以及文官制度的支撑，而它的破坏又在于皇权及其周边力量对于文官制度的限制与破坏，以及官僚制度本身的先天缺陷与不足。最终基本演变为皇帝及其周边集团对抗文官集团的政治进程，同时也是官僚集团内部分化互相制衡、抗衡的过程，儒学在其中所能发挥的仅仅是维持的作用，因为它没有改变政治结构的意识，同时也没有改变政治结构的机制与力量。黄宗羲认为："自永乐都燕上下精神敝于寇至，日以失天下为事，而礼乐政教犹足观乎？"[4]这里可以反证黄宗羲对三代之治之"礼乐教化"中之和谐性的向往，并说明确无所谓民主主义理想之向往。但是，他们意念中念兹在兹的"天下之天下"亦可以从中把握以此为基点向其他方向的转折。我们说自晋室南渡，中国经济重心开始南移，但是，这个问题之显豁应该真正自明代为最，清代又有压制与平衡，但是自近代以来这个大趋势自始至终未曾再发生根本性改变，这样导致南北方政治格局的均衡性问题产生极大困难，尤其是南北方市民和知识分子的思想意识有很大不同，显然统治者长期居于北方，对中国政治的保守性发展提供了内在的条件，但是，这是对国家极端不利的。

总起来看，在明代呈现一个二元化非社会问题，即中央集权的强化造成中央与地方发展上的严重张力；第二，南方与北方经济发展的不平衡性导致南北方从经济到政治到文化上的严重分化，这里面又有中央集权与地方自治之间的严重问题。在明代中国南方社会发展被北方固守与僵化了，而且这成为明代以后中国社会的铁律：南方发展则中国发展，南方不发展则是因为中国政治的高压或整个体系的僵化封闭，那么这个原因呢？看陈寅恪关于魏晋南北朝讲课时关于颜之推的论述也可以知道自那时开始，南方、北方的确已经开始分野，这在儒教礼俗方面已经昭然若揭，而这对经济发展的关系则是要认真辨析的。因为，从宗祠来看、从宗族来看，南方似乎胜于北方，但是，从它们对经济的影响来说，这之间到底是一个什么关系，还需要认真分析研究。[5]

从王权专制的角度看，清朝比之明朝有增无已。明末遗民对满族贵族统治者的反抗十分激烈，清朝在所谓康乾盛世尤其是雍正乾隆时期大兴文字狱，使得人人自危，知识分子以及普通民众的思想遭受最残酷的打击。雍正著《拣魔辨异录》和《大义觉迷录》，但是梁启超指出："他著成《大义觉迷录》以后，跟着把吕留良发棺戮尸，全家杀尽，著作也都毁版。像这样子，那里算得讨论学问，简直是欧洲中世教皇的牌子。在这种专权者之下，学者的思想自由，是剥夺净尽了。"[6] 其实，梁任公的比喻可以说十分轻描淡写，真实情况是这种文字狱和屠戮思想的残暴比之中世纪教皇要残酷十倍。所以，梁启超又说，"凡当权者喜欢干涉人民思想的时代，学者的聪明才力，只有全部用去注释古典。"[7] 也就是说，明清之际到清代中国思想的内向与转向注疏，除了思想界本身对明代思想的反拨之外，皇权专制产生了最主要的影响。但是，我们如果观照整个明清两朝的政治思想实际，却能够发现，这是一个思想渐趋民间化、思想逐渐转向反对理学，倡导个体相对自主的立场，同时对整个中国政治思想的传统发起了挑战，尤其是明清之际的思想家，譬如黄宗羲、顾炎武等人，这是清末西方思想输入中国以前发生的最深刻的思想革命。黄宗羲等人对传统政治伦理价值的合法性提出了质疑，这是一次政治伦理价值观的革命，从宋代理学家等确立的天理、天道与礼教的一体性转向其内部的分解，这个历史意义是如何强调都不过分的，值得认真清理的一份思想遗产。

第一节　理、礼价值的固化与裂解

一、天理价值观的延续与内在分解

明代政治思想和价值观进入了传统社会的晚期，但是却进入专制主义的高峰阶段，这个晚期和高峰同时也意味着观念的延续与转折的二重性状态。它作为宋代政治的新的汉族和儒家文化的延续，体现了传统思想的延伸性，随着元代科举确定的朱子著作的解释成为主要答案，在某些方面甚至还有强化与深化的现象，萧公权指出：

> 自秦汉以来，专治天下之政治思想，一脉流传。千余年中，虽间受攻击，而根本未能动摇。盖辗转于君主政体之下而无民治之经验，则"专制"之思想不能打破。局促于小九州之中，而无国际之往来，则"天下"之观念不能放弃。积之既久。不独现代民权、民族之新学说横遭阻碍，不得萌芽，甚至先秦固有之贵民攘夷思想亦渐趋隐微，不复得为显学。明代政论特点之一即为注意于民本，民族之观念；上复先秦古学，下开近世风气。[8]

萧公权先生认为，复古的代表是刘基和方孝孺，而开近世风气的代表则是黄宗羲和王夫之。但是，无论如何他们的学术根基仍然是儒学，"而明代一般之儒者更不能脱专制天下之结习"[9]。

沟口雄三认为，从唐到宋，经历了一个从天人相关到天人合一的变化，是从天谴事应到天谴修德再到天理修德的进程，是从主宰者之天到理法之天的划时代转变，沟口的困扰是："为什么中国人如此不断地执着于在社会、王朝的结构外侧树立另一个权威——天呢？有什么必要非如此不可呢？"[10]沟口自己为此列举了五项原因：

（一）比起以义合、以人合的君臣关系，更重视以天合的父子关系的传统社会环境。

（二）基于君臣、君民关系的结构方式（人合）的脆弱性，强调君等同于天。

（三）为政者阶层对民乱的恐惧，因而把民心作为天心而尊重。

（四）中国民众缺乏道德性，所以强调道德教化。

（五）为政者对于王朝存在的非永恒性的历史认识。[11]

沟口显然看到了中国传统社会尤其是儒家基于自然血亲伦理的所

谓"自然性"即先天性的价值凸显，这是儒家天道中的题中应有之义。
当然，沟口先生这里的问题可能是忽略了中国古代政治伦理价值的复
合性：从先秦甚至更早的中国传统政权起源的维度以及后世皇帝自己
的天命观审视，既有当权者对权力得之亦可失之的戒慎恐惧，也有儒
家知识分子从自己分享权力中所强调的天道下贯的挺立感，但是也有
天命在我的优越感，当然更有皇权势力让自己家族享尽权力独尊的强
烈意愿。所谓"天道下贯"的意识对士大夫有其意义，对王朝更替中
的家族其实真实意义不大，他们很少是为了天下道义而推翻前朝的暴
力政权的，这正是中国传统政治中在权力关系的错位和理念错位上最
突出的表现，譬如士大夫的以天下为己任思维与皇帝的打天下坐天下
之间的交集与极端错位，但是，由于传统士大夫除了像黄宗羲之外，
从来没有人借助天理论证过这种天理天道的合法性或不合法性，反而
很少通过天理天道对现实的最高权力提出质疑，这是最大的问题。

　　沟口在其中提出了一个有趣的问题，即王朝更替的忧虑在日本是
一个神话式的说法，几乎不存在，但是中国的历代王朝都以此为最大
忧患。[12] 另外一个问题是，中国的天理观是如何得到延续乃至于深化
的："宋代的天理观把条理作为自然与社会共通的本质来看待，完成
了对于作为世界本质的条理的发现，以及客观地认识这种条理的方法
论的确立。这两点，是从此前为止天谴性的，换言之就是被动性的世
界观向主动性世界观的巨大转变，但是这里一定不能忘记的是，尽管
发生了如此巨大的变化，作为本质的条理，即至善，因为是作为本质
而被发现的，所以反而会借助于人们的主动性意愿（它是否符合统治
阶层的利益，在此是第二位的），在主观上被视为难以从自然与社会
那里分割开来的对象了。"[13]

　　宋代理学的特征就是强化了人们价值观念中的"理序"与"礼
序"的统一。在沟口的解释中，第一是条理，即世界规律的内在性、

天然性和普遍性的统一；第二是主动性，这是沟口的一个创见，他认为，宋代理学的认识使得儒家天理从被动性的存在变成了自觉性的存在，虽然他没用这个词。虽然他在这里把它作为第二位的，即将是否符合统治阶层的利益看作第二位的，但是显然，元代以后的统治者之所以将之作为科举取士的典范考量是有这个自觉意识的，即它可以成为统治阶层的工具，当然，它同时也是士大夫、普通人的共同价值和修养规范而超越意识形态和人身束缚，但是很明显，这种普遍性已经构成社会伦理和政治价值的同构性。沟口认为，这种天道的外在性框架一直在延续，直到近代为止，甚至直到近代的民权意识的浸润，天—公—理在价值上的优先地位并没有随之消失。[14]

沟口注意到，程伊川将《易传》"一阴一阳之谓道"改成"所以一阴一阳"，[15]笔者认为，这句话的改写意味着从阴阳变化的过程性提升至阴阳变化及其结构的构成性及其根据，提升到原理层面来考察了。沟口强调为了讨论方便和统一，他将界定为主宰之天的天观与政治思想观统称为天谴观，不论是占星或天谴事应，即主宰者的天观时代，这个时代在他看来持续到南宋初期，这样北宋五子和李觏、王安石等政治家就都处在这个历史阶段之中了。沟口说，他所说的理法的天不仅仅是指天的自然科学的法则性，也不是天人分离的自然法则性，而是贯穿于"天人"的天理。他说，中国的天，可以分成自然、政治和道德三个领域，即作为自然法则的天，作为人的政治秩序的根据的天合作为各个个体的道德根据的天，并依赖于一个法则性统摄之，而这是宋代以后的事了，这个特质在中国历史上是一个划时代的事件。它将政治领域中的外在决定性否定了，代之以人的领域之中的天成为执行主体的天理，即理法的天。用谢上蔡的话说：天，理也，人亦理也，循理则天下一。是内在框架向外在框架的拓展，并进而涵盖外在框架。而不再是双重架构。[16]

"如上所述，程朱的'所以'，内在性地包含了一个向量（向量的德文为 vector，原为物理学名词，指具有大小和方向的量；在此转义为左右事物发展方向和态势的力量。校改者注）：在《中国的理》中我也讨论过，这一向量使得这个'所以'向明清时期的万物一体之仁，或者共和式的仁所具有的先验性·先天性，或者向清末民权中的天赋性发生转变。这个'所以'因其具有赋命性，把人的道德性定命为人的本质，虽然有时这强制了人们对君臣制度的服从，但是另一方面，人把天作为所以（道德）而在自身使其内在化，并以其内在性为根据从而获得了当为的主体性。"[17]

沟口举了吕坤的话作为例证：朱子云：天者，理也；余云：理者，天也。（《呻吟语》四）以此说明明末的状况："到了这个时候，连宋代的理之天（所以）都消失了，只有理单一地成了世界的原理，天则只是变成了理的背景和权威。"[18] 可以概括为"天理"之"天"的流失进程，先验性、必然性尤其是既定事实状态的必然性的丧失，或必然性根据的丧失。但是，这种表现形式的变化在沟口雄三看来，从实质来说，其实没有什么变化，即从对天的敬畏或谨慎恐惧来说是一致的："即使发生了从主宰到理法的变化，但实际上严格来说，什么变化都没有发生，更不要说是进化了。"[19]

"道德的天从外在框架转向内在框架的变化，或者说从天的天向人的天的转变，这个变化意味着，例如对于政治的'正确性'和自然功用的那个某种东西，人确立了自己的理性认识、实践的主体性。为什么呢？因为在理法的天中，道德的天与政治的天和自然的天勾连起来，这一中国的特质使得与政治的天相联结中所见的道德的人之天，成为以大同、公理等正确性为命题的独特的中国式共和思想的母胎，而这一道德之天与自然之天相联结，则可以说至少应该原理性地催生出诸如正确的自然科学，所谓应该，是因为直到现在的自然科学还是被欧洲原理所独占，基于亚洲原理的自然科学并没有被自觉地追求，就连过去和现在的中国也是一样，不要说追求这种自觉，实际情况是中国在积极地引进欧洲原理的（把发展的基础反倒设置在那种不问某种东西的一般观念之上）自然科学而唯恐不及。"[20]

沟口这里强调了两点，第一，理法之天与道德、自然的统一构成一个新的可能性，即公理的实现，即近代以来的共和式理念产生的温床。换句话说，近代的公理是可以在天或天道的框架下接驳的；第二，自然科学的学习热情，但不是自然科学之亚洲原理的形成，中国人能够借助于"天道"的自然属性强化对理论本身的认同，但是，这不是一个先验性原理追求的本能，说它是一个后验的功利原则也是可以的，因此，我们可以看到这与西方认识论的观念大异其趣。中国的科学家几乎很少表现出形而上学的兴趣，但是西方科学家大都有或多或少的形而上学兴趣，而哲学家也有很多是科学家出身。

在沟口看来，外在之天即主宰并施加谴责与惩罚的天向内在之天即法理的内在的普遍的天也是必然的天的转变是一个长期的过程，南宋高宗禁止关于祥瑞的上奏是一个重要的转折节点，而实质上天谴论在历史上又是一直存在的，到明朝以及清朝并未消失踪迹。但是，沟口又认为，这个转变也是一个历史事实，正是这种转变导致了天的逐渐的形式化、象征化，而理更加实在。而沟口又认为，中国古代思想中存在着两种理：一种是上下等级的理，一种是水平调和的"公有""公化"的理，二者之间有调和与摩擦，直到近现代这个问题仍然以不同方式呈现："但是，我请读者留意的是，民国时期的城市知识青年标举的所谓反儒教（鲁迅'吃人的礼教'等）口号，专门是针对宗族内家长制的上下等级秩序的伦理；而可称为儒教主流的前述横向调和（即天和公）则以人民公社的形态一度获得成功；且目前还处在寻求不是'破私'而是'公'与'立私'的调和这一摸索阶段。也就是说，无论政治的天、道德的天还是自然的天，它们在中国应该都没有失去其现代的意义。"[21]

沟口有一个有趣的发现，他认为，对于日本人来说，中国的理概念有其不明或令人不解之处，那就是它将自然法则（程子：日月寒暑屈伸往来之理）、人伦秩序和政治规范（朱子：亲小人、远贤臣弗理而世以衰乱）、人伦道德的应当（朱子：同居共财乃天性人心自然之理）等视为一体，譬如从"仁"的贯通之处延伸开来贯通社会与个人，同时，此仁又归根于宇宙生成法则，故宇宙而一理。[22] 沟口认为，这样的理念特别出现在宋明迄至清代末的谭嗣同为止，而此前此后不再有，其实，我们今天又在继续讨论这个问题。[23]

二、明代理与礼之间的裂解与儒学伦理价值的内在矛盾与革命

在明代思想史中，王阳明是一个承上启下的重要分水岭。王阳明既是一个传统社会价值观的延续者，同时又是它的革命者或内在的爆破点。王阳明延续了宋代理学家张载、程颢尤其是后者"万物一体"的观念，并以之作为政治伦理的核心价值。但是，王阳明认为，从人的本性上，无贤愚之分，只是用功不同，有人发明良知，使其作用于自身，有的人没有，而使人有了分别，"良知良能，愚夫愚妇与圣人同。但唯圣人能致其良知，而愚夫愚妇不能致，此愚圣之所由分耳"。"自己良知原与圣人一般，若体认得自己良知明白，即圣人气象不在圣人而在我矣。""良知只在人心，无间于贤愚，天下古今之所同也。"[24] 有人问什么是异端，王阳明回答："与愚夫愚妇同，是谓同德，与愚夫与妇异，是谓异端。"[25] 王阳明在这里几乎提出了人人平等的观念，虽然仅仅是在价值层面的确认，或者还是一个曲折性的而非直陈的判断，也不是基于个体基本权利的判断，但是，这在理学

家当中是绝无仅有的，是对传统社会的伦理价值原则的一个潜藏的挑战。王阳明最大的一个挑战不是关于个体价值的尊严的认肯，而是对人的价值判断的根据的考量。[26] 他提出那个时代最惊世骇俗的议论，即提出不以孔子的是非观念作为价值判断的最后根据："夫学贵得之心，求之于心而非也，虽其言之出于孔子，不敢以为是也，而况其未及孔子者乎？求之于心而是也，虽其言之出于庸常，不敢以为非也，而况其出于孔子者乎？"[27] 嵇文甫先生于此指出："他居然敢不以孔子的是非为是非，而只信自己的心。独断独行，自作主张。什么圣贤榜样，道理格式，都不放在眼里。这种大胆的言论，正可和当时西方的宗教革命家互相辉映。他们都充满自由主义和现实主义的精神。大体说来，阳明实可算是道学界的马丁·路德。他使道学中兴，使道学更加精炼。然而这已经是一种新道学了，已经渗入新时代的成分了。道学的体系未破，但其内成分却已变更。他一方面大刀斧，摧毁传统思想的权威，替新时代做一种扫除工作；同时他又提出许多天才的启示，替新时代做一种指导工作。他既为宋明道学放出极大的光芒，同时却也为清代思想开其先路。清代思想一方面是他的反动，同时却也有许多地方是继承他的。当晚明时代，王学的余焰方炽，而正在解体。一部明思想史，几乎可以说是一部王学解体史，这个解体过程结束了，新时代也就出现了。"[28]

嵇文甫将由明至清思想的演变看成是一部王学史的裂变和解体过程，同时王阳明又是其发轫者，这个看法基本是可靠的。儒学价值尤其是它的内在的伦理观念的突破正是从王阳明开始的。但是，王阳明一身二任，既是守成者又是破坏者。狄百瑞曾经强调王阳明思想中所呈现出的个体性价值目标，而杨国荣则指出其中的二元性："狄百瑞（De bary）认为，尽管王阳明强调对真理的个体体认，但他并未放弃对普遍理性的信仰（参见 "Individualism and Humanitarianism in Late

Ming Thought"，*Self Society in Ming Thought*，第 156 页），这一看法注意到了作为准则的良知具有个体性与普遍性二重规定性：它虽然兼指普遍理性，但更主要的是指封建天理。"[29] 杨国荣认为，作为良知内在的普遍性并不是一个抽象的普遍性，而是内蕴了传统社会价值原则的"普遍性"，即传统社会的伦理原则，它和对这些原则的超越性同时存在，这是"良知"的一种特殊属性。因此，王阳明的良知学的挺立具有二重性的方向，既能导向对传统社会天理的批判，也能引导人们对传统价值的认同，那么到底二者之间如何平衡或倾斜，只有看社会个体与社会之间的互动性感知而定。[30] 但是，当阳明注意到外在价值标准最终需要个体内心为判据的时候，社会价值的动摇性就具有可能了。

　　沟口注意到一个问题：从宋代以后，天理概念成型，但是真正的扩展却是从元代以后，尤其是明清社会为最，当然，我们通常的解释是元代科举确立"四书"的地位使然，这是一个很有力量的解释，因为，这种朱子式的理学解释观非常直接地进入了士大夫乃至社会民众的思维观念之中。但是，沟口另辟蹊径，他认为这个问题应该从社会经济史的角度来把握，即这个时代地主阶级兴起的历史事实，中国社会的统治方式发生了重大改变：政治构图出现了由皇帝—官—民结构转向皇帝—官—地主（绅）—农民式的结构。"（里甲制度）由于民众的阶层分化，早在明代中叶，即王阳明的时代，就已面临改革的必要，于是出现了皇帝—官—地主（绅）—农民式的结构。而事实上，里甲制在明末的时候已经破绽百出。宛如要呼应这样的推移过程一般，由王阳明发起、以新兴地主阶层为核心的乡约（以有势力的地主阶层为中坚的乡村共同体的规约）运动扩展开来，到明末的时候，这样的运动已形成全国范围的扩展趋势，伴随着这种趋势的发展，到清代的时候，地主之间的宗族性结合越过了县，得到进一步的扩大和强化，与此相伴，'绅'在清末之时实现了从'乡'绅到'省'绅的势力扩张，最终，'绅'凌驾于'官'之上，导致了清朝的灭亡。"[31]

余英时认为，明代王学运动是一个"觉民行道"的历程，究其原因是因为在明代以后"得君行道"已经行不通了。显然，我们从阳明及其后学的社会教化活动中可以看到，宣教天理与回归个体的思潮也在这个过程中应运而生，这又是一个二元一体的历史进程。沟口认为，以乡约化和宗族扩展为基础的理学社会化运动是一个三纲五常的民众道德化的运动，同时也是满足个人生存要求与道德化运动相调和的过程（王阳明的"万物一体之仁"—戴震的条理之仁—三民主义的公理之历史进程），核心是"地主"位置与秩序的安顿，这是"理"之胜出的节点。[32] "'理'对于地主制秩序的维持而言，是一种极为有效的原理，并且，'理'的运用也是'民'自身作为政治基体——不是作为被动接受者——进行自我实现的途径。'理'的胜利在这种意义上意味着开拓了'民'的政治参与之路。这种意味经由对朱子学至阳明学的发展脉络的简单勾勒可以得到进一步明确。"[33]

理学的自我修正，即气质之性与天地之性之严格对立的逐渐消弭与化解。沟口认为，王阳明以致良知改造批判朱子学的格物致知从而将理的实践主体下移，"士大夫之理（政治＝道德）延展为'民'之理（社会生活＝道德），也就是说，奠定了理的大众化路线。"[34] 使这一大众化趋势实现定局的是王阳明。[35] 明太祖的"六谕"被阳明发挥推行，并延展至清末，但是上溯可以溯及朱子，并进而颁行到社会每一个城乡角落。"上述民众的道德化，一方面得到王朝权力——具体而言，即官——的推动；另一方面，明末以降，其经乡绅、士人、父老等当地有势力者之手，也就是说，民众的道德化作为民间的自主性运动而被推广，其主题在于，道德是'人'之本然，因此，所有的人都可以自己实现道德性本然，而这也是身、家、乡村以及国和天下的

平安的保证。"³⁶

　　政治价值与道德价值、政治治理与社会治理、国家统治与家族统治相对完善地整合到了一起，鲁迅后来所谓"吃人的礼教"也与此有关，它的正负功能一起毕现无疑。中国传统政治的问题在于不以问题及其解决为中心，而以稳定为中心，导致社会发展的消极停滞，而其中心环节有二：第一，是不以财富的开发与增进为目标，即韦伯所说的社会的效率化扩张问题，即成本核算问题；第二，在现有资本无法扩张的前提下，对官员缺乏有效的监管，导致有限资源分配上的差距悬殊，社会走向崩解。

　　"并非依据'法'而是依据'理'指的是人们自主地自觉地并且是本然、道德性地加入'理'的共同体之内。通过乡约及宗族性结合而达成的这种道德共同体网络的确立，即是'保天下'自身。这是由'民'所形成的一种自治，事实上，从政治层面而言，清末的民权运动正是以这样的共同体为基础走过了从地方自治到省独立的历程。而这样的道德共同体的自治历程正是从朱子到王阳明之间所铺展的大众化路线所不能预料的归宿和趋势。"³⁷

　　建构一个"理"的共同体，则依据理而不是法来推理和判决，这是宋代以后尤其是明清时代的历史特性。沟口认为，阳明的"万物一体之仁"就是理，就是共同体的理，一则是"孝顺"，一则是共存的相互性（仁民爱物），即"上下性和相互性将此后之理分流为二"。³⁸而按照李贽所言的"穿衣吃饭，即是人伦物理。除却穿衣吃饭，无伦物矣"。（《焚书》卷一）开始走向一个内在的调和，即穿衣吃饭也是理，三纲五常也是理。沟口指出："稍后王夫之又提出'人欲之大公，即天理之至正矣'（《四书训义》卷三）反映了这样的社会状况，并展示出从朱子至王阳明一贯岿然不动的'去人欲，存天理'的命题发生了重大变化。也就是说，天理在明末清初时期，完成了从去人欲之天理向存人欲之天理的延展。"[39] 从程朱理学一直到戴震："人死于法，犹有怜者；死于理，其谁怜之？"理所具有的劝导向善等一系列良序和被统治阶层所利用而形成的统治性问题在政治生活中都一体暴露出来。沟口雄三认为，在这个转变进程中，人的自然属性的展开是最重要的根基："一个方面，是把君臣、父子的上下秩序视为'天叙'（按照朱子的说法，'因其生而第之以其所当处者谓之叙'），把它视为'自然底次序'（《朱子语类》卷七八）；这是一种把所谓封建的身份秩序视为不可置疑的既定通行观念；另一方面，则是把气质之性（姑且称为'第一性'）作为恶的发源地，故认为它作为自然是不充分的；因此为了实现充分的自然这一意义上的本来之性（'第二性'），就需要以此目标来对气质之性进行陶冶和驾驭。这是一种对于'第一性'的悲观主义人生观（这两个方面，通过把上下秩序——一般而论就是社会秩序——的实现视为人们内在的'第二性'的社会成就这一认识形态，连接而为一）"。[40]

后面沟口进一步说明，只有到明末看到人们开始对"人欲"作为"自然属性"的肯定，才能更深刻地领会宋代思想家将之对立（第一性"气"，第二性"理"）并确认为天理之确定和严重。[41] "在明末，恶被视为后天之'习'——生活环境和教育等等后天的社会活动的结果，于是，人就从宋代以来那个悲观论的、半圆的不充分的、反自然的人性观那里解放出来了。"[42] 这里呈现出两个价值转轨：第一，即气质之性不再是个体生命之恶，而是人生内在的基本存在，而且逐渐上升到对此价值的肯定；第二，个体从宋儒确定的圣贤的人格向平民人格与圣贤人格的同一性转进。高瑞泉据此指出："泰州学派所谓'满街人皆是圣人'的命题，反映一种平民化的倾向。近代学者中人将泰州学派视为'左派王学'，不但因为这个学派中有樵夫、盐工、陶匠、农民等成分，而且在于它的异端色彩，即黄宗羲所谓'复

非名教之所能羁络矣'。名教的核心是等级制度，王艮说'百姓日用
即道'，虽然还是'极高明而道中庸'的路数，但是把'道'从圣人
之行下降为'百姓日用'，对于名教的危险性是不言而喻的。李贽的
'圣凡平等'，则是通过自然平等的逻辑来证明人与人的道德平等。至
于李贽反对以男女来划分见识之短长，更是超出了儒家在人性论上讨
论平等的藩篱，发提倡男女平等之先声，带有明显的异端色彩了。所
以 20 世纪的学者们有一种看法，即以对待平等的态度为划分左派和
右派的标准，实际上反映的是一种现代观念。"[43]

沟口雄三对此进一步分析："总之，理在内容上，尽管在上下之
分的范围内，开始孕育了三种新的变化因素，即欲之间的对立，调和
的社会性条理和相互性的均。这三个因素给理带来了思想史上的一种
质的转换，而这种转换是以将欲纳入理的范围为其基础的。"[44] "欲
在理的名义下被承认，这一方面显示了欲的无独立性，从天理来看，
由于它包摄了人欲，而得以重建与加强。另一方面，又因为欲是在理
的名义下得以确认为正位，所以欲在传统观念中的地位被巩固了。同
时由于欲被包摄入理中，并渗透于理，最终使理发生了质变。"[45]

理观念这种质的变化，当然也影响公与私的关系。正像上文所述，
宋学以来公私之间二律背反的关系，这时开始呈现出崩溃的迹象。"私"
意味着包摄于欲的个体之私。那种舍弃个体之私的公，即皇帝的一己
之私所带来的并不存在的强加于天下人的所谓天下之公，在原理上被
否定了。"公"以天下的个体之"私"为媒体，成为统一在更高层次上
的"公"。个体之私与公并非对立的，个体之私贯通于公；而贯通于个
体之私的公，其本质发生全方位的或是结构上的转变。[46]

我们看明末吕坤的言论："物理人情，自然而已。圣人得其自然
者以观天下，而天下之人不能逃圣人之洞察；——拂其人欲自然之私
而顺其天理自然之公。故虽有倔强锢蔽之人，无不憬悟而驯服。则圣

人触其自然之情也。"[47] 在朱子那里，本来是本来，自然是与本来相对立的自然，而天理自然则是最终的自然，它是本来；而在吕坤这里，自然就成为本来的自然或如沟口所说的"自然的本来"，自然与本来一开始即是同一的。但是吕坤说"拂其人欲自然之私而顺其天理自然之公"，此话又是与朱子的思想形成一致的，因此这里还要通过考察吕坤的原文以做出相应的判断。吕坤："'公''私'两字是宇宙的人鬼关，若自朝堂以至闾里，只把持得'公'字定，便自天清地宁、政清讼息。只一个'私'字扰攘得不成世界。"[48] "宇宙内大情种，男女居其第一。圣王不欲裁隔而矫拂之，亦不能裁割矫拂也。故通之以不可已之情，约之以不可犯之礼，绳之以必不赦之法，使纵之而相安相久也。"[49]

这里人情与天理之间的紧张与对立开始相对融解，因此从吕坤可以看到，从王阳明，尤其是晚明不独是阳明及其后学，而是整个思想家人群都在理学的天理观登峰造极之后出现了转折。而下手处就是理气之间的对峙以及圣人与常人之间的对峙。但是我们还必须看到，直到明末，儒学的正统派的思想依然坚实，譬如作为阳明后学的刘宗周以及东林党人，更不用说朱子学派的思想，所以这是一个复杂的历史进程。而与王阳明有关的问题是所谓理观的纠葛是指，理气二元论与一元论，性即理与心即理，为善去恶与无善无恶，去人欲的天理与存人欲的天理等。[50] 现在争议的问题可能是，是否通过阳明将"人欲"引入了"天理"。严格地说，阳明只是在事实与价值的判断上扬弃了经院哲学的叙述，而是转向了个人良知的最终根据，当然，这个转变非同小可，正是由于它，将理的超验的神圣化的招牌几乎击碎了，使人们在经的匍匐之下的身姿重新可能挺立起来。所以说，沟口的判断稍微言过其实，但是又有一定的根据，只是这个扭转或新的开启是从李贽发生的。而隐默的开启可以还有别的路向，包括黄宗羲以及可能的吕坤、戴震，但是如果是这样的话，阳明也是李贽的先行者。

至于阳明后学中人，现代学者大体将之分为守成者和变革者，而泰州学派中人则同时包含了这两种类型，侯外庐等认为，王艮的特殊的万物一体思想是承认人性的自然性的：

> 王艮肯定了饮食男女之性，认为这是人的天性的自然权利，不容统治阶级的人力安排，认为干涉，不容统治阶级强迫人民"为其所不欲为"，"欲其所不欲"。顾宪成论何心隐辈（按即指泰州学派）"坐在利欲胶漆盆中。所以能鼓动得人"正是一针见血之言。宣扬劳动人民的本然"利欲"，鼓动劳动人民为争取这种本然"利欲"的满足而斗争，当然就要"掀翻天地"，把封建统治阶级从宝座上推倒下来。[51]

显然，我们在思考明代伦理价值的变革中，已经看到王学作为中心的自我裂变与解体。沟口雄三构建了一个从阳明到清代的前近代的思想革命路线，这是一个有意思的探索，虽然我跟他的看法略有差异。沟口认为，从宋代朱熹确立儒理学这一新儒学的观念之后，自此以后的儒学发展都是不同历史时期的"儒理学"的发展，作为这种发展的最晚期的成果是康有为、谭嗣同和孙文的思想，并最终获得了"反专制、反封建的理念。总之，他们因此确立了打倒封建礼教的意识形态主体"[52]。这个说法十分有趣，几乎颠覆了人们的常规认知，即不仅将程朱和陆王连续起来，而且将宋明理学与清代朴学联系起来，更令人吃惊的是又将康有为、谭嗣同和孙中山与宋明理学到清学也贯通起来。而同时，这个被打倒的对象还是朱子学，即沟口所认为的"体制儒学"，这样在他那里，已经建构了一个所谓"儒理学"与"体制儒学"之间的内部紧张，最终，前者对后者进行了一场革命。

而二者本身是相互交织的，在沟口看来，二者之间的紧张在于清代中叶以后，体制儒学的上下等级关系被儒理学的自我破除所解构。其中一个发展就是"气的哲学"的发展。[53]

沟口雄三所说的从先天之理向自然之理的转变对于整个宋明思想的转变的确是基本符合的，但是，显然这个笼统说得就会指向一个从整全的僧侣主义的意识形态向分解的、大众的价值观的转变了。但是，毋庸置疑，王阳明的思想主体还在传统社会的伦理价值之中，但是，他的圣人观、四民同业的平等观、心性理的一体观与程朱理学已经发生了几乎根本性的变化，但是，没有变的仍然是那个传统社会的经济、政治和伦理制度架构，这在王阳明这里还没有呈现出革命性的转变，他所改变的是宗教自身的外在主义，而走向个体与天道一体的内在主义，即嵇文甫先生最早提出的马丁·路德式的宗教革命，显然这个革命也是了不起的。但是，需要强调的一点是：沟口雄三的评论给人一种阳明思想向情理、理欲一体的方向的转变，应该说还不能这样讲。因为，阳明思想中的情理是情理，但是良知的情理，而不是情欲之理，与李贽、戴震的条理化有相近之处，但是又不相同，因此，说他的思想有启蒙的前奏，但还不是启蒙，他还是儒家内部的分歧。但是，他的思想可能走向两个方向：一个是黄宗羲和李贽的路向（这本身就有两条路径），还有一个是彻底否定世俗生活的庄子之路。

第二节　从情理到政治公共性观念的伦理考察

一、情理、公共之理与公共之政的伦理观演变

从前文已经可知，阳明的"良知"概念包含着对当时历史制度和

社会价值观念的肯定与可能的否定双重意蕴。良知本身所包含的普遍性与具体性之间的张力也导致情与理、情与礼之间的紧张开始孕育发生。明代商业渐次繁荣、市民生活与市民文化开始扩张。在这样的观念引导与社会生活的涵育之下，情理价值观的形成已经成为历史的必然趋势，到明代中后期，这个态势更为扩展，从泰州学派与李贽思想的发展，而东林党人乃至于黄宗羲对他们的批评以及刘宗周对传统价值的持守这一系列情形看，传统价值依然得到正统士大夫的坚守，但是，另有一些敏感和同样更有社会责任感与历史使命感的思想家对传统社会的价值报以深刻的质疑与反省，这股浪潮随着明末最后一个汉族全面统治的王朝的覆亡终于到达顶点。

明代对情理的肯定是对宋代以来讲求天理、天道的反动，是具体性对普遍性的反拨，其中就引导到一个关于什么是"公"的价值上来。沟口认为，顾炎武的"人之有私，固情之所不能免"[54]，"世之君子必曰有公而后私，此后代之美言，非先王之至训矣"[55]，被李卓吾的"夫以率性之真，推而扩之，天下为公"[56]所直接展开了，或已经对此作了透视，或二者之间具有同一性。[57]"夫天下至大，万民至众，物之不齐，物之情也。"[58]上推孟子："夫物之不齐，物之情也。或相倍蓰，或相什百，或相千万。子比而同之，是乱天下也。巨屦小屦同贾，人岂为之哉？从许子之道，相率而为伪者也，恶能治国家？"[59]从普遍天理对人的宰制转化为具体的形而下的人情乃至于个人欲望的充分勘定与展开，这是一个顺理成章的逻辑过程，尤其是对纲常名教乃至于由纲常名教引申的刑政之纲的反感都是题中应有之义，这个反思从李贽开始下延到顾黄王等人，就是对两个问题的沉思，首先是天理或天理，第二是君主作为国家的代表、象征，他的德是否就是自然的？君德与君位的关系究竟应该是怎样的？我们今天常说的公共领域即社会的非个人的更不是皇权一个家族的天下及天下大事到底应该由谁来规定？这些过去自然而然毫无疑问的"天理""天道"都开始成了问题。沟口在这里指出："他一针见血的毅然决然的指出，治国平天下的原点，不是在形而上界，而是在形而下界，如果忘掉这一点而固执'吾之条理'的话，那么就是有德之君也不外是把身之自由交付给政刑之纲了。他认为这种所谓的有的德，只不过是自夸的有德，是不具任何普遍性与客观性的。所谓的圣人或者有德之君主，并不是在于自己能够完全消化'舍己从人'与'孝悌忠信'的'题目'，而是指在人人普遍的客观存在的形而下的本来面目中觉醒。"60

沟口在这里谈的是李贽，后面他又接着指出，李贽的这种思想将君主被天赋其实是人们强加于其上的真理或道德的光环剥离了，这就可以和后来黄宗羲的《原君》的思想内容做一比较，构成黄宗羲思想的先驱。其实在此前后的吕坤也已经提出了类似思想：

> 道者，天下古今公共之理，人人都有分底。道不自私，圣人不私道，而儒者每私之，曰"圣人之道"。言必循经，事必稽古，曰"卫道"。嗟夫！此千古之大防也，谁敢决之？然道无津涯，非圣人之言所能限，事有时势，非圣人之制所能尽。后世苟有明者出，发圣人所未发，而默契圣人欲言之心；为圣人所未为，而吻合圣人必为之事，此固圣人之深幸而拘儒之所大骇也。呜呼，此可与通者道，汉、唐以来鲜若人矣。61

> 为人上者，只是使所治之民个个要聊生，人人要安分，物物要得所，事事要协宜，这是本然职分。遂了这个心，才得畅然一霎欢，安然一觉睡。稍有一民一物一事不妥帖，此心如何放得下。何者？为一郡邑长，一郡邑皆待命于我者也；为一国君，一国皆待命于我者也。为天下主，天下皆待命于我者也。无以答其

望，何以称此职？何以居此位？凤夜汲汲图，惟之不暇，而暇于
安富尊荣之奉，身家妻子之谋，一不遂心而淫怒是逞邪？夫付之
以生民之寄，宁为盈一己之欲哉？试一反思，便当愧汗。王法上
承天道，下顺人情，要个大中至正，不容有一毫偏重偏轻之制。
行法者要个大公无我，不容有一毫故出故入之心，则是天也。君
臣以天行法，而后下民以天相安。[62]

上面所引吕坤所论说明两点：第一，此前人们言必称古代，言必
称圣人，古代和圣人是一切"真理"的决断者，当下的人们以及他们
的身心感受反而没有发言权。但是，吕坤强烈地指出，公共之理"道
者，天下古今公共之理，人人都有分底"。这样，公共论域的"理"
就从君主个人转移到社会和每一个个体身上，显然，这个思想的转变
是具有革命性意义的。第二，天子也好，君主也好，一邑之长也好，
他们的职责伦理由谁来判定？吕坤认为，有两个判据，一是人欲的满
足，即每一个职责岗位是面向公众的个人利益的，而不是君主的一己
私利；二是天下法令要符合两个原则——上之天道，下之民情，不合
民情民意的法令原则是不合法的。吕坤的思想是整个明代社会思想和
伦理价值转变的一个缩影，它被普遍化的但又是被所谓"天理"其实
是统治者的利益所宰制的法制规范覆盖了，真正的个体的情感、意志
和人的最基本的、最正当的诉求都被埋没了，但是正是所有人的基本
情感及其表达才是真正的万世公共之心：

世间万物皆有所欲、其欲即是天理人情，天下万世公共之
心。每怜万物有多少不得其欲处，有余者盈溢于所欲之外而死，
不足者奔走于所欲之内而死，二者均，俱生之道也，常思天地生
许多人物，自足以养之。然而不得其欲者，正缘不均之故耳。此

无天地不是处，宇宙内自有任其责者。是以圣王治天下不说均就说平，其均平之术只是絜矩，絜矩之方只是个好同恶。[63]

所谓是非利害都是某种价值判定，但是这种判定在吕坤看来，最根本是要依据于人心、人情和人的基本愿望和要求，即人的趋乐避苦的基本属性，是个体生命的真实性所在，是人性的内在要求，这是最本质的，政治治理的本质是顺应人性、人心，从人心和人的基本要求出发，如果不从人心的最本质之处着手，那么所谓教化与治理都是空的，所谓"敏德之治"就是不可能的：

人情不论是非利害，莫不乐便己者，恶不便己者。官居立政，无论殃民，即教养谆谆，禁令惓惓，何尝不欲其相养相安、免祸远罪哉！故圣人先之以躬行，浸之以口语，示之以好恶，激之以赏罚，日积月累，耐意精心，但尽熏陶之功，不计俄顷之效。然后民知善之当为、恶之可耻，默化潜移，而服从乎圣人。今以无本之令，责久散之民，求旦夕之效，逞不从之怒，恣疾于顽，而望敏德之治，乎我且亦愚不肖者，而何怪乎蚩蚩之氓哉。[64]

人情天下古今相同，圣人惧其肆，特为之立中以防之，故民易从。有乱道者从而矫之，为天下古今所难为之事，以为名高，无识者相与骇异之，崇奖之，以率天下。不知凡于人情不近者，皆道之贼也。故立法不可太激，制礼不可太严，责人不可太尽。然后可以同归于道，不然是驱之使畔也。[65]

吕坤最后一句很有力量，直接点出人民反抗暴力的根据是"立法太激，制礼太严，责人太尽"，这明显是戴东原批评宋明理学以理杀人的先驱了。尤其是最后一句"责人太尽"更是道破天机。所谓责人太尽就是"不知凡于人情不近者，皆道之贼也"。不近人情、不讲人理都是"道之贼也"，就是大道的敌人，这样的理法就不是理法，人民就可以推翻它。所以，我们从吕坤这里已经可以看出一些儒家思想从内部的革命性心态，显然这要比孟子的革命与吊民伐罪的思想有更多的时代气息。它是直面宋代以来的天理天道被统治阶级利用和败坏并谋取私利的状态之下的比较彻底的反省与反思，而这个反思的极点就是黄宗羲。

二、君道"私天下"的反思与政治公共性伦理观念的初步展开

明代价值思想的变迁随着明朝的灭亡陡然上升到政治权力的层面，这是中国思想史上一个划时代的时刻，虽然为时不长又被黑暗所笼罩，但是它的光辉却是如此得耀眼醒目，这就是黄宗羲的《明夷待访录》。我们在此书尤其是《原君》中随便截取一段，都是那个时代惊世骇俗的奇文：

> 古者以天下为主，君为客，凡君之所毕世而经营者，为天下也。今也以君为主，天下为客，凡天下之无地而得安宁者，为君也。是以其未得之也，屠毒天下之肝脑，离散天下之子女，以博我一人之产业，曾不惨然。曰："我固为子孙创业也。"其既得之也，敲剥天下之骨髓，离散天下之子女，以奉我一人之淫乐，视为当然。曰："此我产业之花息也。"然则，为天下之大害者，君而已矣。向使无君，人各得自私也，人各得自利也。呜呼！岂设君之道固如是乎？

黄宗羲这段话让人想起我们前面提到的朱棣所说的"这是朕的家事"。谁做皇帝不是由老百姓或大臣说了算，而是皇帝自家的事情，外人无权干涉，这就是黄宗羲在这里所说的屠戮百姓、离散家庭成就的只是个人的"产业"，与天下人无关。吕坤在前面已经提到了君主的职能问题，而黄宗羲则把这个问题放大了，上升到权力的形成、归属和它的属性问题，一句话：政权是公天下还是私天下？政治权力是天下人的还是靠强权打下的某个私人及其家族的？顾炎武的《日知录》里面也谈到这个问题，他与黄宗羲的思想比较接近：

> 所谓天子者，执天下之大权者也。其执大权奈何？以天下之权寄之天下之人，而权乃归之天子。自公卿大夫，至于百里之宰，一命之官，莫不分天子之权，以各治其事，而天子之权乃益尊。后世有不善治者出焉，尽天下一切之权，而收之在上，而万几之广，固非一人之所能操也。而权乃移于法。于是多为之法，以禁防之。虽有大奸有所不能逾。而贤智之臣，亦无能效尺寸于法之外。相与兢兢奉法，以求无过而已。于是天子之权不寄之人臣，而寄之吏胥。是故天下之尤急者，守令亲民之官，而今日之尤无权者，莫过于守令。守令无权，而民之疾苦不闻于上，安望其致太平而延国命乎？（《日知录》卷十三，"守令"条）[66]

顾炎武这里谈到两个问题：第一，权力归属问题，第二，权力使用的职责问题。天下人的权力只有在天下人手里才能最终为君主作为权力最高执行者来正常使用；权力只有合理分配，才能实现权力的有效使用，即要分权。但是有一个问题，顾炎武不是将分权建立在法治的基础上，而是试图建立在实际运用的基础上，所以他反对将权力寄托于胥吏，这是他的思想之最薄弱之处，从现代官僚制度而言，这是不妥当的。但是，顾炎武对最高权力的归属之反省与黄宗羲是完全同道的，是这个时代最强烈的革命性呼声。而且顾炎武同样也提到了"私天下"和权力家族化的问题。他说："有亡国，有亡天下。亡国与亡天下奚辨？曰：易姓改号，谓之亡国；仁义充塞，而至于率兽食人，人将相食，谓之亡天下。""是故知保天下，然后知保其国。保国者，其君其臣肉食者谋之；保天下者，匹夫之贱与有责焉耳矣。"[67]第一，他把亡国与亡天下区分开，这是中国思想的一个重要节点，并强调，"保国者，其君其臣肉食者谋之"。一家一姓的王朝更替是王朝内部统治者自身的事情，与被统治的匹夫匹妇无关，这个议论显然是划时代的，揭示了王朝统治与社会民众之间的断裂与内在冲突。但是他的议论与黄宗羲等人一样，尽管已经呈现出对传统社会的充分反思，显现出与整个传统时代都十分不同的睿智与深邃，但是他的自我回旋还是体现出传统社会知识分子的内在问题，即不能逃脱于王道与士人相互表里的关系：是孟子所谓杨墨之言至于使天下无父无君而入禽兽者也[68]，即无父无君在儒家是不可接受的价值观念。所以他一方面看到王朝更替是一个王朝自身内部的问题，但是，他又认为人伦丧失是所有天下人的职责，这话本无错，问题在于他将这个又归结于那些不是儒家的人、没有君臣道义责任的人们空谈清议的后果，结果把他自己的一点儿思想又倒退回去了。换句话说，从根本价值的厘定上，顾炎武、黄宗羲都走到了那个时代的前沿，但是顾炎武对政治伦理的批判有所保留，对家国天下的一体性有深深的眷恋。但是，他的深刻之处在于将"天下"与"王朝"严格区别开来了，这就是划时代的重大贡献。

梁启超称黄宗羲的《明夷待访录》是一部"怪书"，"从今日青年眼光看去，虽像平平无奇，但三百年前——卢骚《民约论》出世前之数十年，有这等议论，不能不算人类文化之一高贵产品"[69]。梁启超尤其讲到黄宗羲《原君》《原法》和《学校》等对君主的抨击，"像这类的话，的确含有民主主义的精神——虽然很幼稚——对于三千年专制思想为极大胆的反抗。在三十年前——我们当学生时代，实为刺激青年最有力之兴奋剂"[70]。牟宗三对此二人的相关论述有恳切的评论：

> 黄氏言君"为天下之大害"，此在当时，可谓晴天霹雳。非由大仁大勇何敢言此？非其智足以参透儒家所代表之最高理想传统，又何能言此？君既为天下之大害，即应除之而已矣。然终不能除者，则因为天下之害者，本不合为君之道，是即亦本非君也，乃孟子所谓"独夫"、人民所视之寇雠者。是则除去者，除害也，非真除君也。对应设君之道，使之合乎君道，而恢复君之本义矣，而不知如何实现之，此中国文化中一大症结也。[71]

牟宗三又评之《日知录》谓：

> "以天下之权，寄之天下之人，而权乃归之天子"，而后始能成就其"执天下之大权"。此亦智慧之言。然既藏天下于筐箧，则此智慧之玄理乃不能实现者。即或遇有聪明豁达之君而一时实现之，则亦是"理性之内容的表现"，而终不能客观地完成"天下之权，寄之天下之人"也。此真成为政治学中之严重问题矣，而亦是儒家外王理想之难关。[72]

牟宗三认为，顾炎武和黄宗羲思想之革命性如晴天霹雳一般具有震撼性，是一场思想界最深刻的革命性反思，是政治伦理价值的颠覆性突破，但是，他又指出他所认为的一个问题：即顾炎武和黄宗羲都没有真正提出"无君"的观念，他们只是"非君"，就是对君主的所作所为不恪守职责提出批判，但没有对政权的客观性实现做出革命性的思考，即在他们的设计中无法实现"客观地完成'天下之权，寄之天下之人'"的理性设计，这是时代的局限。这当然是政治合法性及其实现的问题了，对于顾炎武和黄宗羲来说，能够提出这个问题已经具有历史的创造性，但是制度设计并非他们的所长，他们的思想受到了中国古代制度文化的限制。因此，有学者认为黄宗羲的思想只是"民本的极限"，在权力产生的来源上与西方思想家的考量不相一致，反而是中国传统思想的重现："黄宗羲的前国家状态与霍布斯的'自然状态'接近，但是，在国家出现的途径上两者却差异很大。霍布斯进入国家状态是通过所谓的'社会契约'；黄宗羲进入国家状态的途径实则是所谓'有仁者出'的三代圣王，圣王直接从宇宙主宰那里获得了与西方主权内涵相当的权力，该权力具有最终的、普遍的、至上的特征，其他政治权力都是由他派生的。"[73] "黄宗羲并没有剥夺后世帝王达到三代圣王的境界的可能性，从而也就赋予后世帝王拥有绝对权力的可能性；君主究竟有没有达到三代圣王的境界缺乏判别的客观标准。如此说来，黄宗羲实际上赋予了所有帝王以绝对权力，所有对于帝王的制约在帝王的绝对权力面前都显得苍白无力。不论是宰相，还是由退职宰相担任的太学祭酒，他们本身虽然可能学富五车、满腹经纶，但是，他们的学识只有或然性，没有必然性的理论依据，只有天子才能'通天'，才能获得知识的所谓必然性。宰相或学校当局的祭酒不能保证他们对君主的批评一定能发生作用。黄宗羲的学校，不论在功能上，还是在组织、活动的程序上，都不能与英国近代的议会同日而语。"[74]

香港中文大学石元康教授的观点与张师伟的论述有相近之处，他在引述上文中梁启超对黄宗羲的高度评价后认为，黄宗羲思想的目标不是人民主权，而是要回复"三代之治"，这是近代以来学者无论称颂黄宗羲或者批评他的观点之无法绕开的一个问题："但是，如果我们看黄宗羲自己对于《待访录》的讲法的话，梁氏的观察显然是不正确的。黄宗羲在《破邪论》一书的题辞中说：'余尝为《待访录》，思复三代之治。'而在《待访录》的题辞中，他也指出该书的目的是为了恢复古代圣贤所提出的'为治大法'，因此，在黄宗羲的心目中，传统儒家所倡导的三代，就是他心目中的理想政治。他所提出的政治理念并没有乖离任何儒家传统中所提出的政治理念。梁启超认为《待访录》是一部怪书的讲法是完全站不住脚的。"[75]

石元康教授在引用黄宗羲相关论述后指出，很难由此得出结论说，黄宗羲是反对君主专制的，否则他应该思考的不是"原君"而是"非君"，原君只是确认现实的君主没有能够尽职尽责，如果能够尽职尽责就会受到拥戴，真正的问题是"主权问题"或"主权在民"（popular sovereignty）："《原君》虽然很精确地指出了中国传统政治中将天下视为产业这种一贯的家天下思想，但是，它却没有对这种堕陷是如何发生的这个问题作详细的讨论。我认为，只有在这方面用心地思考才能防止这种堕陷的发生。这个问题主要是所牵涉到的是主权属于谁的问题。君主专制的体制下，主权者（Sovereignty）是君主。西方的君权神授之说，以及中国的真命天子的思想都是这种君主专制主权论的理论基础。民主政治的理论则把主权的拥有者放在全体人民手中，也就是所谓的主权在民（popular sovereignty）的理论。"[76]

石元康又指出："黄宗羲对于君主的理念显然与契约论者如洛克或自由主义者如穆勒有着极大的不同。他认为君主应该不只是一个仲裁人，而应该是一个积极地去为人民谋利的人。但是，为什么人们要别人替他谋福利呢？为自己谋福利难道不是各人自己的事吗？这个理念所蕴含的是，人民为自己谋福利的能力是不足够的。"[77] "事实上黄宗羲理想中的君主也是传统儒家政治理论中的父母地位。他说，'天之生斯民也，以教养托之于君'（《学校》）。这句话所说的当然除了君主是人民的父母之外，更是人民的老师。"[78] 所以，石元康认为，这是由于黄宗羲没有权力与权利这二重概念的形成与辨析所致。"中国传统的政治理论中，始终没有办法应付这个问题。对于防止君主滥用权力，中国传统的办法是要君主从事德性的修养，但是，这种办法似乎从来没有奏效过。""当他拥有那么大的权力时，他也很自然地会用他的权力去为自己谋利。荀子主张性恶说，但是他也没有发展出一套理论或机制来限制君权。我想这是与中国传统中没有发展出个人权利这种理论有不可分割的关系。"[79]

石元康教授这个判断涉及黄宗羲的书是否涉及或暗合一些现代民主政治的价值理念，更准确地说是"三代之治"的究竟含义是什么？当然，三代之治不是民主政治，这是毫无疑问的，但是，如果抽象地来看，这个所谓"三代之治"是不是可以仅仅从理想的维度去把握呢？如果是的话，我们可以这样理解：三代之治的现实性在中国历史上从来没有实现，如果仅仅从圣君贤相和与民同乐的角度看，这个政治理念不具备现代性，但是如果从它的抽象化来说，所谓从黄宗羲所思考的"天下人的天下"之本身来看，所谓"三代之治"是"天下之天下"的一种表述，这也只是黄宗羲所能想到的表述，而另外的真实实现方式是他无法想象的，这是他的局限，但是从思想的开放性维度看，我们也可以认为，黄宗羲已经触及中国传统政治的最严重的弊端之病灶，只是拿不出真实有效的方案。石元康所说的"非君"与我前文所提到的"非君"不同。他讲的"非君"是要否定君主制度，我讲的"非君"是批判君主之不遵循君主职位的原则，显然，黄宗羲的确还没有走到石元康所理解的"非君"的概念上。但是，我们如果立足于那个时代，"原君"也许具有更大的理论深刻性，因为这是对

"君"的概念的政治哲学层面的反思与批判。秦晖认为，黄宗羲思想已经触及专制制度的深层根源，尤其是从反抗性、批判性维度更是如此："从君主专制的基本逻辑、形而上根源直到类似上述'积累莫返之害'的具体弊端，黄宗羲式的'儒家启蒙学者'对该体制的批判不可谓不激烈，亦不可谓不深刻。就激烈而言，'凡帝王皆贼'、'君为天下之大害'之类言辞可以说决不亚于西方的反专制思想家。而就深刻而言，黄宗羲设想没有专制的时代是个'人各得自私也，人各得自利也'的时代；而专制制度的本质就在于'使天下之人不敢自私，不敢自利，以我之大私为天下之大公'。这与那种视远古为道德的黄金时代、而把专制的产生归咎于道德堕落的观点不同，实际上已涉及到近代自由主义的一个根本理念，即专制的本质在于对个人权利的剥夺或对个性自由的压迫，任何专制归根结底都是共同体对个人的专制，在没有个人自由的条件下，共同体对个人的压迫实质上就是共同体的人格化象征者对全体共同体成员的压迫。"[80]

如果我们认真思考黄宗羲的"向使无君"的概念，尤其是他提出如果没有君主，人们能够实现各自的利益和愿望，即君主专制控制、剥夺了个体的个人利益与愿望，是君主专制制度的结果，是"私天下"即韦伯所说的"家产制"的结果，那么，黄宗羲思想之深刻反思性的一面就真正展示出来了。黄宗羲在儒家的君臣道义观念上应该说比顾炎武有更进一步的反思：

> 古者天下之人爱戴其君，比之如父，拟之如天，诚不为过也。今也天下之人怨恶其君，视之如寇仇，名之为独夫，固其所也。而小儒规规焉以君臣之义无所逃于天地之间，至桀、纣之暴，犹谓汤、武不当诛之，而妄传伯夷、叔齐无稽之事。——后世之君，欲以如父如天之空名禁人之窥伺者，皆不便于其言，至

废孟子而不立，非导源于小儒乎？(《原君》) [81]

从表面上看，黄宗羲的这段话并没有太多革命性的含义，似乎还是在重复传统社会之自然有君有父，君君臣臣父父子子的理念。其实，我们进一步考察，他严厉地批判了传统儒者所强调的君臣之义无逃于天地之间的所谓"真理"。换句话说，在黄宗羲这里，并没有一个绝对的君臣父子的道义价值，这在理念上批驳了儒家思想中的社会价值的道义论根源，一方面回到孟子的"相对性"（reciprocity），即君臣对等的价值尊严，同时，他已经触及了传统社会政治伦理的内核。李存山教授在为黄宗羲辩护的论文中指出：

> 这就是说，黄宗羲宁可回到有生之初的"无君"状态，也不愿再继续自秦汉以来"为天下之大害"的君主制。试想，孟子能说出这样的话吗？孟子说："杨氏为我，是无君也；无父无君，是禽兽也。"(《孟子·滕文公下》) 在孟子那里，"无君"是根本不可想象的；而在黄宗羲的思想中，宁可"无君"，也不愿再继续为害天下的君主制。在这里，君主制并非天经地义，理所当然，它的"合法性"只在于为民兴利除害，如果它为害天下的话，那么"无君"也并非绝对不可能的一个选项。在孟子的思想中没有这个选项，而在黄宗羲的思想中有了。这在儒家的思想中，难道不是一个突破"极限"的变化吗？试想，除了道家的庄子、道教文献（《抱朴子》）中的"鲍敬言"，历史上又有哪个儒家曾说出过"向使无君"这样的话？当然，黄宗羲的政治主张还没有真的发展到"无君"那一步，他也不是真的主张人各得自私自利；倘若真如此，他就不是明清之际的儒者，而是19、20世纪的自由主义者了。

这一步在一些习惯于以今衡古或以西度中的研究者看来，可能是微不足道，甚至是原地踏步。但我认为，这一步正是从民本走向民主的开端。[82]

我们一方面要尊重张师伟和石元康的洞见，同时笔者也认为，李存山这里的理解也并非毫无道理，张海晏同样指出："在这个公私观念发生重大转折的时间节点，黄宗羲并不是单纯地鼓吹个人权利和利益的正当性，而是把理论的重心放在给君王重新定位，划定其行为选择边界，压缩、限定统治者的权力和私欲上。""黄宗羲的公私之辨已经把民本观念向民主理念提升，系介于二者之间的过渡的理论形态，不乏新意，亦不落俗套，并非乏善可陈。"[83] 彭国翔教授也持有与张师伟、石元康等相类似的观点，认为黄宗羲并非真的在思考"无君"的问题，"否则的话，他就不会说'古者天下之人爱戴其君，比之如父，拟之如天，诚不为过也'这样的话了"[84]。因此，他认为，黄宗羲的目的还是要回到理想的君主制度。但是，根据笔者上面的分析，黄宗羲既然强调在无君的状态下个人利益能够真实实现、真正实现，而有君的状态下并不能真正实现，尤其是昏君状态下完全无法实现，显然，他在思考"君权"及其设置的合理性问题，同时也在思考君权的限制等问题。总括来说，我们可以借用萧公权的论述结束这一节讨论：

明代政论特点之一即为注意民本、民族之观念；上复先秦古学，下开近世风气。明初之刘基、方孝孺，与明末清初之黄宗羲、王夫之分别代表此两种趋势，皆对专治天下之弊政加以严重之攻击。然而此数人之学术既仍本之儒家，而明代一般之儒者更不能脱专治天下之结习。[85]

萧公权认为，黄宗羲的思想是有心学价值根源的，并非只是一个政治思想的探讨：《明夷待访录》极言政事，而就黄氏学术全体观之，尚非其根本之所在。"[86]萧公权引用两段黄宗羲《与友人论学书》中的话，指出黄宗羲之学也是心体与达用一体之学，而非只是经世致用之学术，而且是以心为本者，这一点尤为重要，可以揭示黄宗羲与阳明之相同而不同之处。如此，黄宗羲之学有类于萧公权对李卓吾的评价，是仁学之路，即同于阳明之路，本于儒家之心天地之一体，但是因为阳明思想有些其实处于蓄势待发或引而不发，或者是可以有不同方向的延展可能，所以他的思想后劲一路走向李贽、一路走向黄宗羲、一路走向王艮，还有一路走向王龙溪。虽然部分泰州学人被黄宗羲打入另册，但是，其实都可以从阳明思想那里找到相应的踪迹。

如果说，黄宗羲的政治哲学有一个阳明心学的渊源，那么清代学术包括政治思想的发展则是在批判阳明心学和发展他的思想的双重复杂的路径上展开的，梁启超在《中国近三百年学术史》中指出，这个时代的学术主潮是"厌倦主观的冥想而倾向于客观的考察"，"排斥理论，提倡实践"。[87]梁启超谓明末五种反动，第一就是王学内部的反动，即刘宗周的反动，讲"证人"主义，以"慎独"为入手，对阳明后学中的王龙溪、罗汝芳等痛加贬斥，"总算是舍空谈而趋实践"。[88]这其实是梁启超自己的总结。王学当然不是空谈，但是在某种程度上它也不是原始儒学，而是宗教，这是儒家心学的特质，也是儒学内涵有价值的一个方面，宋明理学的意义即在于此。但是，他们试图把这种个人修养的思想延伸到政治领域就造成了两个不同层面的混淆和混乱，更导致了对人性的政治压迫，这当然是最糟糕的了，而如此儒家思想和道德修养中有价值的内容也不能彰显出来，这在今天也成了严重的问题。梁启超评价顾炎武"'经学即理学'一语，则炎武所创学派之新旗帜也"[89]。

古代先哲对于理想治道的阐发，存在着治道内在的发展张力。在宋代，理学的发展塑造了程朱强势的学术影响力，有明一代，王学的兴起，在理学一脉中，又延伸出心学对天下秩序的理解与塑造。在理学与心学的治道理想中，内在着今文经学对于政治的理想设计。"经学即理学"命题在晚明的出现，是清代学者运用古文经学重启治道审思的先河。在清代初期，古文经学与程朱陆王所开显的今文经学的碰撞的历史境遇，潜在着清代哲人经世致用的治道理想。而晚清所遭遇的"人民蒙难，国家蒙辱，文明蒙尘"，又促使尘封许久的今文经学在经世致用的治道导向下呈现出康梁所推崇的托古改制。明清之变下，士人逐渐从重天人之学转变为重经世致用，在理学与心学的革命中，主张托古改制的学人用革命的心态与学术推进着政治公共观念的开展，以致国家建构的现代性的发展。

注释

1. 钱穆：《国史大纲》，商务印书馆 1996 年版，第 668—669 页。

2. 丁易：《明代特务政治》，上海书店出版社 2011 年版，第 1 页。

3. 同上书，第 2—3 页。

4. ［清］黄宗羲：《明夷待访录·原法》，载《黄宗羲全集》第一册，浙江古籍出版社 2005 年版，第 7 页。

5. 陈寅恪强调北方所谓不分你我的"兄弟"关系，即笼统的大家族的社会与文化类型，从中可以看到可能衍生的政治与经济类型；而南方虽然似乎强调亲疏有等的差序格局，但是，它又是小家族制度，这一点还需要继续研究。

6. 梁启超：《中国近三百年学术史》，商务印书馆 2011 年版，第 25 页。

7. 同上。

8. 萧公权：《中国政治思想史》，辽宁教育出版社 1998 年版，第 481 页。

9. 同上。

10. ［日］沟口雄三:《中国的思维世界》,刁榴、牟坚等译,孙歌校,生活·读书·新知三联书店 2014 年版,第 30 页。

11. 同上书,第 31 页。

12. 同上书,第 31—32 页。

13. 同上书,第 39 页。

14. 同上书,第 39—40 页。

15. 同上书,第 41 页。

16. 同上书,第 43—44 页。

17. 同上书,第 47 页。

18. 同上书,第 48 页。

19. 同上书,第 50 页。

20. 同上书,第 51 页。

21. 同上书,第 58—59 页。

22. 同上书,第 97 页。

23. 从牟宗三的良知坎陷到陈来的《仁学本体论》的尝试展开,都在做这样转化的尝试,当然,牟宗三强调的是良知的"曲通"而不是"直通",陈来只是讲的自然和道德法则,还不是政治原理。

24. ［明］王守仁:《传习录中》,载《王阳明全集》,吴光等编校,上海古籍出版社 1992 年版,第 59 页。

25. 同上书,第 107 页。

26. 高瑞泉指出:传统儒家的"自尊"或"道德自主",与现代"政治平等"的原则,依然存在要转化的空间。因为,从政治平等出发的自尊,之所以不同于单纯的道德评价上等,是前者内在地包含了平等地参与社会政治事务的权利意识和政治实践,而不仅是私人性的道德实践。用传统的表达方式,后者是"修身养性",前者是"治国平天下"。章太炎对此有所意识,他很明确谈"平等"的目的是为了启蒙并实现社会动员。(高瑞泉:《平等观念史论略》,上海人民出版社 2011 年版,第 61—62 页)

27. ［明］王守仁:《传习录下》,载《王阳明全集》,第 76 页。

28. 嵇文甫:《晚明思想史论》,东方出版社 2013 年版,第 13—14 页。

29. 杨国荣:《王学通论》,上海三联书店 1990 年版,第 42 页。

30. 沟口雄三认为理气论是儒家天理论的基础,理气论的孕育及其成熟是天理论得以成型的根据,但是,如果没有元代的制度架构的匹配,这种说法能否成为普遍的价值是值得怀疑的。而王阳明正是开启了这种怀疑,但是,他没有怀疑这个问题的核心价值，即儒家的道德价值体系，而是将理气论中的自然与社会的条贯性、一体性剥离了，使得道德价值仅仅成为道德价值，虽然它是普遍的，但是，它也是世俗世界或人类社会的普遍性。而至于自然世界如何？王阳明只能说存而不论了。而这里的另一个演变是气论的独立性的呈现：气的本身不再作为理的附属物存在，而是一个同样的价值存在，即气与生命、身体的独立性得到认可，而不是被作为道德价值的反面而存在，这可能是思想价值变革的重要方面，但是，这导致了思想和市民社会价值的分裂，并没有导致官方的认同，故程朱理学依然得以承续。而儒家心学本身也由此产生了自我的二元裂变，一方面是传统社会道德价值的继续认肯，一方面是对这种价值的怀疑、犹疑的存在，因为个体的独立性、完整性从中开始有所呈现，这正是阳明、李贽等人的贡献。

31. ［日］沟口雄三：《中国的思维世界》，第113页。

32. 同上书，第114页。

33. 同上书，第115页。

34. 同上。

35. 同上书，第116页。

36. 同上书，第117页。

37. 同上书，第117—118页。

38. 同上书，第119页。

39. 同上书，第120页。

40. 同上书，第150—151页。

41. 同上书，第152页。

42. 同上书，第154页。

43. 高瑞泉：《平等观念史论略》，第61页。

44. ［日］沟口雄三：《中国前近代思想之曲折与展开》，陈耀文译，上海人民出版社1997年版，第17页。

45. 同上。

46. 同上。

47. 吕坤：《呻吟语》卷五，载《吕坤集》(中)，中华书局2008年版，第854页。

48. 同上书，第823页。

49. 同上书，第630页。

50. ［日］沟口雄三：《中国前近代思想之曲折与展开》，第35—36页。

51. 侯外庐：《中国思想通史》第五卷，人民出版社1957年版，第977页。

52. ［日］沟口雄三：《中国前近代思想之曲折与展开》，第 36 页。

53. 同上书，第 36—37 页。

54. 顾炎武：《日知录集释》卷三，黄汝成集释，岳麓书社 1994 年版，第 91 页。

55. 同上书，第 92 页。

56. 李贽：《道古录》，载张建业编：《李贽文集》，社会科学文献出版社 2000 年版，第 361 页。

57. 同上书，第 131 页。

58. 李贽：《道古录》，载张建业编：《李贽全集注》，社会科学文献出版社 2010 年版，第 271 页。

59. 杨伯峻：《孟子译注》，中华书局 2010 年版，第 115 页。

60. 同上书，第 141 页。

61. 吕坤：《呻吟语》卷五，第 642 页。

62. 同上。

63. 同上书，第 839 页。

64. 同上书，第 831 页。

65. 同上书，第 817—818 页。

66. ［清］顾炎武：《日知录》卷九《守令》，载《顾炎武全集》第 18 卷，上海古籍出版社 2011 年版，第 398—399 页。

67. ［清］顾炎武：《日知录·正始》，载《顾炎武全集》第 18 卷，第 527 页。

68. 同上。

69. 梁启超：《中国近三百年学术史》，商务印书馆 2011 年版，第 60 页。

70. 同上书，第 62 页。

71. 牟宗三：《政道与治道》，广西师范大学出版社 2006 年版，第 140 页。

72. 同上书，第 149 页。

73. 张师伟：《民本的极限——黄宗羲政治思想新论》，中国人民大学出版社 2004 年版，第 40 页。

74. 同上书，第 341—342 页。

75. 石元康：《〈明夷待访录〉所揭示的政治理念——儒家与民主》，载氏著《从中国文化到现代性：典范转移》，生活·读书·新知三联书店 2000 年版，第 315 页。

76. 同上书，第 318 页。

77. 同上书，第 319 页。

78. 同上书，第 320 页。

79. 同上书，第 323 页。

80. 秦晖：《从黄宗羲到谭嗣同：民本思想到民主思想的一脉相承》，《浙江学刊》2005 年第 4 期。

81. 黄宗羲：《明夷待访录》，载《黄宗羲全集》，浙江古籍出版社 2012 年版。

82. 李存山：《从民本走向民主的开端——兼评所谓"民本的极限"》，《华东师范大学学报》2006 年第 6 期。

83. 张海晏：《公私之辨——黄宗羲〈明夷待访录〉的思想主线》，《浙江社会科学》2016 年第 12 期。

84. 彭国翔：《公议社会的建构：黄宗羲民主思想的真正精华——从〈原君〉到〈学校〉的转换》，《求是学刊》2006 年第 4 期。

85. 萧公权：《中国政治思想史》，第 481 页。

86. 同上书，第 549 页。

87. 梁启超：《中国近三百年学术史》，商务印书馆 2011 年版，第 1 页。

88. 同上书，第 8 页。

89. 梁启超：《清代学术概论　儒家哲学》，天津古籍出版社 2004 年版，第 16 页。

参考文献

一、古代文献类

［汉］班固：《汉书》，［唐］颜师古注，中华书局 1962 年版。

［清］陈立：《白虎通疏证》，吴则虞点校，中华书局 1994 年版。

［晋］陈寿：《三国志集解》，［南朝宋］裴松之注，卢弼集解，钱剑夫整理，上海古籍出版社 2009 年版。

［元］陈天祥：《四书辨疑》，收入［清］乾隆敕辑：《景印文渊阁四库全书》第 202 册，台湾商务印书馆 1982—1986 年版。

［宋］程颢、程颐：《二程集》，王孝鱼点校，中华书局 1981 年版。

程树德：《论语集释》，程俊英、蒋见元点校，中华书局 1990 年版。

［宋］戴侗：《六书故》，收入［清］乾隆敕辑：《景印文渊阁四库全书》第 226 册，台湾商务印书馆 1982—1986 年版。

［汉］伏生：《尚书大传（附序录辨讹）》，［汉］郑玄注，［清］陈寿祺辑校，中华书局 2012 年版。

高明：《帛书老子校注》，中华书局 1996 年版。

［汉］公羊寿传，［汉］何休解诂，［唐］徐彦疏，浦卫忠整理，

杨向奎审定：《春秋公羊传注疏》，北京大学出版社 1999 年版。

［魏］何晏注：《论语注疏》，［宋］邢昺疏，朱汉民整理，张岂之审定，北京大学出版社 2000 年版。

河北省文物研究所定州汉墓竹简整理小组：《论语：定州汉墓竹简》，文物出版社 1997 年版。

［梁］皇侃：《论语义疏》，高尚榘整理，中华书局 2013 年版。

黄晖：《论衡校释（附刘盼遂集解）》，中华书局 1990 年版。

［清］黄式三：《论语后案》，收入《续修四库全书》编委会编：《续修四库全书》第 155 册，上海古籍出版社 1996—2003 年版。

黄寿祺、张善文：《周易译注》(修订本)，上海古籍出版社 2001 年版。

［清］惠栋：《九经古义》，收入［清］乾隆敕辑：《景印文渊阁四库全书》第 191 册，台湾商务印书馆 1982—1986 年版。

［清］焦循：《论语补疏》，收入陈建华、曹淳亮主编：《广州大典》第十五辑·经部总类第 19 册，广州出版社 2008 年版。

［清］焦循：《孟子正义》，沈文倬点校，中华书局 1987 年版。

［明］柯尚迁：《周礼全经释原》，收入［清］乾隆敕辑：《景印文渊阁四库全书》第 96 册，台湾商务印书馆 1982—1986 年版。

［汉］孔安国传，［唐］孔颖达正义，黄怀信整理：《尚书正义》，上海古籍出版社 2007 年版。

［宋］黎靖德：《朱子语类》，王星贤点校，中华书局 1986 年版。

［清］黎翔凤：《管子校注》，梁运华整理，中华书局 2004 年版。

李零：《郭店楚简校读记（增订本）》，中国人民大学出版社 2007 年版。

李守奎、曲冰、孙伟龙：《上海博物馆藏战国楚竹书（一一五）文字编》，作家出版社 2007 年版。

［清］刘宝楠：《论语正义》，高流水点校，中华书局 1990 年版。

［清］刘逢禄：《论语述何》，收入陈建华、曹淳亮主编：《广州大典》第十五辑·经部总类第 21 册，广州出版社 2008 年版。

［汉］刘向：《说苑校证》，向宗鲁校证，中华书局 1987 年版。

刘勋：《春秋左传精读》，新世界出版社 2014 年版。

马衡：《汉石经集存》，上海书店出版社 2014 年版。

［汉］毛亨：《毛诗正义》，［汉］郑玄笺，［唐］孔颖达正义，龚抗云等整理，肖永明等审定，北京大学出版社 2000 年版。

［清］毛奇龄：《论语稽求篇》，收入［清］乾隆敕辑：《景印文渊阁四库全书》第 210 册，台湾商务印书馆 1982—1986 年版。

［清］皮锡瑞：《经学历史》，周予同注，中华书局 2011 年版。

［清］钱坫：《论语后录》，收入《续修四库全书》编委会编：《续修四库全书》第 154 册，上海古籍出版社 1996—2003 年版。

屈守元：《韩诗外传笺疏》，巴蜀书社 1996 年版。

［清］阮元：《十三经注疏（附校勘记）》，中华书局 1980 年版。

［清］阮元：《揅经室集》，收入《续修四库全书》编委会编：《续修四库全书》第 1478 册，上海古籍出版社 1996—2003 年版。

［宋］史浩：《鄮峰真隐漫录》，收入［清］乾隆敕辑：《景印文渊阁四库全书》第 1141 册，台湾商务印书馆 1982—1986 年版。

［汉］司马迁：《史记》，［宋］裴骃集解，［唐］司马贞索引，［唐］张守节正义，中华书局 1959 年版。

［清］宋翔凤：《四书释地辨证》，收入《续修四库全书》编委会编：《续修四库全书》第 170 册，上海古籍出版社 1996—2003 年版。

［清］苏舆：《春秋繁露义证》，钟哲点校，中华书局 1992 年版。

［清］孙诒让：《墨子间诂》，孙启治点校，中华书局 2001 年版。

谭嗣同：《仁学：谭嗣同集》，加润国选注，辽宁人民出版社

1994 年版。

　　［元］脱脱等：《宋史》，中华书局 1985 年版。

　　［明］王夫之：《读鉴通论》，中华书局 1975 年版。

　　王国轩译注：《大学·中庸》，中华书局 2007 年版。

　　王钧林、周海生：《孔丛子》，中华书局 2009 年版。

　　［清］王闿运：《论语训·春秋公羊传笺》，黄巽斋点校，岳麓书社 2009 年版。

　　王利器：《文子疏义》，中华书局 2000 年版。

　　［清］王聘珍：《大戴礼记解诂》，王文锦点校，中华书局 1983 年版。

　　［隋］王通：《文中子中说》，上海古籍出版社 1989 年版。

　　［清］王先谦：《荀子集解》，沈啸寰、王星贤点校，中华书局 1988 年版。

　　［清］王先慎：《韩非子集解》，钟哲点校，中华书局 2003 年版。

　　［宋］王应麟：《困学纪闻》，［清］翁元圻等注，栾保群、田松青、吕宗力点校，上海古籍出版社 2008 年版。

　　［明］王志长：《周礼注疏删翼》，收入［清］乾隆敕辑：《景印文渊阁四库全书》第 97 册，台湾商务印书馆 1982—1986 年版。

　　［清］徐元诰：《国语集解（修订本）》，王树民、沈长云点校，中华书局 2002 年版。

　　［汉］许慎撰，［清］段玉裁注：《说文解字注》，上海古籍出版社 1981 年版。

　　杨朝明、宋立林：《孔子家语通解》，齐鲁书社 2013 年版。

　　［宋］杨时：《龟山集》，收入［清］乾隆敕辑：《景印文渊阁四库全书》第 1125 册，台湾商务印书馆 1982—1986 年版。

　　［战国］尹文：《尹文子》，钱熙祚点校，世界书局 1935 年版。

［清］翟灏：《四书考异》，收入《续修四库全书》编委会编：《续修四库全书》第 167 册，上海古籍出版社 1996—2003 年版。

［清］章学诚：《文史通义》，上海书店出版社 1988 年版。

［清］赵在翰辑：《七纬（附论语谶）》，钟肇鹏、萧文郁点校，中华书局 2012 年版。

［汉］郑玄注：《礼记正义》，［唐］孔颖达疏，龚抗云整理，王文锦审定，北京大学出版社 2000 年版。

［汉］郑玄注：《周礼注疏》，［唐］贾公彦疏，赵伯雄整理，王文锦审定，北京大学出版社 2000 年版。

［宋］朱熹：《四书章句集注》，中华书局 1983 年版。

［宋］朱熹：《朱子全书》，上海古籍出版社、安徽教育出版社 2002 年版。

二、今人著作类

白彤东：《旧邦新命——古今中西参照下的古典儒家政治哲学》，北京大学出版社 2009 年版。

蔡方鹿：《程颢程颐与中国文化》，贵州人民出版社 1996 年版。

蔡方鹿：《宋明理学心性论（修订版）》，巴蜀书社 2009 年版。

陈继红：《治世的至理：先秦儒家"分"之伦理研究》，中国社会科学出版社 2011 年版。

陈来：《从思想世界到历史世界》，北京大学出版社 2015 年版。

陈来：《古代宗教与伦理：儒家思想的起源》，生活·读书·新知三联书店 1996 年版。

陈明：《儒者之维》，北京大学出版社 2004 年版。

陈少明：《经典世界中的人、事、物》，生活·读书·新知三联书店 2008 年版。

陈苏镇：《〈春秋〉与"汉道"：两汉政治与政治文化研究》，中华书局 2011 年版。

陈植锷：《宋文化史述论》，中国社会科学出版社 1992 年版。

崔大华：《儒学引论》，人民出版社 2001 年版。

崔涛：《董仲舒的儒家政治后学》，光明日报出版社 2013 年版。

邓广铭：《北宋政治改革家王安石》，生活·读书·新知三联书店 2007 年版。

邓小南：《祖宗之法——北宋前期政治述略》，生活·读书·新知三联书店 2006 年版。

丁耘：《中道之国：政治·哲学论集》，福建教育出版社 2015 年版。

冯友兰：《中国哲学史》，华东师范大学出版社 2000 年版。

冯友兰：《中国哲学史新编》，人民出版社 1998 年版。

傅斯年：《性命古训辨证》，广西师范大学出版社 2006 年版。

干春松：《制度儒学》，上海人民出版社 2006 年版。

高培华：《卜子夏考论》，社会科学文献出版社 2012 年版。

葛荃：《权力宰制理性：士人、传统政治文化与中国社会》，南开大学出版社 2003 年版。

关长龙：《两宋道学命运的历史考察》，学苑出版社 2001 年版。

郭沫若：《十批判书》，人民出版社 2012 年版。

郭沫若：《中国古代社会研究》，河北教育出版社 2004 年版。

郭晓东：《识仁与定性：工夫论视域下的程明道哲学研究》，复旦大学出版社 2006 年版。

郭学信：《宋士风演变的历史考察》，中国社会科学出版社 2012

年版。

哈佛燕京学社、三联书店：《儒家与自由主义》，生活·读书·新知三联书店 2002 年版。

侯外庐：《中国思想通史》，人民出版社 1956 年版。

胡适：《说儒》，漓江出版社 2013 年版。

胡适：《中国哲学史大纲》，耿云志等导读，上海古籍出版社 1997 年版。

黄进兴：《优入圣域：权力、信仰与正当性（修订版）》，中华书局 2010 年版。

黄开国：《公羊学发展史》，人民出版社 2013 年版。

黄克剑：《论语疏解》，齐鲁书社中国人民大学出版社 2010 年版。

黄克剑、吴小龙：《当代新儒家把大家集·张君劢集》，群言出版社 1993 年版。

黄明喜：《中国传统教育思想史论》，高等教育出版社 2012 年版。

黄绍祖：《复圣颜子思想研究》，文史哲出版社 1982 年版。

季乃礼：《三纲六纪与社会整合：由〈白虎通〉看汉代社会人伦关系》，中国人民大学出版社 2004 年版。

贾玉英：《宋代监察制度》，河南大学出版社 1996 年版。

姜海军：《程颐易学思想研究：思想史视野下的经学诠释》，北京师范大学出版社 2010 年版。

蒋伯潜：《诸子通考》，浙江古籍出版社 1985 年版。

蒋庆：《公羊学引论：儒家的政治智慧与历史信仰》，福建教育出版社 2014 年版。

蒋庆：《儒学的时代价值》，四川人民出版社 2009 年版。

蒋庆：《政治儒学》，生活·读书·新知三联书店 2003 年版。

蒋义斌：《宋代儒释调和论及排佛论之演进：王安石之融通儒释

及程朱学派之排佛反王》，台湾商务印书馆 1988 年版。

康晓光：《仁政：中国政治发展的第三条路》，世界科技出版社 2005 年版。

黎红雷：《儒家管理哲学（第 3 版）》，广东高等教育出版社 2010 年版。

李华瑞：《宋夏关系史》，河北人民出版社 1998 年版。

李纪祥：《"人伦"与"教化"——儒学中的"师道"及其普世义》，收入《第一届世界儒学大会学术论文集》，文化艺术出版社 2008 年版。

李景林：《教化的哲学——儒学思想的另一种新诠释》，黑龙江人民出版社 2006 年版。

李零：《李零自选集》，广西师范大学出版社 1998 年版。

李若晖：《春秋战国思想史探微》，艺文印书馆 2012 年版。

李文治、江太新：《中国宗法宗族制和族田义庄》，社会科学文献出版社 2000 年版。

李晓春：《宋代性二元论研究》，中国社会科学出版社 2006 年版。

李泽厚：《人类学历史本体论》，天津社会科学院出版社 2008 年版。

李泽厚：《中国古代思想史论》，人民出版社 1985 年版。

李宗侗：《中国古代社会史》，华冈出版社 1954 年版。

廖名春：《中国学术史新证》，四川大学出版社 2005 年版。

梁启超：《孔子》，收入氏著《饮冰室合集·专集之三十六》，中华书局 1989 年版。

梁启超：《清代学术概论》，东方出版社 1996 年版。

梁启超：《先秦政治思想史》，东方出版社 1996 年版。

梁治平：《寻求自然秩序中的和谐》，上海人民出版社 1991 年版。

林存光：《历史上的孔子形象——政治与文化语境下的孔子和儒

学》，齐鲁书社 2004 年版。

林素芬：《宋中期儒学道论类型研究》，里仁书局 2008 年版。

刘丰：《先秦礼学思想与社会的整合》，中国人民大学出版社 2003 年版。

刘复生：《宋中期儒学复兴运动》，文津出版社 1991 年版。

刘和忠：《孔子道德教育思想研究》，高等教育出版社 2003 年版。

刘蔚华、赵宗正主编：《中国儒家学术思想史》，山东教育出版社 1996 年版。

刘小枫：《共和与经纶：熊十力〈论六经〉〈正韩〉辨正》，生活・读书・新知三联书店 2012 年版。

刘小枫：《儒教与民族国家》，华夏出版社 2007 年版。

刘小枫：《设计共和——施特劳斯〈论卢梭的意图〉绎读》，华夏出版社 2013 年版。

刘小枫：《这一代人的怕与爱（增订版）》，华夏出版社 2007 年版。

卢国龙：《宋儒微言：多元政治哲学的批判与重建》，华夏出版社 2001 年版。

卢连章：《程颢程颐评传》，南京大学出版社 2001 年版。

卢连章：《二程学谱》，中州古籍出版社 1988 年版。

罗立刚：《史统、道统、文统：论唐宋时期文学观念的转变》，东方出版中心 2005 年版。

蒙培元：《理学范畴系统》，人民出版社 1998 年版。

牟宗三、徐复观、张君劢、唐君毅：《为中国文化敬告世界人士宣言——我们对中国学术研究及中国文化与世界文化前途之共同认识》，载张君劢《新儒家思想史》，中国人民大学出版社 2006 年版。

牟宗三：《政道与治道（新增订版）》，台湾学生书局 1987 年版。

潘富恩、徐余庆：《程颢程颐理学思想研究》，复旦大学出版社

1988 年版。

庞万里：《二程哲学体系》，北京航空航天大学出版社 1992 年版。

钱穆：《国史大纲（修订本）》，商务印书馆 1996 年版。

钱穆：《国学概论》，商务印书馆 1997 年版。

钱穆：《孔子传》，生活·读书·新知三联书店 2002 年版。

钱穆：《论语新解》，生活·读书·新知三联书店 2002 年版。

钱穆：《中国学术通义》，九州出版社 2012 年版。

盛洪：《为万世开太平——一个经济学家对文明问题的思考》，北京大学出版社 1999 年版。

唐君毅：《中国哲学原论：原性篇》，中国社会科学出版社 2006 年版。

唐文明：《与命与仁：原始儒家伦理精神与现代性问题》，河北大学出版社 2002 年版。

陶希圣：《中国政治思想史》，中国大百科出版社 2011 年版。

汪受宽：《孝经译注》，上海古籍出版社 2004 年版。

王高鑫：《董仲舒与汉代历史思想研究》，商务印书馆 2012 年版。

王光松：《在"德"、"位"之间》，华东师范大学出版社 2010 年版。

王国维：《观堂集林（外二种）》，彭林整理，河北教育出版社 2001 年版。

王国维：《王国维手订观堂集林》，黄爱梅点校，浙江教育出版社 2014 年版。

王力：《王力古汉语字典》，中华书局 2000 年版。

王启发：《礼学思想体系探源》，中州古籍出版社 2006 年版。

王瑞来：《宰相故事：士大夫政治下的权力场》，中华书局 2010 年版。

王绍光：《理想政治秩序：中西古今的探求》，生活·读书·新知三联书店 2012 年版。

王栻:《严复集》,中华书局 1986 年版。

王曰美:《儒家政治思想研究》,中华书局 1986 年版。

温伟耀:《成圣之道:宋二程修养工夫论之研究》,河南大学出版社 2004 年版。

吴怀祺:《宋代史学思想史》,黄山书社 1992 年版。

吴龙灿:《天命、正义与伦理:董仲舒政治哲学研究》,人民出版社 2013 年版。

吴增定:《〈敌基督者〉讲稿》,生活·读书·新知三联书店 2012 年版。

向世陵:《理气心性之间:宋明理学的分系与四系》,湖南大学出版社 2006 年版。

向仲敏:《两宋道教与政治关系研究》,人民出版社 2011 年版。

萧承慎:《师道征故》,文通书局 1944 年版。

萧公权:《中国政治思想史》,辽宁教育出版社 1998 年版。

徐复观:《两汉思想史》,华东师范大学出版社 2001 年版。

徐复观:《中国人性论史——先秦篇》,上海三联书店 2001 年版。

徐洪兴:《旷世大儒:二程》,河北人民出版社 2000 年版。

徐洪兴:《思想的转型——理学发生过程研究》,上海人民出版社 1996 年版。

徐远和:《洛学源流》,齐鲁书社 1987 年版。

许倬云:《中国古代社会史论》,邹水杰译,广西师范大学出版社 2006 年版。

阎步克:《乐师与史官:传统政治文化与政治制度论集》,生活·读书·新知三联书店 2001 年版。

杨宽:《西周史》,上海人民出版社 1999 年版。

杨儒宾：《儒家身体观》，中央研究院中国文史哲研究所 1996 年版。

尹志华：《北宋〈老子〉注研究》，巴蜀书社 2004 年版。

余敦康：《内圣外王的贯通：宋易学的现代诠释》，学林出版社 1997 年版。

余敦康：《汉宋易学解读》，华夏出版社 2006 年版。

虞云国：《宋代台谏制度研究》，上海书店出版社 2009 年版。

袁征：《宋代教育：中国古代教育的历史性转折》，广东教育出版社 1991 年版。

曾亦、郭晓东：《何谓普世？谁之价值？——当代儒家论普世价值（增补本）》，华东师范大学出版社 2014 年版。

张岱年：《张岱年全集》，河北人民出版社 1996 年版。

张德胜：《儒家伦理与秩序情绪》，台湾巨流图书公司 1997 年版。

张分田：《中国帝王观念：社会普遍意识中的"尊君—罪君"文化范式》，中国人民大学出版社 2004 年版。

张光直：《中国青铜时代二集》，生活·读书·新知三联书店 1990 年版。

张立文：《中国哲学范畴精粹丛书：理》，中国人民大学出版社 1991 年版。

张立文：《中国哲学范畴精粹丛书：气》，中国人民大学出版社 1990 年版。

章太炎：《国故论衡》，陈平原导读，上海古籍出版社 2003 年版。

赵汀阳：《第一哲学的支点》，生活·读书·新知三联书店 2013 年版。

赵汀阳：《坏世界研究》，中国人民大学出版社 2009 年版。

钟肇鹏：《孔子、儒学与经学》，中国社会科学出版社 2009 年版。

周炽成：《荀韩人性论与社会历史哲学》，中山大学出版社 2009 年版。

周淑萍：《两宋孟学研究》，人民出版社 2007 年版。

周杨波：《宋代士绅结社研究》，中华书局 2008 年版。

周予同：《群经通论》，朱维铮编校，上海人民出版社 2012 年版。

三、西方名著类

Max Weber, Economy and Society, edited by Guenther Roth and Claus Wittich, University of California Press, Vol.1, 1978.

Wm. Theodore de Bary, The Trouble with Confucianism, Harvard University Press, 1991.

［日］白川静：《常用字解》，苏冰译，九州出版社 2010 年版。

［古希腊］柏拉图：《理想国》，郭斌和、张竹明译，商务印书馆 1986 年版。

［美］杜维明：《道、学、政：论儒家知识分子》，钱文忠、盛勤译，上海人民出版社 2000 年版。

［美］顾立雅：《孔子与中国之道》，高专诚译，大象出版社 2014 年版。

［美］桂思卓：《从编年史到经典：董仲舒的春秋诠释学》，朱腾译，中国政法大学出版社 2009 年版。

［美］列奥·施特劳斯：《古典政治理性主义的重生》，潘戈编、郭振华等译，叶然校，华夏出版社 2011 年版。

［美］列奥·施特劳斯：《什么是政治哲学》，李世祥等译，华夏出版社 2011 年版。

［美］列奥·施特劳斯：《政治哲学史》，李天然等译，河北人民出版社 1993 年版。

［法］卢梭：《论人类不平等的起源和基础》，李常山译，商务印书馆1997年版。

［美］倪德卫：《儒家之道——中国哲学之探讨》，周炽成译，江苏人民出版社2006年版。

［古希腊］亚里士多德：《尼各马可伦理学》，廖申白译，商务印书馆2003年版。

［古希腊］亚里士多德：《政治学》，吴寿彭译，商务印书馆1983年版。

［美］余英时：《士与中国文化》，上海人民出版社2003年版。

［美］余英时：《朱熹的历史世界》，生活·读书·新知三联书店2004年版。

四、期刊论文类

陈壁生：《明皇改经与〈孝经〉学的转折》，《中国哲学史》2012年第2期。

陈壁生：《经学与中国哲学——对中国哲学学科建构的反思》，《哲学研究》2014年第2期。

陈壁生：《"孔子"形象的现代转折——章太炎的孔子观》，《中国人民大学学报》2015年第3期。

陈独秀：《宪法与孔教，新青年，第2卷第3号》，《上海亚东图书馆求益书社印行》1916年。

陈立胜：《〈论语〉中的勇：历史建构与现代启示》，《中山大学学报》（社会科学版）2008年第4期。

陈立胜：《子在川上：比德？伤逝？见道？——〈论语〉"逝者如

斯夫"章的诠释历程与中国思想的"基调"》,《中山大学学报》(社会科学版）2011 年第 2 期。

陈少明：《君子与政治——对〈论语·述而〉"夫子为卫君"章的解读》,《中山大学学报》(社会科学版）2005 年第 4 期。

陈少明：《"孔子厄于陈蔡"之后》,《中山大学学报》(社会科学版）2004 年第 3 期。

陈少明：《〈论语〉的历史世界》,《中国社会科学》2010 年第 3 期。

陈少明：《〈论语〉"外传"——对孔门师弟传说的思想史考察》,《中山大学学报》(社会科学版）2009 年第 2 期。

陈少明：《心安，还是理得？——从〈论语〉的一则对话解读儒家对道德的理解》,《哲学研究》2007 年第 10 期。

成长健、师君候：《从三篇〈朋党论〉看宋的党争》,《中国文学研究》1993 年第 2 期。

程民生：《论宋代士大夫权力对皇权的限制》,《河南大学学报》1999 年第 3 期。

崔英超、张其凡：《论宋神宗在熙丰变法中主导权的逐步强化》,《江西社会科学》2003 年第 2 期。

刁忠民：《试析熙丰之际御史台的畸形状态》,《历史研究》2000 年第 4 期。

范立舟：《论二程的历史哲学》,《史学月刊》2002 年第 6 期。

方诚峰：《元祐"调停"与宋哲宗绍述前夜》,《中华文史论丛》2013 年第 4 期。

冯达文：《"曾点气象"异说》,《中国哲学史》2005 年第 4 期。

冯达文：《个人·社群·自然——为回归古典儒学提供一个说法》,《社会科学战线》2013 年第 6 期。

高培华：《"君子儒"与"小人儒"新诠》，《河南大学学报》（社会科学版）2012 年第 4 期。

高瑞泉：《论〈庄子〉"物无贵贱"说之双重意蕴》，《社会科学》2010 年第 10 期。

管怀伦：《"罢黜百家独尊儒术"的历史过程考论》，《江苏社会科学》2008 年第 1 期。

郭齐勇：《也谈"子为父隐"与孟子论舜——兼与刘清平先生商榷》，《哲学研究》2002 年第 10 期。

韩高年：《〈论语·为政〉"子奚不为政"章疏证——兼谈孔门孝道内涵的多重性及其演变》，《古籍研究》2003 年第 2 期。

胡宝华：《从"君臣之义"到"君臣道合"：论唐宋时期君臣观念的发展》，《南开学报》2008 年第 3 期。

惠吉兴：《宋代礼治论》，《史学月刊》2002 年第 9 期。

季三华：《试析孔子的教育理念及方法》，《教育探索》2006 年第 9 期。

江湄：《宋诸家〈春秋〉学的"王道"论述及其论辩关系》，《哲学研究》2007 年第 7 期。

景海峰：《经学与哲学：儒学诠释的两种形态》，《哲学动态》2014 年第 4 期。

景海峰：《"理一分殊"释义》，《中山大学学报》2012 年第 3 期。

景海峰：《五伦观念的再认识》，《哲学研究》2008 年第 5 期。

孔祥骅：《子夏氏"西河学派"再探》，《学术月刊》1987 年第 7 期。

黎红雷：《"恭宽信敏惠"：儒家治国理政思想的现代启示》，《孔子研究》2015 年第 3 期。

黎红雷：《孔子"君子学"发微》，《中山大学学报》（社会科学版）2011 年第 1 期。

黎红雷：《"仁义礼智信"：儒家道德教化思想的现代价值》，《齐鲁学刊》2015 年第 5 期。

黎红雷：《为万世开太平——中国传统治道引论》，《云南大学学报》（社会科学版）2007 年第 6 期。

黎红雷：《"位"与"德"之间——从〈周易·解卦〉看孔子"君子小人"说的纠结》，《孔子研究》2012 年第 1 期。

李长春：《〈春秋〉"大一统"与两汉时代精神》，《中山大学学报》（社会科学版）2011 年第 3 期。

李存山：《程朱的"格君心之非"思想》，《中国社科院研究生院学报》2006 年第 1 期。

李华瑞：《宋神宗与王安石共定"国是"考辨》，《文史哲》2008 年第 1 期。

李明辉：《台湾仍是以儒家传统为主的社会》，澎湃新闻 2015 年 1 月 23 日。

李之鉴：《从二程对王安石的批判看理学的政治倾向》，《中州学刊》1987 年第 4 期。

李宗桂：《论董仲舒奉天法古的维新原则》，《甘肃社会科学》1993 年第 2 期。

廖名春：《从〈论语〉研究看古文献学的重要性》，《清华大学学报》（哲学社会科学版）2009 年第 1 期。

廖名春：《〈论语·为政〉篇"道之以政"章新证》，《学习时报》2007 年 12 月 17 日。

梁涛：《论早期儒学的政治理念》，《哲学研究》2008 年第 5 期。

刘成国：《9～12 世纪的道统"前史"考述》，《史学月刊》2013 年第 12 期。

刘丰：《宋代礼学的新发展：以二程的理学思想为中心》，《中国哲学史》2013 年第 4 期。

刘丰：《周公"摄政称王"及其与儒家政治哲学的几个问题》，《人文杂志》2008 年第 4 期。

刘光胜：《"儒分为八"与早期儒家分化趋势的生成》，《清华大学学报》(哲学社会科学版) 2015 年第 2 期。

刘乐恒：《〈程氏易传〉论道与政》，《政治思想史》2014 年第 4 期。

刘伟：《正直的界限：〈论语〉中政治和习俗的分野》，《中山大学学报》(社会科学版) 2013 年第 2 期。

刘燕芸：《以忧患之心，思忧患之故：程氏易学的为政之道》，《周易研究》2000 年第 2 期。

罗家祥：《元祐新旧党争与宋后期政治》，《中国史研究》1989 年第 1 期。

马永康：《直爽：〈论语〉中的"直"》，《现代哲学》2007 年第 5 期。

彭永捷：《论儒家道统及宋明理学的道统之争》，《文史哲》2001 年第 2 期。

任剑涛：《天道、王道与王权：王道政治的基本结构及其文明矫正功能》，《中国人民大学学报》2012 年第 2 期。

沈松勤：《宋台谏制度与党争》，《历史研究》1998 年第 4 期。

宋震昊：《子张从政辨》，《古籍整理研究学刊》2009 年第 3 期。

孙景坛：《汉武帝"罢黜百家，独尊儒术"子虚乌有——中国近现代儒学反思的一个基点性错误》，《南京社会科学》1993 年第 6 期。

孙晓春：《两宋天理论的政治哲学解析》，《清华大学学报》2004 年第 4 期。

王林伟：《王道政治的理念：基于程氏经说的探讨》，《政治思想史》2014 年第 4 期。

　　王瑞来：《将错就错：宋代士大夫"原道"略说》，《学术月刊》
2009 年第 4 期。

　　王中江：《孔子的生活体验、德福观及道德自律——从郭店简
〈穷达以时〉及其相关文献来考察》，《江汉论坛》2014 年第 10 期。

　　王中江：《老子治道历史探源——以"垂拱之治"与"无为而治"
的关联为中心》，《中国哲学史》2002 年第 3 期。

　　魏义霞：《"安于义命"：二程的性命哲学及其道德旨趣》，《齐鲁
学刊》2012 年第 3 期。

　　谢荣华：《"子奚不为政？"——试论儒家的"为政"方式》，《孔
子研究》2005 年第 3 期。

　　谢晓东：《〈程颐易传〉中的民本思想》，《周易研究》2008 年第 4 期。

　　杨朝明：《上博竹书〈鲁邦大旱〉管见》，《东岳论丛》2002 年第
5 期。

　　杨朝明：《成人之"道"与为政之"德"》，《理论学刊》2013 年
第 11 期。

　　杨海文：《孔子的"生存叙事"与"生活儒学"的敞开》，《福建
论坛》（人文社会科学版）2004 年第 8 期。

　　杨海文：《"儒"为学派义钩沉》，《中华读书报》2014 年 5 月 7 日。

　　易白沙：《孔子平议（上），新青年，第 1 卷第 6 号》，《上海亚东
图书馆求益书社印行》1916 年。

　　殷慧：《宋儒以理释礼的思想历程及其困境》，《中国哲学史》
2013 年第 2 期。

　　张邦炜：《关于建中之政》，《四川师范大学学报》2002 年第 9 期。

　　张邦炜：《论宋代皇权与相权》，《四川师范大学学报》1994 年第
2 期。

张岱年：《宋明"理气"学说的演变》，《学习与研究》1982 年第
4 期。

张丰乾：《早期儒家与"民之父母"》，《现代哲学》2008 年第 1 期。

张其凡：《"皇帝与士大夫共治天下"试析：宋政治架构探微》，
《暨南学报》2001 年第 6 期。

张星久：《儒家"无为"思想的政治内涵与生成机制》，《政治学
研究》2000 年第 2 期。

周炽成：《儒家性朴论：以孔子、荀子、董仲舒为中心》，《社会
科学》2014 年第 10 期。

周炽成：《以中评西：中国哲学的另类叙事方式》，《中山大学学
报》(社会科学版) 2008 年第 5 期。

周春健：《"宴尔新昏，如兄如弟"与儒家伦理》，《孔子研究》
2013 年第 1 期。

朱高正：《论儒——从〈周易〉古经论证"儒"的本义》，《社会
科学战线》1997 年第 1 期。

朱汉民、曾小明：《程颐〈易〉学中的卦才论》，《天津社会科学》
2011 年第 2 期。

庄春波：《汉武帝"罢黜百家，独尊儒术"说考辩》，《孔子研究》
2000 年第 4 期。

五、博士论文类

毕明良：《王安石政治哲学研究》，陕西师范大学博士论文，2012 年。

陈京伟：《程伊川易学思想研究》，山东大学博士论文，2005 年。

陈秋云：《中国古代言谏文化与制度研究》，中国政法大学博士论

文，2001 年。

成云雷：《先秦儒家圣人与社会秩序建构》，华东师范大学博士论文，2006 年。

敦鹏：《程颐政治哲学研究》，河北大学博士论文，2013 年。

贾景峰：《孔子政治思想的基础——从周代政治、宗教、哲学等角度分析》，吉林大学博士论文，2007 年。

李福建：《士君子与教化——〈荀子〉五篇疏解》，中山大学博士论文，2013 年。

李旭然：《宋四子的"诚"论》，西北大学博士论文，2014 年。

李真真：《蜀党与宋党争研究》，山东大学博士论文，2010 年。

孙经国：《从理想性政治哲学到现实性政治哲学——柏拉图政治哲学研究》，南开大学博士论文，2010 年。

王化雨：《宋代君主信息渠道研究》，北京大学博士论文，2008 年。

杨世利：《宋官员政治型贬降与叙复研究：以中央官员为中心的考察》，河南大学博士论文，2008 年。

尹佳涛：《历史与现实之间的政治思考：司马光政治哲学研究》，南开大学博士论文，2010 年。

张美宏：《生生之道与圣人气象：宋五子万物一体论研究》，华东师范大学博士论文，2010 年。

张力红：《孔子道德教育思想研究》，河北师范大学博士论文，2010 年。

郑臣：《内圣外王之道：实践哲学视域内的二程》，复旦大学博士论文，2007 年。

附录 1 "最彻底的决裂"之批判：马列主义创始人的传统文化观探究

马克思和恩格斯在阐发唯物史观和科学社会主义理论时，曾多次间接地表达过对传统的深刻认识，包括对传统形成发展规律、历史作用以及如何对待传统等内容。但一谈到马克思、恩格斯对待传统观念的态度，人们自然而然首先想到的就是他们在《共产党宣言》中所提出的两个"最彻底的决裂"的思想。他们在《共产党宣言》中写道："共产主义革命就是要最坚决地打破过去传下来的所有制关系；所以，毫不奇怪，它在自己的发展进程中要最坚决地打破过去传下来的各种观念。"[1] 两个"最彻底的决裂"曾经一度被认为是马克思传统文化观的全部，在国际共产主义运动的历史进程中，"告别传统"曾一度成为共产党的文化旗帜。但是，我们注意到马克思在《路易·波拿巴的雾月十八日》一书中指出："一切已死的先辈们的传统，像梦魇一样纠缠着活人的头脑。"[2] 在此，我们看到了马克思传统文化观的另一个维度，看到了马克思对于"文化基因"的肯定，我们不可能与传统决裂，传统作为一种"文化资本"在历史的传承中遗留在每一个人身上。本文以《共产党宣言》中两个"最彻底的决裂"思想为分析起点，拟对马列主义创始人的传统文化观做出辩证分析，以就教于各位方家。

一、两个"最彻底的决裂"思想的辩证分析

《共产党宣言》中两个"最彻底的决裂"的思想，表达了马克思主义学说激进、彻底的革命精神和批判意识。此外，马克思恩格斯还在其他场合提出："每一种新的进步都必然表现为对某一神圣事物的亵渎，表现为对陈旧的、日渐衰亡的、但为习惯所崇奉的秩序的叛逆。"[3] 但是，仅以此为依据来判断出马克思、恩格斯是要对传统既往的东西进行最彻底的决裂的结论，无疑是不深刻的、有偏差的。

一方面，马克思主义作为无产阶级和人类解放的革命的科学理论，决定了马克思主义科学性与革命性的统一。马克思恩格斯在创建共产主义理论、组织无产阶级政党的时候就提出了无产阶级政党的根本任务是建立共产主义社会，必须首先推翻整个旧社会制度。正如有的学者所说："《共产党宣言》更多的是一种对于反对者的宣战书，还不能充分代表成熟马克思对历史与文化的全部看法。"[4]

另一方面，一些马克思主义研究者从文本考证和"回到马克思"的研究角度找到了这种理解偏差的理论依据。比较有代表性的是俞吾金的观点，他以德语词汇"überlieferten"的翻译问题为中心，在对德文原文、英国戴维·麦克莱伦主编的《卡尔·马克思选集》英译文、《马克思恩格斯选集》中译文的综合分析基础上，进一步从马克思写作《共产党宣言》的背景处境、马克思本人的用语习惯、马克思对传统文化的态度等学理研究出发，主张这段话应翻译为："共产主义革命就是同流传下来的所有制关系实行最彻底的决裂；毫不奇怪，它在自己的发展进程中要同流传下来的观念实行最彻底的决裂。"[5] 并且他认为，关于德语词汇"überlieferten"翻译为"传统的"还是"流传下来的"的问题，"决不仅仅是一个翻译上的技巧的问题，而是一个如何准确地理解马克思和传统关系的重大的理论问题"[6]。早

在 1958 年中文版《马克思恩格斯全集》第四卷中，这段话就被翻译为"共产主义革命就是要最坚决地打破过去传下来的所有制关系；所以毫不奇怪，它在自己的发展进程中要最坚决地打破传下来的各种观念"[7]。而当 1972 年人民出版社编撰第一版《马克思恩格斯选集》第一卷时，译文被修订为目前的文字，并沿用至今。因此，一些学者认为，马克思、恩格斯所反对的"并非'传统'，而是'流传下来的'、对社会主义革命和建设无益的东西"[8]。

纵观马克思一生，无论是从他 1841 年博士论文《德谟克利特的自然哲学和伊壁鸠鲁的自然哲学的差别》的写作，还是倾注了其一生大量心血的《资本论》写作，无论是他对国民经济学说的解读，还是对人类社会发展规律的揭示，都建立在对前人的研究成果、对传统观念的认真研究基础之上。基于此，我们必须重新认识马列主义创始人的传统文化观，已达到正本清源的目的。

二、马克思、恩格斯的传统文化观

传统，包括民族传统、历史传统、文化传统等一直不断地延承过去，并在时代的承续中开启新的社会，成为人类现实发展中不可逾越的基础。马克思在阐发唯物史观和科学社会主义理论时，曾多次间接地表达过对传统的深刻认识，包括对传统形成发展规律、历史作用以及如何对待传统等内容。

（一）人类不可逾越的基础

马克思认为，人们总是生活在一定的传统之中，并受到传统的影响，而历史的交替和时代的发展，都是以先前时代创造的或好或坏的事物为条件。马克思指出："通过传统和教育承受了这些情感和观点的个人，会以为这些情感和观点就是他的行为的真实和出发点。"[9] 受传统的物质基础影响，这两大集团表现出来独特的思想方式和人生观等上层建筑也自然不同。恩格斯在《反杜林论》中论及"平等"这一历史范畴时提出，作为不同社会形态中的平等观念，它总是与一定社会的物质生活条件相适应，并且"平等的观念，无论以资产阶级的形式出现，还是以无产阶级的形式出现，本身都是一种历史的产物，这一观念的形成，需要一定的历史条件，而这种历史条件本身又以长期的以往的历史为前提"[10]。

莫里斯·梅斯纳在《对五四运动中的马克思主义以及文化反传统主义的反思》一文中指出："一方面，马克思主义预示了同压迫和已经脱离了的过去彻底决裂，预示了从必然王国向自由王国的'飞跃'，预示了即将来临的变革会使人类的漫长的'史前期'进入'真正的人类历史'。另一方面，马克思主义教导说：新社会只能建立在旧社会的基础之上，只能通过继承过去的全部物质以及文化成果建立起来。假如只考虑第一个命题，它或许有利于文化反传统主义；而第二个命题却不断引起反传统的冲动，它对于理解马克思有关文化遗产问题的态度或许更为重要。"[11] 梅斯纳并没有把马克思主义简单地归结为反传统主义，而是辩证地分析了马克思主义在继承传统与反对传统的两个方面。

马克思认识到，人们世世代代生活在传统之中，人们可以通过传统获得批判性认识，但却不能与传统进行彻底的决裂，不能妄想从传统中摆脱出来。实质上，任何一个民族的传统如价值观念、行为规范、风俗习惯、社会心理等，是在其历史进程中长期积淀而逐渐形成，它以一种无形的力量深深地印在民族心理之中而影响着人们的行为选择，这正是民族传统对人们的影响和制约。民族传统作为一种惯性和遗传性而存在，它和人类社会发展的关系就像我们耳熟能详而又发人深省的那句话"人不能拽着自己的头发离开地球"。

（二）扬弃而不是抛弃

既然民族传统是任何人所不可逾越的，客观上就存在着如何继承的问题。马克思、恩格斯虽然继承了康德批判哲学的传统，主张对之前和现存时代的社会生活、政治制度等进行批判，但是他们却历来不对民族传统采取简单的虚无主义态度和抛弃的方法。恩格斯在对待黑格尔哲学遗产时说，黑格尔哲学对民族文化有巨大影响，"是不能用干脆置之不理的办法来消除的。必须从它的本来意义上'扬弃'它，就是说，要批判地消灭它的形式，但是要救出通过这个形式获得的新内容"[12]。马克思对"扬弃"这一概念曾做过精炼概括："扬弃是把外化收回到自身的、对象性的运动。"[13] 扬弃而不是抛弃，批判地继承历史文化遗产，这是马克思、恩格斯传统文化观的重要内涵。

马克思主义理论体系创立的过程就是对黑格尔的唯心辩证法、费尔巴哈的形而上学历史唯物主义、亚当·斯密和大卫·李嘉图的英国古典经济学、欧文和傅立叶等为代表的空想社会主义学说"扬弃"的过程。正如列宁在批判所谓"无产阶级文化派"时所指出的那样：马克思主义这一属于革命无产阶级的思想体系之所以能够赢得世界历史性的意义，在于它"并没有抛弃资产阶级时代最宝贵的成就，相反却吸收和改造了两千多年来人类思想和文化发展中一切有价值的东西"[14]，在于它是人类文明所创造的优秀成果的"当然继承者"[15]。例如，马克思在《1844年经济学哲学手稿》中对费尔巴哈的唯物主义观点进行了高度的评价和赞扬，他写道："费尔巴哈是唯一对黑格尔的辩证法采取严肃的、批判态度的人；只有他在这个领域内作出了真正的发现，总之，他真正克服了旧哲学。费尔巴哈成就的伟大以及他把这种成就贡献给世界时所表现的那种谦虚的淳朴，同批判所持的相反的态度恰成惊人的对照。"[16]但是，随着马克思认识的进一步深入，他开始认识到费尔巴哈哲学的局限性，在1845年《关于费尔巴哈的提纲》中，对费尔巴哈学说进行了言简意赅的批判："从前的一切唯物主义（包括费尔巴哈的唯物主义）的主要缺点是：对对象、现实、感性，只是从客体的或直观的形式去理解，而不是把它们当做感性的人的活动，当作实践去理解，不是从主体方面去理解。"[17]而后，在1845—1846年与恩格斯合著的《德意志意识形态》第一章中，马克思又对以费尔巴哈为代表的现代德国哲学展开了充分的实事求是的批判。

即使抛开对马克思主义理论体系影响最大的三大思想，我们仍然能够通过马克思、恩格斯的著书立说和通信中发现很多对他们产生影响的西方民族传统。例如，在马克思和恩格斯的经济学手稿和通信中多次提及罗马法并对其进行高度评价，认为它是"工业社会法的先声"，"必然被当作新兴资产阶级社会的法来看"。[18]恩格斯在论及法兰西民法时说："以法国大革命社会成果为依据并把这些成果转化为法律的唯一的现代民法典。"[19]此外，马克思对"传统""古代"社会的态度也是批判地接受。马克思在晚年1881年《给维·伊·查苏利奇复信草稿》中就正确地提出："现代社会所趋向的'新制度'，将是'古代类型社会在一种更完善的形式下的复活'。因此，不应该特别害怕'古代'一词。"[20]综上所述，我们不能简单地将马克思、恩格斯视为反传统者，他们致力于通过"扬弃"的方式对待传统，并将传统视为社会革命的物质基础和历史进步的前提条件。

三、列宁的传统文化观

马克思和恩格斯从理论上确证了文化传统不可决裂，要在实践中实现对文化传统的扬弃。列宁作为马克思主义的信仰者和实践者，他在领导革命和建设的过程中，批判历史虚无主义，强调对文化遗产的继承与发扬，在实践中亲身践行着马恩"扬弃"传统的理念，用行动诠释了马列主义创始人的传统文化观。

（一）批判历史虚无主义

列宁明确指出：马克思主义这一革命无产阶级的思想体系，"正确地反映了革命无产阶级的利益、观点和文化"，但它"并没有抛弃资产阶级时代最宝贵的成就，相反却吸收和改造了两千多年来人类思想和文化发展中一切有价值的东西"。[21] 他反复提醒大家，如果没有继承，就不会有文化的发展。他说："必须取得资本主义遗留下来的全部文化，并且用它来建设社会主义。必须取得全部科学、技术、知识和艺术"[22]，必须最大限度"利用大资本主义所达到的技术和文化成就"[23]。"如果不学会利用资产阶级文化"，社会主义就"不可能实现"。[24]

列宁时刻与"无产阶级文化派"开展论战，批判他们意图徒手建立一个全新的、没有任何旧文化痕迹的无产阶级文化，反驳他们的虚无主义观念和对文化遗产所持的否定观点。列宁认为，传统文化是社会进步的基础，任何社会进步都离不开传统文化的滋养。传统文化借助现代认识形式可以表现出不同于以往的文化含义，有利于社会达成共识，增强社会凝聚力，推动化会发展。

当然，从理论上泛泛而谈继承传统，这种事情"用一般的公式、

用抽象的对比来谈"，是很容易做到的，但是真正能够做到在反对
"疯狂地进行反抗"的资本主义的实际斗争中，掌握和利用文化遗产，
"这个任务是极其困难的"。[25] 之所以在落后国家继承传统这个问题极
其困难，不仅是因为这些国家的传统本身就相当复杂，而且因为马列
主义创始人关于继承传统问题的思想存在着需要进一步发展的理论空
间，人们在运用时存在着教条化和庸俗化趋向。正如恩格斯曾批评过
德国的许多青年作家，他们把"历史唯物主义的套语""当作标签贴
到各种事物上去，再不作进一步的研究"。[26]

（二）对文化遗产的继承与发扬

列宁在领导俄国人民进行社会主义建设的过程中，也一直在身体
力行地对文化遗产进行继承与发扬。他认为，这种做法是对马克思、
恩格斯有关文化遗产思想的正确继承和发展，也是指导无产阶级掌握
领导权的客观需要，更是建设无产阶级文化的基本途径。列宁对文化
遗产的继承与发扬主要体现在下面三个方面。

第一，继承和发扬民族文化遗产是对马克思、恩格斯有关文化遗
产思想的发展。列宁认为马克思主义经典作家在如何看待民族传统文
化这个问题上的观点是明确的，那就是——历史的创造，包括思想和
文化的创造是离不开自身的民族传统的。在如何对待文化遗产的问题
上，俄国十月革命前后出现了一系列错误的文化思潮，如上文提及的
以波格丹诺夫为代表的无产阶级文化派，这种历史虚无主义披着马克
思主义理论的外衣，片面机械地运用马克思主义"社会存在决定社会
意识""经济基础决定上层建筑"的理论，认为无产阶级必须通过自
身创造出来一种全新的社会主义文化以适应新的社会关系。他们创造
出"社会主义新文化"的概念来混淆民众思想，打着建设纯粹无产阶

级新文化的旗号反对旧俄国的一切文化，他们还扬言要火葬拉菲尔、破坏博物馆、摧毁艺术之花，要对他们进行"革命的摧毁"，把他们扔进"历史的垃圾箱"，从而建立无产阶级的"新铁路"。除此之外，还包括马赫主义、合法马克思主义、民粹主义、大俄罗斯沙文主义、未来派等，这些文化思潮都是同马克思主义相违背的。针对以上文化思潮，列宁先后通过《我们究竟需要什么样的遗产》《致无产阶级文化教育组织代表会议主席团的信》《论无产阶级文化》《给布哈林的便条》等文章、讲话与之进行坚决的斗争。

第二，继承和发扬民族遗产是无产阶级掌握领导权建设社会主义、实现共产主义的客观需要。首先，从马克思关于人类社会发展的历史过程和"五阶段论"来看，共产主义社会是从资本主义社会、社会主义社会发展而来的，资本主义创造了共产主义赖以产生和发展的物质技术基础，建设共产主义必须取得资本主义遗留下来的全部文化。列宁指出："我们只能用资本主义创造的材料来建立共产主义，只能用在资产阶级环境中培植起来、因而必然渗透着资产阶级心理的文明机构（因为这里说到的人才是文明机构的一部分）来建设共产主义。这就是建立共产主义社会的困难所在，但共产主义社会能够建立和顺利建立的保证也在这里。"[27] 其次，对于文化建设而言，列宁认为，资本主义虽然只把文化赋予了少数人，但我们必须用这个文化来建设社会主义，"我们没有别的材料。我们要立刻用资本主义昨天留下来可供我们今天用的那些材料来建设社会主义，马上就着手建设，而不是用——说句笑话——将在温室中培养出来的人来建设社会主义"[28]。再次，在对建设共产主义新一代人青年的训练、教育和改造问题上，列宁认为需要以旧社会留给我们的材料为基础，即"我们只能利用旧社会遗留给我们的全部知识、组织和机关，在旧社会遗留下来的人力和物力的条件下建设共产主义"[29]。

第三，继承和发扬民族文化遗产是建设无产阶级文化的重要途径。列宁在投身无产阶级革命和建设过程中，一直很重视文化建设的重要性，这种认识在其晚年表现得更为强烈。1921年10月，列宁在全俄政治教育委员会第二次代表大会作《新经济政策和政治教育委员会的任务》的报告，该报告从俄国落后的国情出发，全面论述了文化任务与经济任务、军事任务的关系，并把"文盲"问题作为摆在俄国当前共产党员面前的三大敌人之一，提出要把文化任务置于重要位置。而后，1922年3月列宁在《就党的第十一次代表大会政治报告提纲给维米莫洛托夫并转俄共布中央全会的信》中提到："新经济政策在经济上和政治上都充分保证我们有可能建立社会主义经济的基础，问题'只'在于无产阶级及其先锋队的文化力。"[30]列宁对文化建设如此重视，但列宁认为民族文化的发展不是从零开始的，正如他在俄国共产主义青年团第三次代表大会上所作的《青年团的任务》讲话中指明：我们要建设的无产阶级文化应该是结合人们在资本主义社会、地主社会和官僚社会创造出来的知识综合，它需要建立在对人类全部发展过程中所创造的文化的确切了解和改造基础之上，如果没有这样的认识，就不可能完成无产阶级文化建设的任务，因为"无产阶级文化并不是从天上掉下来的，也不是那些自命为无产阶级文化专家的人杜撰出来的，如果硬说是这样，那完全是一派胡言"[31]。

对马克思主义经典作家的传统文化观的还原，有助于我们更好地认识"革命"与"传统"的关系。在很长一段时间内，"推翻旧世界"的"革命文化"与"继承旧传统"的"民族文化"之间存在着巨大的矛盾。作为当今世界践行马克思主义最成功的政党，中国共产党在革命、建设和改革中对待民族文化经历了从"批判继承"到"创造性转化与创新性发展"的转化，这种理论转向和实践转型才是真正符合马克思主义的。

注释

1. ［德］马克思、恩格斯：《共产党宣言》，载《马克思恩格斯全集》第 4 卷，人民出版社 1958 年版，第 489 页。

2. ［德］马克思：《路易·波拿巴的雾月十八日》，载《马克思恩格斯全集》第 8 卷，人民出版社 1961 年版，第 121 页。

3. ［德］恩格斯：《路德维希·费尔巴哈和德国古典哲学的终结》，载《马克思恩格斯全集》第 21 卷，人民出版社 1965 年版，第 330 页。

4. 陈来：《人文主义的视野》，广西教育出版社 1997 年版，第 92 页。

5. 俞吾金：《从〈共产党宣言〉的一段译文看马克思如何对待传统》，《光明日报》2000 年 10 月 24 日第 B03 版。

6. 同上。

7. ［德］马克思、恩格斯：《共产党宣言》，载《马克思恩格斯全集》第 4 卷，人民出版社 1958 年版，第 489 页。

8. 田毅松：《"两个决裂"与中国特色社会主义文化观》，《高校理论战线》2012 年第 5 期。

9. ［德］马克思：《路易·波拿巴的雾月十八日》，载《马克思恩格斯全集》第 8 卷，人民出版社 1961 年版，第 149 页。

10. ［德］恩格斯：《反杜林论》，载《马克思恩格斯全集》第 20 卷，人民出版社 1971 年版，第 117 页。

11. 中国社会科学院科研局、《中国社会科学》杂志社编：《五四运动与中国文化建设——五四运动七十周年学术讨论会论文选》（上册），社会科学文献出版社 1989 年版，第 227 页。

12. ［德］恩格斯：《路德维希·费尔巴哈和德国古典哲学的终结》，载《马克思恩格斯全集》第 20 卷，人民出版社 1965 年版，第 314 页。

13. ［德］马克思：《1844 年经济学哲学手稿》，载《马克思恩格斯全集》第 42 卷，人民出版社 1979 年版，第 174 页。

14. ［俄］列宁：《关于无产阶级文化》（1920 年 10 月），载《列宁全集》第 39 卷，人民出版社 1986 年版，第 332 页。

15. ［俄］列宁：《马克思主义的三个来源和三个组成部分》（1913 年 3 月），载《列宁全集》第 23 卷，人民出版社 1990 年版，第 42 页。

16. ［德］马克思：《1844 年经济学哲学手稿》，载《马克思恩格斯全集》第 42 卷，人民出版社 1979 年版，第 158 页。

17. ［德］马克思：《关于费尔巴哈的提纲》，载《马克思恩格斯全集》第 3 卷，人民出版社 1960 年版，第 3 页。

18. ［德］马克思：《政治经济学批判》，载《马克思恩格斯全集》第 46 卷（上），人民出版社 1979 年版，第 198 页。

19. ［德］恩格斯：《反杜林论》，载《马克思恩格斯全集》第 20 卷，人民出版社 1971 年版，第 120 页。

20. ［德］马克思：《给维·伊·查苏利奇的复信草稿——初稿》，载《马克思恩格斯全集》第 19 卷，人民出版社 1963 年版，第 432 页。

21. ［俄］列宁：《关于无产阶级文化》（1920 年 10 月），载《列宁全集》第 39 卷，人民出版社 1986 年版，第 332 页。

22. ［俄］列宁：《苏维埃政权的成就和困难》（1919 年 3—4 月），载《列宁全集》第 36 卷，人民出版社 1985 年版，第 48 页。

23. ［俄］列宁：《论"左派"幼稚性和小资产阶级性》（1918 年 5 月 5 日），载《列宁全集》第 34 卷，人民出版社 1985 年版，第 289 页。

24. ［俄］列宁：《在第七届全俄中央执行委员会第一次会议上关于全俄中央执行委员会和人民委员会工作的报告》（1920 年 2 月 2 日），载《列宁全集》第 38 卷，人民出版社 1986 年版，第 111 页。

25. ［俄］列宁：《在全俄国民经济委员会第一次代表大会上的讲话》（1918 年 5 月 26 日），载《列宁全集》第 34 卷，人民出版社 1985 年版，第 357 页。

26. ［德］恩格斯：《致康·施米特（1890 年 8 月 5 日）》，载《马克思恩格斯全集》第 37 卷，人民出版社 1971 年版，第 432 页。

27. ［俄］列宁：《一幅说明大问题的小图画》（1918 年或 1919 年初），载《列宁全集》第 35 卷，人民出版社 1985 年版，第 403 页。

28. ［俄］列宁：《苏维埃的成就与困难》（1919 年 3—4 月），载《列宁全集》第 36 卷，人民出版社 1985 年版，第 48 页。

29. ［俄］列宁：《青年团的任务》（1920 年 10 月），载《列宁全集》第 39 卷，人民出版社 1986 年版，第 294 页。

30. ［俄］列宁：《就党的第十一次代表大会政治报告提纲给维米莫洛托夫并转俄共布中央全会的信》（1922 年 3 月），载《列宁全集》第 43 卷，人民出版社 1987 年版，第 63 页。

31. ［俄］列宁：《青年团的任务》（1920 年 10 月），载《列宁全集》第 39 卷，人民出版社 1986 年版，第 299 页。

附录2 马克思主义基本原理与中华优秀传统文化相结合的内在机理研究

习近平总书记在党的二十大报告中强调:"坚持和发展马克思主义,必须同中华优秀传统文化相结合。只有植根本国、本民族历史文化沃土,马克思主义真理之树才能根深叶茂。"[1]在文化传承发展座谈会上,习近平总书记指出:"'第二个结合'是又一次的思想解放,让我们能够在更广阔的文化空间中,充分运用中华优秀传统文化的宝贵资源,探索面向未来的理论和制度创新";"'第二个结合',是我们党对马克思主义中国化时代化历史经验的深刻总结,是对中华文明发展规律的深刻把握,表明我们党对中国道路、理论、制度的认识达到了新高度,表明我们党的历史自信、文化自信达到了新高度,表明我们党在传承中华优秀传统文化中推进文化创新的自觉性达到了新高度。"[2]"第二个结合",是中国共产党继承和发展中华优秀传统文化,进一步实现马克思主义中国化第三次飞跃的新时代理论要求。当前,"第二个结合"成为学界研究的一大热点,学者致力于从理论基础[3]、历史脉络[4]、实践逻辑[5]等方面对这一问题进行深耕,但是,较少从马克思主义与中华优秀传统文化的"文化基因"对"第二个结合"进行学理阐释,亦弱化从孕育、批判继承、挫折调试、吸收借鉴和转化创新的渐进分期对"第二个结合"进行历史分析,同时从"中国式现代化新道路"的发展方向揭示"第二个结合"所具有的传统性与现代性的有机结合的实践逻辑，因此有必要从理论和实践相统一的维度给予进一步的阐释。

一、实然的"文化基因"："第二个结合"的理论根据

在马克思主义中国化的第三次飞跃中，马克思主义与中国实情的结合确立了"两个结合"在意识形态指导方面的实践性，而"第二个结合"将中华优秀传统文化作为一种中国所特有的文化资源，从更为深刻的理论层面致力于推进马克思主义的中国化、时代化、大众化。"第二个结合"既根源于马克思主义"扬弃"传统的文化观中，又内在于中华优秀传统文化包容、开放、传承的文化理念之中。立足马克思主义的根本指导地位，马克思主义基本原理同中华优秀传统文化的良性互动塑造了"两个结合"中的一个重要理念和实践原则。马克思主义与中华优秀传统文化所共有的"文化基因"塑造了"第二个结合"的客观性、真理性与合理性。

"第二个结合"的成立根源于马克思主义对于传统文化态度上的辩证理念。在"扬弃"传统的哲学思辨中，马克思赞成对传承历史文化的优质部分，他认为人们总是生活在一定的传统之中，并受到传统的影响，而历史的交替和时代的发展，都是以先前时代创造的或好或坏的事物为条件。马克思传统文化观的积极向度为"第二个结合"提供了理论的空间，他指出："通过传统和教育承受了这些情感和观点的个人，会以为这些情感和观点就是他的行为的真实动机和出发点。"[6]马克思认为，人们世世代代生活在传统之中，人们可以通过传统获得批判性认识，但却不能与传统进行彻底的决裂，不能妄想从

传统中摆脱出来。任何一个民族的文化传统如价值观念、伦理道德、行为规范、生活习俗、社会心理等，是在其长期历史积淀中存留下来并慢慢成形，并以某种无形的力量深深地印于民族心灵之中，从而深远地影响着人们的行为抉择。

"扬弃"传统是马克思主义传统文化观的重要组成部分，彰显了马克思主义科学性、客观性、传承性。马克思和恩格斯面对传统的共识是："是不能用干脆置之不理的办法来消除的。必须从它的本来意义上'扬弃'它。"[7]马克思不是历史虚无主义者，民族的历史必然成为国家建构的传统，面对传统的方式是在古与今的辩证统一中，运用历史唯物主义的方法论实现"推陈出新"。在国家建构中，民族传统往往成为国家重要的文化资源，并在国家发展中扮演着坚实的文化土壤的角色。基于民族传统的客观存在性和传承性，理解传统、尊重传统、敬畏传统的文化智识就成为发展传统、开创新的事业的宝贵智识。

"两个结合"，是中国共产党人在对民族传统文化进行批判性继承、弘扬发展、创造性转化和创新性发展等历史演绎后，所提出的推进马克思主义中国化的全新理念。马克思主义中国化的理论导向指引着马克思主义基本原理与中华优秀传统文化的良性互动，"第二个结合"不仅内在于马克思主义基本原理之中，也内在于中华优秀传统文化的文化理念之内。

中华文明作为人类文明史上永续发展的重要文明形态，其文明特质具有包容性、开放性、传承性，马克思主义在中国的"落地生根"，离不开与中华优秀传统文化的结合。中国共产党人在政党建设、国家治理的过程中所推进的马克思主义中国化的进程，内在着中华优秀传统文化的文化资源的创造性转化与创新型发展，继而实现"第二个结合"。如果从马克思主义基本原理的三个重要组成部分——马克思主义哲学、政治经济学、科学社会主义的内容要素来看，以儒家思想文化为主体的中华优秀传统文化所具有的"敬鬼神而远之"[8]的朴素唯物主义、"执两用中"[9]的朴素辩证法、"庶—富—教"[10]的经济发展理性、"革故鼎新"[11]的进取实践观等理念符合马克思主义基本原理的理论特质。中华优秀传统文化的"文化基因"在客观的文化土壤上注定了马克思主义必定能成为中国共产党的根本指导思想，也内含着"第二个结合"的实然存在性和应然发展的向度。

"第二个结合"是马克思主义中国化第三次飞跃的实然需要，它是马克思主义与中华优秀传统文化内在文化基因相互契合的必然结果，具有客观性、合理性和科学性。"第二个结合"构成了"两个结合"的重要理论基础，为新时代意识形态巩固、"四个自信"发展提供了重要的顶层设计和实践逻辑。

二、历史的赓续：在马克思主义中国化中把握"第二个结合"

中国共产党人在赓续中共党史、继承社会主义发展史、传承中华民族历史的过程中，形成了既批判、又汲取中华优秀传统文化的传统文化观。中国共产党在领导的中国革命、建设和改革的历史进程中，逐渐认识到马克思主义中国化的重大价值，而"第二个结合"的理念正是在中国共产党人独立自主的理论认知中逐渐生成。从五四运动到中国特色社会主义进入新时代，"第二个结合"的理念经历了以马克思主义"控制"民族传统文化的"孕育期""批判继承期""挫折调试期""吸收借鉴期"和"转化创新期"。

在中国共产党创建和大革命时期，"第二个结合"的观念建立在中国共产党人"扬弃"民族传统文化的主基调之上。"第二个结合"在这一时期是一种潜在的力量推动着中国共产党在逆境中探索中国革命独立自主的道路，以毛泽东同志为核心的党的第一代中央领导集体正是在马克思主义指导下，不断汲取中华优秀传统文化的养分，实现着马克思主义中国化进程中中华民族的解放事业。1925年郭沫若写了《马克思进文庙》一文，虚构了马克思与孔子相会、互称"同志"的情景，通过一番比较后他得出结论：马克思主义与孔子的思想是相通的、存在着许多共性，要把马克思主义与儒家文化结合起来。[12] "第二个结合"作为马克思主义中国化理论的关键要素，其最早的理论思索带有以马克思主义改造中国民族传统文化的倾向，艾思奇认为马克思主义中国化"原则上不外两点：第一要能控制中国传统的哲学思想，熟悉其表现方式；第二要消化今天的抗战实践的经验与教训"[13]。艾思奇的观点明确了马克思主义对于中国革命的指导地位，并注意到中华优秀传统文化是马克思主义中国化不可或缺的文化资源。

1938年，在党的六届六中全会上，毛泽东在阐发"马克思主义中国化"的理论命题时创造性地提出了"民族形式的马克思主义"[14]，面对中国革命的现实问题，毛泽东提出要"用马克思主义的方法给以批判的总结"历史遗产，他认为"承继遗产，转过来就变为方法，对于指导当前的伟大运动，是有着重要的帮助的"[15]，也就是说继承传统是为了使马克思主义与中国本土文化更好地相适应。1943年，面对共产国际的解体，毛泽东从反对主观主义、宗派主义、教条主义的层面提出，"要使得马克思列宁主义这一革命科学更进一步地和中国革命实践、中国历史、中国文化深相结合起来"[16]。从此，"第二个结合"成了中国共产党独立自主发展自我、实现国家建构、推动民族复兴的重要观念。

　　中华人民共和国成立以后，对于马克思主义与中国文化究竟应当怎么样结合，毛泽东进行过相关探索，他试图从儒家学说中吸收借鉴有价值的思想因素为社会主义建设服务。在毛泽东思想中充分体现了马克思主义与中华优秀传统文化的高度互动，在中国共产党领导新中国建设的前期，毛泽东注重立足中国的实情和传统文化，构建国家建设的基本理念和原则方法。然而，毛泽东晚年对儒家文化的认识发生了巨大的变化，给"第二个结合"的发展带来了一定的挫折。在马克思主义中国化中，如何在理论和实践上科学推进"第二个结合"，继而推进中国的现代化事业，成为后继者必须化解的重要问题。

　　在改革开放和社会主义现代化建设新时期，邓小平理论的形成和发展离不开吸收借鉴中华优秀传统文化，以邓小平同志为核心的党的第二代中央领导集体所提出的构建"小康社会"这一宏伟蓝图，其在话语表达上就充分汲取了中国古人对理想社会的称谓。邓小平从干部和群众的文化程度、心理习惯等实际出发，把《史记》《三国演义》《水浒》等家喻户晓的历史故事，不拘一格地灵活运用，充分展现了"第二个结合"的实践维度。如他运用《史记》中记述的术士徐福奉秦始皇之命东渡东海三神山寻求长生不老药的典故，来形容改革开放后的中国要向日本学习先进的人类文明成果[17]；通过《三国演义》中关羽"过五关斩六将"的成语故事，来形容中国搞改革开放的艰巨性和复杂性[18]；通过引用《列子·汤问》中愚公移山的神话故事，来形容中国人民不怕困难、坚韧不拔的奋斗精神[19]。

　　党的十三届四中全会之后，以江泽民同志为核心的党的第三代中央领导集体致力在理论上推动现代文化建设与汲取民族文化的关系认知，他指出："对民族传统文化要取其精华、去其糟粕，并结合时代的特点加以发展，推陈出新，使它不断发扬光大。"[20]在中共中央和学术界的共同努力下，"第二个结合"在社会各界形成广泛共识，"三个代表"作为这一时期马克思主义中国化的重要成果注重吸收借鉴中华优秀传统文化，在理论导引和治理方略上推动了中国在物质文明和精神文明等领域的发展。以胡锦涛同志为总书记的党中央所提出的"弘扬中华文化，建设中华民族共有精神家园"[21]的重大任务，为"第二个结合"提供了重要的思想基础和文化氛围。

习近平总书记在党的十九大报告中指出："深入挖掘中华优秀传统文化蕴含的思想观念、人文精神、道德规范，结合时代要求继承创新，让中华文化展现出永久魅力和时代风采。"[22]在人类发展的历史长河中，许多辉煌一世的文明最终都无法避免地步入衰退或灭亡的结局，只有中华文明绵延不衰。中华文明吸收了许多外来文化的先进因素，如汉代以后来自印度佛教文化的输入、明清之际西学的传入，以及近代鸦片战争以后西方文化的再次强势输入，但是，中华优秀传统文化作为中华民族的"灵魂"，始终没有被打散，作为民族的"根脉"，始终没有被斩断，因为它已经深层次地融入中华民族所有成员的日常生活之中，潜移默化地影响着中国人的思维和处世方式。

三、在"两创"中推进中国式现代化新道路：
"第二个结合"的实践逻辑

"第二个结合"的实践逻辑是在马克思主义指导下，实现中华优秀传统文化的创造性转化和创新性发展，继而在马克思主义中国化中的新境界和新思维中推进中国式现代化新道路。中国式现代化新道路既具有时代性，又具有民族性，它是中国共产党在领导中国人民实现中华民族伟大复兴的现代化道路上运用"第二个结合"理念，推进中华优秀传统文化创造性转化和创新性发展，服务于党的建设、国家治

理，以及为世界治理的中国方案。

中国式现代化新道路需要中国共产党在党的建设方面的现代化。在新时代党的建设新的伟大工程的指引下，党的十八大以来，以习近平同志为核心的党中央在政治建设、思想建设、组织建设、作风建设、纪律建设、制度建设、反腐倡廉等方面以马克思主义政党的基本原则为依据，同时汲取中华传统文化中的优秀有益部分，塑造出强大的政党自信，展现出坚强的执政能力。新时代在"第二个结合"视域下推进党的建设的典型表现之一是党内政治文化建设，中国共产党的党内政治文化的定位是，"以马克思主义为指导、以中华优秀传统文化为基础、以革命文化为源头、以社会主义先进文化为主体、充分体现中国共产党党性的文化"[23]。马克思主义指导下的中华优秀传统文化在管党治党层面的创造性转化和创新性发展，成为新时代党内政治文化建设的重要内容。建构具有传统性与现代性、革命性与传承性、思想性与实践性有机结合的党内政治文化，是推动党的建设的时代性与民族性的客观要求。

在中国共产党的领导下，中国式现代化新道路的理念推进着新时代治国理政的现代化。在实现中华优秀传统文化的创造性转化和创新性发展的理论和实践的形成中，中华文明的历史智识为中国特色社会主义事业提供着源源不断的丰厚滋养，马克思主义中国化的第三次飞跃亦在这种供给中更加彰显中国力量。从为世界治理提供中国方案来看，"包括儒家思想在内的中国优秀传统文化中蕴藏着解决当代人类面临的难题的重要启示"[24]，中华优秀传统文化是人类文明的炫丽瑰宝，它集成了中国古人在面对历史问题时的宝贵智慧。中华优秀传统文化具有中国特色，同时也隐含着诸多化解世界治理难题共性的资源，诸如"和而不同""仁者爱人""义以生利"等理念至今仍有重要的理论价值。"第二个结合"的价值不仅在于中国处理自身的问题，也内在于中国与世界互动中所具有的问题、在中国话语与西方话语的交融中，"第二个结合"明确了中国治理的底色、本色和特色，在讲述中国故事中为世界提供中国智慧。

当今中国处在古今中西之辨的时代氛围中，在中西方文明的碰撞中，"第二个结合"构成了"两个结合"的重要理论向度，在坚定马克思主义的根本指导下，力图从理论和实践相结合的维度推进中华优秀传统文化的创造性转化，继而实现马克思主义中国化的新时代进程。中国共产党"既不走封闭僵化的老路，也不走改旗易帜的邪路"25，中国在"不忘本来，吸收外来，面向未来"的文化方略中，辩证取舍西方的西方文明，通过"第二个结合"来实现古代中国与当代发展的会通。在汲取中华优秀传统文化中，为人类世界和中国发展提供中国方案。

马克思主义基本原理与中华优秀传统文化相结合，开辟了马克思主义中国化的新境界，彰显了新时代治国理政在继承和发扬五千年中华文明，传承和发展五百年社会主义发展史，在推进中国式现代化新道路中彰显着中国特色、中国风格和中国气派。作为"两个相结合"的重要组成部分，既是中国共产党人马克思主义观在现实的革命、建设、改革中的客观表达，也是中国共产党人传统文化观在百年党史进程中的自信总结。

注释

1. 习近平：《高举中国特色社会主义伟大旗帜　为全面建设社会主义现代化国家而团结奋斗——在中国共产党第二十次全国代表大会上的报告》，人民出版社2022年版，第18页。

2. 习近平：《担负起新的文化使命努力建设中华民族现代文明》，《人民日报》2023年6月3日，第1版。

3. 陈曙光:《文化精神与马克思主义的生存逻辑——理解"两个结合"的另一个视角》,《天津社会科学》2022 年第 1 期。

4. 张允熠、张弛:《从"一个结合"到"两个结合":马克思主义中国化的新叙事》,《思想教育理论》2021 年第 9 期。

5. 包心鉴:《在坚持"两个结合"中不断推进马克思主义中国化》,《山东社会科学》2021 年第 8 期。

6. ［德］马克思:《路易·波拿巴的雾月十八日》,载《马克思恩格斯全集》第 8 卷,人民出版社 1961 年版,第 149 页。

7. ［德］恩格斯:《路德维希·费尔巴哈和德国古典哲学的终结》,《马克思恩格斯全集》第 21 卷,人民出版社 1965 年版,第 314 页。

8. 陈晓芬译注:《论语·雍也》,《论语》,中华书局 2016 年版,第 72 页。

9. 陈晓芬、徐儒宗译注:《中庸》,《论语·大学·中庸》,中华书局 2011 年版,第 296 页。

10. 陈晓芬译注:《论语·子路》,《论语》,中华书局 2016 年版,第 170 页。

11. 十三经注疏整理委员会整理:《周易正义》,北京大学出版社 2000 年版,第 400 页。

12. 郭沫若:《马克思进文庙》,《郭沫若全集》(文学编)第 10 卷,人民文学出版社 1985 年版,第 161—170 页。

13. 艾思奇:《哲学的现状和任务》,《艾思奇文集》第 1 卷,人民出版社 1981 年版,第 420 页。

14. 毛泽东:《论新阶段》(1938 年 10 月),载中央档案馆编:《中共中央文件选集》第 11 册,中共中央党校出版社 1991 年版,第 658—659 页。

15. 中共中央文献研究室、中央档案馆编:《建党以来重要文献选编(一九二一——一九四九)》第十五册,中央文献出版社 2011 年版,第 651 页。

16. 中共中央文献研究室、中央档案馆编:《建党以来重要文献选编(一九二一——一九四九)》第二十册,中央文献出版社 2011 年版,第 318—319 页。

17. 中央党史研究室编:《邓小平论中共党史》,中共党史出版社 1997 年版,第 466 页。

18.《邓小平文选》第三卷,人民出版社 1993 年版,第 262 页。

19. 同上书,第 232 页。

20. 江泽民:《在庆祝中国共产党成立七十周年大会上的讲话》(1991 年 7 月 1 日),中央文献研究室编:《十三大以来重要文献选编》下册,中央文献出版社

2011 年版，第 181 页。

21. 胡锦涛：《高举中国特色社会主义伟大旗帜　为夺取全面建设小康社会新胜利而奋斗——在中国共产党第十七次全国代表大会上的报告》（2007 年 10 月 15 日），人民出版社 2007 年版，第 35 页。

22. 习近平：《决胜全面建成小康社会，争取新时代中国特色社会主义伟大胜利——在中国共产党第十九次全国代表大会上的报告》（2017 年 10 月 18 日），人民出版社 2017 年版，第 42 页。

23. 党的十九大报告辅导读本编写组：《党的十九大报告辅导读本》，人民出版社 2017 年版，第 431 页。

24. 习近平：《在纪念孔子诞辰 2565 周年国际学术研讨会暨国际儒学联合会第五届会员大会开幕会上的讲话》，人民出版社 2014 年版，第 6 页。

25. 中共中央文献研究室：《习近平关于全面深化改革论述摘编》，中央文献出版社 2014 年版，第 14 页。

附录3　中国式现代化的中华优秀传统文化底蕴探究

马克思主义中国化时代化是在马克思主义基本原理同中国具体实际相结合、同中华优秀传统文化相结合的过程中实现的。其中，"第二个结合"是"第一个结合"的历史延伸和文化拓展，表明我们党对马克思主义中国化时代化规律性认识的深化。马克思主义基本原理同中华优秀传统文化的结合是相互契合、相互融合，彼此互动、相互成就的，是在"五个文明"协调发展中形成，在坚持文化自信自立的姿态和胸怀天下的视野的辩证统一中构建的。中国式现代化蕴含的独特的世界观、价值观、历史观、文明观、民主观、生态观等产生于中国式现代化的实践，以马克思主义理论为指导，扎根于中华优秀传统文化，构成中国式现代化文化形态的具体形式，是"第二个结合"所形成的新文化形态的具体表现。"中国式现代化，是中国共产党领导的社会主义现代化，既有各国现代化的共同特征，更有基于自己国情的中国特色。"[1] "中国特色"诠释着中国式现代化的当代发展与历史底蕴，改革开放以来，中国式现代化在马克思主义中国化时代化的历史进程中推进着政治、经济、文化、社会、生态文明等各方面的发展。中国式现代化有其深厚的中华优秀传统文化底蕴，"如果没有中华五千年文明，哪里有什么中国特色"[2]。在理论、历史和实践相结合的维度认识中国式现代化的中华优秀传统文化底蕴具有重要的当代价值。

一、古今中西之辨：中国式现代化的当代境遇

现代化既是一个国家（人民）追求国家进步、社会繁荣、人民幸福的发展过程，也是具有特定经济发达程度和文明指标的发展结果。近代以来，在中国共产党领导中国推进现代化的事业中，我们深刻认识到由于中国独特的具体实际和文化土壤，中华优秀传统文化是中国式现代化的历史基础和文化底蕴。党的二十大报告所强调中国共产党的"五史"观念，将中国式现代化放置于"大历史"的时空观念中，"传统性"与"现代性"的辩证统一构成了中国式现代化的一个重要的行动逻辑。作为处在社会主义初级阶段的最大发展中国家的中国而言，五千多年悠久的民族历史，在供给中国共产党和中国人民厚重的历史自信的同时，亦给中国式现代化提出了重大的历史使命。

（一）"古今之变"下中国式现代化的历史自觉

中国共产党诞生于近代中国的"人民蒙难，国家蒙辱，文明蒙尘"，面对"古今之变"，中国共产党在初创阶段的"革命"方式以"告别传统"为其主要形态。在这一历史背景下，反传统构成了中国共产党人领导中国人民谋求现代化的核心意识。古与今的碰撞，催动着中国共产党人对于中国革命的认知。在革命的初期，中国共产党人往往是以"最彻底的决裂"为理念推进着革命的进程，在现实的革命面前，"传统"是被批判的对象。然而，探赜党史，中国共产党传统文化观的另一条线索鲜明可见，即中国共产党在马克思主义扬弃的文化方法论下，吸收、借鉴、运用以儒家文化为主的中华优秀传统文化，来推进党领导中国的革命、建设、改革、发展。1937 年中国共产党提出了"马克思主义中国化"，这标志着中共中央从顶层设计的

层面致力推动马克思主义指导下中国革命的"古为今用"。

在新民主主义革命时期,毛泽东号召党的干部要研究理论、研究历史和研究现状,他指出:"我们这个民族有数千年的历史,有它的特点,有它的许多珍贵品。""从孔夫子到孙中山,我们应当给以总结,承继这一份珍贵的遗产使马克思主义在中国具体化,使之在其每一表现中带着必须有的中国的特性,即是说,按照中国的特点去应用它,成为全党亟待了解并亟须解决的问题。"[3]马克思主义中国化体现着中国共产党人的"历史自觉",此时的中国共产党人已经意识到,历史与现代紧密融合,革命的意志无法剪断历史和中国人的"文化基因"。1943年,毛泽东从反对主观主义、宗派主义、教条主义的层面提出,"要使得马克思列宁主义这一革命科学更进一步地和中国革命实践、中国历史、中国文化深相结合起来"[4]。在"第二个结合"的理论先导下,中国共产党援引中华优秀传统文化资源推进革命事业成为了其独立自主发展自我、实现国家建构、推动民族复兴的重要观念。在新民主主义革命时期的历史智识的基础上,中华人民共和国成立之后,1964年,第三届全国人大第一次会议提出实现工业、农业、国防和科学技术现代化的"四个现代化"基础战略构想。

改革开放之后,随着国家对物质文明、精神文明一体推进的现代化实践探索,我们对实现现代化的内容、途径、目标的认知不断深化,科学提出了"小康社会"到"世界大同"的中国式现代化的理想进路。循史而察,中国式现代化致力于构建的现代文明,涵盖经济、政治、文化、社会、生态文明、科技、外交等诸要素,每个要素的实现不仅包括社会主义因素,也包括中华优秀传统文化的创造性转化和创新性发展。新时代新征程的使命任务,要求我们要将文化现代化、建设文化强国作为现代化建设的重要内容和重要支撑,并将其贯穿于现代化的各个方面、全部过程,为实现第二个百年奋斗目标提供源源不断的精神动力和文化条件。

党的十八大以来，中国共产党人越发认识到，中华优秀传统文化是中华民族的突出优势和精神标识，是中华民族绵延发展的"根"和"魂"，更是中国式现代化的思想沃土和精神根基。恩格斯指出："人们自己创造自己的历史，但是他们并不是随心所欲地创造，并不是在他们自己选定的条件下创造，而是在直接碰到的、既定的、从过去承继下来的条件下创造。"[5]在恩格斯看来，历史与现实并非简单的二元割裂关系，一个民族的历史文化构成了国家建设的本源性底蕴，而立足于现实的革命、建设与改革是治国理政的现实要求。在古与今的时间传续中，中华优秀传统文化并没有远离新时代的治国理政，它已然成为一个不可遗忘的"乡愁"植入中国式现代化的理念遵循和现实实践，并成为中国式现代化亟须善用的文化软实力。

（二）"中西之别"下中国式现代化的文化自信

"古今之变"在时间维度的变迁中，激发着中国共产党在领导中国式现代化中亟须重视传统，利用好中国人民赖以生存的文化土壤。而"中西之别"是在空间维度的差异中，推动着中国式现代化如何正视西方的资源，做好"洋为中用"。回顾中国早期现代化进程，如何取用西方的先进理念一直困扰着近代的官僚阶层和知识分子。洋务派以"中学为体，西学为用"为思想纲领指导现代化运动，但封建的"中体"——封建专制主义与资本主义的"西用"——器物、技术层面之间的矛盾和冲突，在洋务运动后期对中国现代化运动的阻碍作用日益明显。资产阶级维新派和革命派从制度和文化层面援引西方理论，但始终没有从夷夏之辨中找到中国革命的正确道路。自中国共产党成立后，中国共产党始终将政党作为中华优秀传统文化的忠实传承者和弘扬者，正确把握民族实际与特点，使新民主主义文化扎根于中国土地和民族土壤，不断生长、繁荣并服务于新民主主义革命事业。

在人类发展史上，欧美国家率先开创了现代化的"西方模式"，西方模式以其坚实的经济、文化、军事等能力形成了覆盖世界的强势影响力。但是，现代化的模式绝不仅仅只有西方一种，对于诸多发展中国家而言，理解、挖掘、善用民族传统文化是实现现代化不可忽略的重要实践路径。当西方部分政客和学者强调西方式现代化的普世价值时，往往忽略了不同的国家实际、民族特色往往决定着现代化模式的不同实践路径和实现方式。坚持和发展中国式现代化，需要在世界现代化大势中找寻到共性的原则、要素和方法，但更需要在中国的民族特色中找到其发展的遵循、范式和规范。中国式现代化需要摒弃"全盘西化"的近代思维，在中西之别中，明确发展中的"自我"与"他我"的关系、边界与张力。

当前，中国仍然处在社会主义初级阶段，仍然是世界上最大的发展中国家，不同的发展国情和民族特征，决定着中国式现代化必然有其不同的发展模式。中华民族与西方世界存在着不同的民族特色，这决定着中西方的现代化道路必然有其不同的进阶方式、现实样态。西方式现代化的积极成就和重要内容是中国式现代化得以发展的重要借鉴，但中国式现代化绝不会走改旗易帜的邪路，而是在马克思列宁主义的指导下，实现对历史的赓续，构建具有中国特色、中国气派、中国风格的现代化发展形态。

作为不同于西方现代化的后发现代化类型，中国式现代化致力于构建的现代文明有自身的民族特色，它以中华优秀传统文化为其底蕴，涵盖着经济、政治、文化、社会、生态文明各个层面。中国式现代化的体系中具有普世意义的西方价值，在赓续中华优秀传统文化基因中展现出中国特色、风格与气派。中国式现代化始终坚持古为今用、洋为中用的发展方略，将马克思主义的科学世界观、方法论与中华优秀传统文化精华贯通起来，推进马克思主义不断中国化时代化，推动着中国式现代化的高质量发展。

（三）"两个结合"：中国式现代化的重要理论遵循

中国共产党在领导、推动中国式现代化的历史进程中，其传统文化观历经反对传统、批判继承、去粗取精，以及创造性转化、创新性发展，"坚持把马克思主义基本原理同中国具体实际相结合、同中华优秀传统文化相结合"。中国式现代化坚持马克思列宁主义的立场、观点、方法，在遵循马克思主义中国化时代化的理论指导下，推进、发展与新时代中国具体实际相符合的中国式现代化的实践逻辑。在新时代新征程中，中国式现代化的发展逻辑呈现为在"中西"比较中借鉴西方先进理念，在"古今"赓续中推进中国式现代化汲取中华优秀传统文化的历史资源。

"两个结合"在理论基础层面规范着中国式现代化在马克思主义指导下，从世情、国情、党情的现实场域去回答中国之问、历史之问、时代之问，同时从赓续历史的层面汲取中华优秀传统文化、发展中国特色社会主义、构建人类文明新形态。中华民族独特的文化传统、独特的历史命运、独特的基本国情决定了中国式现代化有其独特、厚实的文化底蕴，这不是照搬世界上任何其他国家的模式所能比拟的。中华优秀传统文化的独特价值内在于中国共产党的革命理念与当代发展的实践逻辑中，并在潜移默化中促成着马克思主义中国化时代化。

中国式现代化不仅是在赓续社会主义发展史、党史、国史、改革开放史中发展着中国特色社会主义，并且在赓续中华民族发展史中展现出中国所独有的历史基础、群众基础和文化底蕴。中华优秀传统文化在融合中国式现代化的发展进程中，亦激发着中国共产党领导中国人民运用历史智识推进中华民族伟大复兴。在世界百年未有之大变局和中华民族伟大复兴战略全局的历史背景下，中国式现代化遵循"两个结合"的重要观点，在坚持马克思主义中国化时代化的理论指导下，赓续中华优秀传统文化，在夯实中国式现代化道路的历史底蕴中展现新时代中国特色社会主义的道路自信、理论自信、制度自信和文化自信。"泱泱中华，历史悠久，文明博大。中华民族在几千年历史中创造和延续的中华优秀传统文化，是中华民族的根和魂。"[6]中华优秀传统文化是中国式现代化得以稳定、持续发展的文化土壤，是中国式现代化融入世界发展大势、展现中国特质的内生动力。

二、文化基因：中国式现代化的"中国特色"

中国式现代化的中华优秀传统文化底蕴具体体现在中国式现代化的内容与特征之中，以中国式现代化推进中华民族伟大复兴，有其特定的国际环境、具体国情和民族特色。新时代在统筹"两个大局"的历史进程中，深厚的文化传统和丰富的历史资源，是中国式现代化道路显著优势和中国特色的根本之所在。中国共产党与其所领导的中国人民所具有的历史自觉、历史自信，是实现中国式现代化的历史主动的文化意识与精神力量。

（一）巨大人口规模的现代化：在"历史耐心"中"持经达权"、稳中求进

人口规模巨大是中国式现代化的一大特征，这一中华民族的基本

国情，从"时空观"层面赋予了中国特色社会主义发展的基本行动秩序。从中华民族的空间观来看，作为一个"超大规模的政治体"，"六合同风，四海一家"的大一统传统存在于古代中国，亦是中国共产党所赓续、发展的重要的治国理政理念和范式。在历史的时间延续中，中国式现代化的艰巨性、复杂性远远高于任何一个西方国家，这要求坚持和发展中国式现代化在充足的"历史耐心"中稳中求进。

应对由多元、复杂的组织机构和人员所组成的宏大的国土空间，如何处理好"中央—地方"的互动关系是中国式现代化发展的一个重点问题。在"大一统"的当代中国，中央决策与现实实践存在着一定程度的张力，于上层的顶层设计而言，其所推行的是简明、高效、稳定的施政范略，而对于基础组织而言，其所需要的是在中央布局下推行因地制宜的现实机制和激活活力的有效措施。中国式现代化的高质量发展内在着上层部署和下层实践的动态统一，其中内在着治国理政的"常道"与"变道"，以及"持经"与"达权"。在中国式现代化的当代实践中，中国古人在历史长河中所积累的宝贵治国智慧，为坚持和发展中国特色社会主义提供了历史经验和宝贵智识。

人口规模巨大的中国实情，决定着以中国式现代化全面推进中华民族伟大复兴，不是轻轻松松、敲锣打鼓可以实现的。以中国式现代化推进中华民族伟大复兴的新时代新征程中，"中国共产党领导中国人民始终从国情出发想问题、作决策、办事情，既不好高骛远，也不因循守旧，保持历史耐心，坚持稳中求进、循序渐进、持续推进"[7]。"欲速则不达，骤进只取亡"的中国古训规范着巨大人口规模特征的中国式现代化的实践模式。从大历史的角度看，行稳致远亟须"动心忍性"，克服一切形式的功利、虚华是实现中国式现代化的重要意志，坚持"功成不必在我、功成必定有我"的笃定心志。在具体的实践中，中国式现代化要求中国共产党在前进道路上从容不迫、守正创新，不为一时之名所惑、不为一事之利所急、不为一言之誉所扰。

（二）全体人民的共同富裕："均富"与"民本"理念的当代演绎

中国共产党的初心与使命，与中国先哲"为天地立心，为生民立命，为往圣继绝学，为万世开太平"[8]所具有的"民本"使命观一脉相承，展现着中国式现代化在推进"巨大人口规模的共同富裕"的内在动力和宗旨意识。实现全体人民共同富裕是中国特色社会主义的本质要求，也内嵌着中华民族孜孜以求的社会理想。自古以来，以集体主义为主导的价值取向伴随着中华民族的孕育、塑形和发展，并衍生出强调"天下大同"和"以民为本"两个方面的治国安邦理念。天下大同浸润着推动全体人民实现共同富裕的目标追求。中国古代历代统治者通过轻徭赋税、限田均田致力于实现"均富"的朴素理想。《礼记·礼运·大同篇》以"大同""小康"勾勒描绘了中国古代这一交互型集体社会"天下为公"的社会理想，孕育了中华民族追求共同富裕的民族心理和价值源流。

一方面，中国共产党历经百年奋斗历程，推进中华民族迎来从站起来、富起来到强起来的伟大飞跃，推进完成脱贫攻坚、全面建成小康社会的历史任务，使实现共同富裕这一民族夙愿具备了物质基础和现实可能。另一方面，以民为本思想浸润着推动全体人民实现共同富裕的价值取向。共同富裕既包括物的全面丰富，也包括促进人的全面发展。《尚书·五子之歌》即记载着"民惟邦本，本固邦宁""德惟善政，政在养民"的重民思想，"民可载舟，亦可覆舟"的执政理念成为历代君主治国理政的重要智识。唐太宗有言："道无常名，圣无常体。随方设教，密济群生"[9]，展现了中国古代富民、重民、利民的执政理念。"民心是最大的政治"，人民对于中国共产党的支持取决于中国共产党人兑现了"为人民服务"的承诺，其实践逻辑是中国共产党人在忠诚、干净、担当的党性修养和现实实践中，始终坚持为中国人民谋幸福，为全面建成富强、民主、文明、和谐、美丽的现代化国家、全面实现中华民族伟大复兴而团结奋斗。

（三）物质文明和精神文明相协调："中和"思想在新时代的赓续

"物—我"二分是西方思维世界的主要图景，这一认识论的趋向是主体世界与物质世界的分离，其结果导向是物质文明和精神文明的乖离。在西方文明的源流中，多数国家在资本逻辑的运行下，陷入资本的"异化"，抑或是导向精神状态在"后现代主义"。由于世界观和认识论的西方"个性"，西方世界不存在物质文明和精神文明相协调的文明资源，由此造成了西方模式下的现代化存在着精神和物质断裂的可能，甚至是社会精神、道德、伦理逐渐堕落的危机。有异于西方文明，中华文明的思维方式追求"物—我"合一，在"中庸"思想的引导下，中国人所建构的"客体"与"主体"的相协调、相和谐，而不是物质文明和精神文明在紧张中斗争、以致分裂的结局。

在近代中国"三千年未有之大变局"的历史环境下，面对西学东渐和"师夷长技以制夷"的西化观念，有诸多智者认识到中华文明在面对物质文明和精神文明关系的文化优越性。梁启超认为欧洲的物质文明依赖于科技理性，弱化了人文关怀，因此西方社会"一百年物质的进步，比从前三千年所得还加几倍，我们人类不唯没有得着幸福，倒反带来许多灾难"[10]。西方式现代化道路的一大弊端就是，使本应全面发展、丰富多彩的人受到资本裹挟，退化为单向度的、物质主义过度膨胀的人。中国式现代化秉持中国传统"中和"的方法论，在丰富物质财富的同时，注重丰富人民精神世界。

生产力决定生产关系、经济基础决定上层建筑是马克思主义的基本观点。从人类社会发展规律来看，生产力、经济基础在现代化社会演进中起主导作用，因此，中国式现代化建设必须坚持以经济建设为中心，推动经济高质量发展。但中国式现代化所追求的不是片面经济发展的单一现代化，而是物质文明和精神文明的统筹协调。物质文明和精神文明相互促进、相互协调，实现人的自由全面发展是中国式现代化的重要特征和重要目标，也深刻彰显了中国智慧。"中和"是中国人的一种思维模式和行动范式，《中庸》有言："中也者，天下之大本也；和也者，天下之达道也。致中和，天地位焉，万物育焉。"[11]"中和"思想中的平衡感为中国人所坚持，这一"百姓日用而不知"的方法智慧涵养了中华民族理性、温和的性情，以及稳健、和谐的行动秩序。

（四）人与自然和谐共生：从"天人合一"到"生命共同体"

"自然是生命之母，人与自然是生命共同体"[12]的中国式现代化的重要观点，深深植根于中华优秀传统文化沃土，这条文明发展道路也引领着发展中国家乃至世界各国的现代化生态实践。人与自然和谐共生的中国式现代化理念，在凸显自然为人类发展的物质基础的同时，重视人在自然世界和人类社会的首创精神。中国自古以来秉持"人为万物之灵"的人类主体认知，但是，人与自然的关系不是"征服—被征服"的关系，而是在互动、交融中形成共生、互成的"生命共同体"。

中国古代先哲在"天—地—人"的一体化认知体系中构建起"天

理"与"人道"相互贯通的哲学体系，并影响着士、农、工、商各个阶层。马克思在阐释共产主义理想社会时，与中国哲学"天人合一"的命题具有高度契合性，他指出："共产主义作为完成了的自然主义，等于人道主义，而作为完成了的人道主义等于自然主义。"[13]在西方的现代化历程中，经济的发展往往以牺牲自然为代价，其结果是人类社会因自然的物质供应缺乏和环境污染而导致了更为严重的经济倒退。

在"天人合一"的思维模式中，中华民族向来秉持人与自然和谐共生的理念，在"天地万物为一体"的哲学智识中，中国古人践行着"敬畏生命""仁爱自然""取之有时"和"用之有节"等生态观念。人与自然是生命共同体，山水林田湖草沙是人类赖以生存的物质基础。恩格斯在《自然辩证法》中深刻地指出了这种"生产—生态"相悖的发展模式："我们不要过分陶醉于我们人类对自然界的胜利。对于每一次这样的胜利，自然界都对我们进行报复。"[14]中国式现代化主张对自然资源的善用、妙用、截用，唯有如此，方能保障自然成为中国式现代化取之不尽、用之不竭的物质资源。在非对抗性的人与自然界的关系中，中国式现代化追求的是人在自然间的和谐生存状态，而自然万物在中国的发展中成为一种"自然而然"无需刻意造作的生存环境。

（五）走和平发展道路："美美与共，天下大同"的文明张力

西方文明面对"传统"与"现代"的互动问题，往往在发展的角度上坚持"现代"对"传统"的批判与超越。而中国自古以来对于"古"与"今"的主要态度是"以史为鉴，察往知来"，"通古今之变"的历史智识为传统士大夫所坚守。美国学者列文森在《儒教中国及其现代命运》中指出，在近代中国的变迁中，传统文化是"中国共产主义的强大的思想资源"[15]。"中华优秀传统文化中蕴藏着解决当代人

类面临的难题的重要启示。"[16]中华优秀传统文化对世界文明的一大贡献，即是以团结求共进，以和谐求共赢。

在统筹"两个大局"的新时代，新冠肺炎疫情加速了世界之变、时代之变、历史之变，人类社会面临前所未有的挑战。在困难面前，西方社会所选择的方式更多的是"零和博弈"，而中国共产党则在传承中华优秀传统"天下为公"理念中，致力于人类和平与发展的崇高事业，从全面建成小康社会到"为世界谋大同"。中国共产党始终坚持为中国人民谋幸福、为中华民族谋复兴、为人类社会谋善治的理想。在战争与和平这一永恒命题面前，中国共产党的立场始终是"美美与共，天下大同"，而反对将社会达尔文主义的"丛林法则"运用于"地球村"的共建。

中国式现代化坚持"和而不同"的共赢理念，以多样共存超越"文明优越"，以和谐共生超越"文明冲突"，以交融共享超越"文明隔阂"，以繁荣共建超越"文明固化"。中国式现代化道路不会走封建僵化的老路，也不会走改旗易帜的邪路。中国共产党领导人民不仅创造了世所罕见的经济快速发展和社会长期稳定两大奇迹，而且成功走出了中国式现代化道路。这些前无古人的创举，破解了人类社会发展的诸多难题，摒弃了西方以资本为中心的现代化、两极分化的现代化、物质主义膨胀的现代化、对外扩张掠夺的现代化老路，拓展了发展中国家走向现代化的途径，为人类对更好社会制度的探索提供了中国方案。

西方社会所传导的"零和博弈"理念为中国所摒弃，中国式现代化所坚持的是"和而不同"的国家安全战略和外交模式。中华优秀传统文化在中国式现代化的历史进程中扮演着"源头活水"的角色，在马克思列宁主义的指导下，中华优秀传统文化在党的建设、国家建构、国际交往等层面实现着与中国式现代化的同频共振，以文化的软实力供给着中国式现代化的发展，构建出人类文明新形态。

三、守正创新：中国式现代化汲取中华优秀传统文化的实践理路

中国式现代化建立在 5000 多年文明传承基础上的文化自信，文化自信是更基础、更广泛、更深厚的自信，是更基本、更深沉、更持久的力量，是中国式现代化的底气。守正创新，不仅是中华优秀传统文化永续生命力的方法论指导，也是中国式现代化的实践理路。中国式现代化在汲取中华优秀传统文化的过程中，亟须对民族文化有鉴别地对待、有扬弃地继承，实现中华优秀传统文化与当代文化相适应、与现代社会相协调，推进中华优秀传统文化的创造性转化、创新性发展。

（一）"两有"：对民族文化有鉴别地对待、有扬弃地继承

在实现中国式现代化汲取中华优秀传统文化的新时代新征程的历史进程中，亟须重视汲取民族文化的优质部分，坚持对民族文化有鉴别地对待、有扬弃地继承。在中华民族绵延、悠长的发展史中，中华文明赋予亿万中国人民以民族自信心和文化自豪感。同时，任何一个身处中国式现代化事业的个体，要在中国古代"治乱循环"的"历史周期率"中认知民族文化所存在的不足和问题。在现实的发展中，"以史为鉴"与"察往知来"在于坚持和发展中国式现代化的实践理路之中。

中国式现代化汲取中华优秀传统文化的前提是界定"中华优秀传统文化"，这就需要从民族文化中梳理其具有科学性、时代性的积极

文化内容。在时空的演变中，一些在传统生活环境中备受褒扬的民族文化正在遭遇着现代性的重新考量，现代性以其全新的理念、方法选取着民族历史中的优质文化。对民族文化有鉴别地对待，是理解中国式现代化的中华优秀传统文化底蕴的前置条件，中国共产党所领导中国人民赓续的民族文化并非对传统整体性的"全盘接收"，而是在解构"传统"中汲取其中的优质部分。面对民族文化中诸如关系学、厚黑学、官场术、潜规则等封建落后的文化必须予以坚决地摒弃。

"扬弃"是马克思主义文化观的重要方法论，历史唯物主义在处理"古今之变"所坚持的理念，并非"彻底的决裂"，而是扬弃地继承。在人类文明的发展史中，曾出现过运用摒弃历史的方法，对传统文化进行简单、片面、独断的否定，其结果是在"历史虚无主义"的负面影响下造成国家发展的倒退。中华优秀传统文化的整体性、稳定性和连绵性，注定了其融入中国式现代化的当代征程的历史命运。但是，中国式现代化汲取中华优秀传统文化的方式绝不是在心理上的"信而好古"，以致在实践上"以古为是"。在面对中国古代儒、道、法、名、墨、兵、禅等各家所留下的宝贵遗产，中国式现代化在坚持传承、保护其优质部分的同时，重点运用马克思主义的"扬弃"方法对它们进行"去粗取精"。中国式现代化在坚持对民族文化有鉴别地对待、有扬弃地继承中，中华优秀传统文化方能为中国特色社会主义事业源源不断地输出文化资源，中国式现代化亦会在中华优秀传统文化的深厚土壤中实现守正创新。

（二）"两相"：中华优秀传统文化与中国式现代化相适应、相协调

在中国特色社会主义事业的发展进程中，中国式现代化与中华优

秀传统文化构成了一对"主—客"关系，坚持和发展中国式现代化，要求中华优秀传统文化与中国式现代化相适应、相协调。中华优秀传统文化作为中国式现代化的文化土壤，其与科学社会主义价值观主张具有高度契合性，"其中蕴含的天下为公、民为邦本、为政以德、革故鼎新、任人唯贤、天人合一、自强不息、厚德载物、讲信修睦、亲仁善邻等，是中国人民在长期生产生活中积累的宇宙观、天下观、社会观、道德观的重要体现"[17]。中华优秀传统文化与中国式现代化的相适应、相协调既是"传统"自我的一个现代性调试过程，也是中国共产党这一中国式现代化的"主导者"对历史的选择过程。

党的十八大以来，党中央在推进中国特色社会主义文化建设时，始终强调中华优秀传统文化的重要性，将其称为"打底工程、固本工程、铸魂工程"，视为中华民族永远不能离别的精神家园。中华优秀传统文化与中国式现代化相适应、相协调界定了中国式现代化对中华优秀传统文化的取用范围。中国式现代化的本质要求是：坚持中国共产党领导，坚持中国特色社会主义，实现高质量发展，发展全过程人民民主，丰富人民精神世界，实现全体人民共同富裕，促进人与自然和谐共生，推动构建人类命运共同体，创造人类文明新形态。

发展中国式现代化，对于国家内在发展而言，是在坚持马克思主义中国化时代化中，推进中国特色社会主义事业；对于对外的国际传播而言，是在稳定的意识形态下，弘扬中华优秀传统文化，讲好中国故事，展现人类文明新形态的理论创新和实践优势。"在开放化与全球化的今天，面对越来越复杂的国际环境和越来越激烈的国际竞争，面对思想观念的日益多样化和西方文化的强势渗透，我们必须时刻保持忧患意识，不断增强社会主义意识形态话语权。"[18] 在统筹"两个大局"的新时代，中国式现代化的"守正创新"维系着弘扬中华优秀传统文化，关涉马克思主义中国化的新境界，推进着中华民族的伟大复兴。

（三）"两创"：实现中华优秀传统文化创造性转化、创新性发展

中华优秀传统文化不仅存在于古代中国的时空背景，而且"绵延"于中国式现代化的发展蓝图之中。《易经》有言："穷则变，变则通，通则久。""文化的力量，或者我们称之为构成综合竞争力的文化软实力，总是'润物细无声'地融入经济力量、政治力量、社会力量之中，成为经济发展的'助推器'、政治文明的'导航灯'、社会和谐的'黏合剂'。"[19] 对于中国式现代化而言，中华优秀传统文化在得到创造性转化和创新性发展中，能够形成为新时代所用的崭新的文化资源，进一步支持中国式现代化的新发展。

"两创"与"两个结合"构成了中国式现代化汲取中华优秀传统文化的"应然—实然"结构，"两个结合"的重大理论观点形成了马克思主义基本原理与中华优秀传统文化相互融合的意识形态方向；"两创"在"两个结合"的"实然"指导下，通过中华优秀传统文化的"守正创新"，发展中华优秀传统文化，并实现着与马克思主义真理更为密切的结合，推进马克思主义中国化时代化。马克思主义中国化时代化的历程，也是中国式现代化的进程，其中内蕴着中华民族发展史所具有的文化滋养在马克思列宁主义的指导下，源源不断地支持"四个自信"。在推进中国式现代化的发展进程中，中华优秀传统文化在创造性转化和创新性发展中，其所内在的世界观和方法论需要自觉融入中国式现代化所统摄的党的建设、国家治理和国际合作之中。

中国共产党作为中国式现代化的领导力量，扮演着中国式现代化的引领者、治国理政的主导者、党的建设的实践者的角色。在领导推动中国式现代化汲取中华优秀传统文化的过程中，其自身也实现着党的建设的时代化、科学化、民族化。中国共产党在新时代的治国理政中，以党的政治建设为统领，坚持思想建党与制度治党相结合，汲取中华优

秀传统文化的"心学"滋养，将立大德、守公德、严私德的新时代政德建设融入党的建设与社会治理。中国共产党人在坚持"全面从严治党永远在路上，党的自我革命永远在路上"的当代课题中，坚持和完善中国特色社会主义制度，传承中华优秀传统法律文化，在破解"历史周期率"的同时推进着"以伟大自我革命引领伟大社会革命"。

在新时代的治国理政中，"民惟邦本""天人合一""和而不同""天行健，君子以自强不息""大道之行也，天下为公""天下兴亡，匹夫有责""君子喻于义""君子坦荡荡""君子义以为质""言必信，行必果""人而无信，不知其可也""德不孤，必有邻""仁者爱人""与人为善""己所不欲，勿施于人""出入相友，守望相助""老吾老以及人之老，幼吾幼以及人之幼""扶贫济困""不患寡而患不均"等传统价值观为中国特色社会主义事业提供着源源不断的丰厚滋养。

中国式现代化因具有深厚的中华优秀传统文化根基，而更具有历史主动性和世界影响力。在中国式现代化汲取中华优秀传统文化的发展进程中，需要坚持"不忘本来、吸收外来、面向未来"的发展方略。"不忘本来"构成了中国共产党领导中国高质量发展所不能动摇的马克思列宁主义指导地位和中华优秀传统文化滋养，"吸收外来"是在中国特色社会主义事业发展中汲取具有世界性、科学性的先进理念，"面向未来"催动着中国式现代化在现代性标准中创造性地汲取中华优秀传统文化。在中国式现代化中运用"不忘本来、吸收外来、面向未来"的方略，"不忘本来"具有根本性的指导地位和规范意义，它所展现的是中国式现代化指导思想的科学性，以及中国式现代化深厚的文化根基和发展潜能。中国式现代化的中华优秀传统文化底蕴彰显的是中国式现代化的理论深度和实践魅力，在坚持和发展中国式现代化中，挖掘、传承、汲取中华优秀传统文化，既是弘扬中华优秀传统文化的重要举措，也是发展中国式现代化的必由之路。

注释

1. 习近平：《高举中国特色社会主义伟大旗帜　为全面建设社会主义现代化国家而团结奋斗——在中国共产党第二十次全国代表大会上的报告》，人民出版社2022年版，第22页。

2.《习近平谈治国理政》第四卷，外文出版社2022年版，第315页。

3.《毛泽东选集》第二卷，人民出版社1991年版，第533—534页。

4. 中共中央文献研究室、中央档案馆编：《建党以来重要文献选编（一九二一——一九四九）第二十册》，中央文献出版社2011年版，第318—319页。

5.《马克思恩格斯全集》第8卷，人民出版社1961年版，第121页。

6.《习近平谈治国理政》第二卷，外文出版社2017年版，第426页。

7. 习近平：《高举中国特色社会主义伟大旗帜　为全面建设社会主义现代化国家而团结奋斗——在中国共产党第二十次全国代表大会上的报告》，第22页。

8. 张载著：《张载集》，张锡琛点校，中华书局1978年版，第320页。

9. 赵克尧、李道勋：《唐太宗传》，人民出版社1984年版，第349页。

10. 梁启超：《梁启超游记：欧游心影录新大陆游记》，东方出版社2012年版，第15页。

11. 陈晓芬、徐儒宗译注：《论语·大学·中庸》，中华书局2015年版，第289页。

12. 中共中央党史与文献研究院编：《十九大以来重要文献选编》（上），中央文献出版社2019年版，第431页。

13. ［德］马克思：《1844年经济学哲学手稿》，载《马克思恩格斯全集》第42卷，人民出版社1979年版，第120页。

14. ［德］恩格斯：《自然辩证法》，载《马克思恩格斯全集》第20卷，人民出版社1971年版，第519页。

15. ［美］约瑟夫·列文森：《儒教中国及其现代命运》，郑大华、任菁译，中国社会科学出版社2000年版，第121页。

16. 习近平：《在纪念孔子诞辰2565周年国际学术研讨会暨国际儒学联合会第五届会员大会开幕会上的讲话》，人民出版社2014年版，第6页。

17. 习近平：《高举中国特色社会主义伟大旗帜　为全面建设社会主义现代化国家而团结奋斗——在中国共产党第二十次全国代表大会上的报告》，第18页。

18. 颜佳华等：《文化行政的理论与实践问题研究》，学习出版社2019年版，第11页。

19. 习近平：《之江新语》，浙江人民出版社2007年版，第149页。

后 记

　　中国传统治道的历史演进大体上可以划分为三个阶段，即先秦时期的"原型"阶段、秦汉隋唐时期的"成型"阶段、宋元明清时期的"转型"阶段。在先秦时期，形成了一个以孔子为主导的"共同体"，这一"共同体"对君主、弟子以及臣子起到了一定的引导作用，塑造了原始儒家以道统引导政统的理想。汉代儒宗董仲舒提出的"推明孔氏，罢黜百家"旨在"制衡君权"，而不是"支持专制"。董仲舒的这一构想是他对先秦儒家治道思想的继承与发展。隋末大儒文中子毕生追求"王道"，在理想与现实的乖离中，文中子感受到了与孔子相似的对时变的无奈与叹息。而文中子回归故乡后，其选择著书立说、专行教化。时值宋代，宋太祖做出了"不杀士大夫"的承诺，这就为士大夫提供了稳定的发展空间与从政条件。在秦汉兴起的"共治"思想在宋代获得了新的发展。金元之际是中国历史上重要的思想文化整合期。中央集权制的衰落、佛教的发展，以及道教的兴盛，给元代儒家治道思想带来冲击。"王道政治"是元儒治道思想的内核，其政治目标是通过"正君心"以"得民心"。明代政治思想和价值观进入了传统社会的晚期，但是却进入专制主义的高峰阶段，王阳明的内圣外王和常州学派的经世致用体现了明清儒家治道对传统儒家治道的延续与转折。清代朴学的一个重要导向是在经世致用的维度实现"托古改制"，康有为对世界秩序的本体构建呈现出中国古代治道的现代性和世界性意义。在古今会通中，明清先哲治道观念在历史之变中是现代性政治公共秩序的开显的前奏。

本书屡易其稿，最终付梓。首先要感谢的是我的授业恩师黎红雷教授。黎老师对我的指导是全方位的。作为黎老师的最后一位博士生，在学的三年，老师对我恩爱有加、指导备至。入学之初，老师让我承担黎门的管理工作，三年来我策划了各种黎门的学术活动、社会实践和文娱生活，这些经历提升了我的综合素质与能力。2016 年 7月，在老师的鼓励下，我来到了老师的出生地琼海市大园古村支教。这次支教活动，使我成为第一个入住老师家中的弟子，老师亲切地称我为"入室弟子"。而我也以百倍的热情服务支教活动，报答老师对我的培养之恩。

黎老师是一个热情奔放的学者，他对我的教育与指导直接且透彻。每当我犯错的时候，老师会循循善诱地教诲，而当我有所进步时，老师总是爽朗地加以褒奖。与黎老师共处的三年，每有学术研讨会，老师总是带上我，这是他对我的信任，也体现了他对我这个最小的学生的特殊喜爱。黎老师精研"治道"三十余年，他非常希望我能延续他在学术上对政治哲学的热情，在这种传承中，我确立了本书的题目《治道的理想：古典儒家政治哲学新探》。

我成长的每一步，都离不开我的恩师对我的帮助。在此，我还必须感谢我在大学期间的恩师黄以诚老师，他当年对我的殷切期望，促成了一个大学生的博士梦。当然，我更不能忘记伴随我前进的父母和妻子。年近不惑，回首过往，百感交集。我庆幸有那么多人爱着我、关心我、支持我，同时我也惭愧，惭愧我对爱我的人付出得太少。面对未来，我会用自己的肩膀承担起应尽的责任，让他们远离苦难与疾病，走向幸福和圆满。

郑济洲

2022 年 12 月 12 日于福州

图书在版编目(CIP)数据

治道的理想:古典儒家政治哲学新探/郑济洲著
.—上海:上海人民出版社,2023
ISBN 978 - 7 - 208 - 18647 - 7

Ⅰ.①治… Ⅱ.①郑… Ⅲ.①儒家-政治哲学-研究
-先秦时代 Ⅳ.①D092.2 ②B222.05

中国国家版本馆 CIP 数据核字(2023)第 215958 号

责任编辑 史美林
封面设计 夏 芳

治道的理想:古典儒家政治哲学新探
郑济洲 著

出 版 上海人民出版社
 (201101 上海市闵行区号景路 159 弄 C 座)
发 行 上海人民出版社发行中心
印 刷 苏州市古得堡数码印刷有限公司
开 本 720×1000 1/16
印 张 19
插 页 4
字 数 231,000
版 次 2023 年 12 月第 1 版
印 次 2023 年 12 月第 1 次印刷
ISBN 978 - 7 - 208 - 18647 - 7/B · 1718
定 价 82.00 元